JN200011

卑弥呼、衆を惑わす ■■■

篠田正浩 ■■■■ 幻戯書房

民族の、或いは人類の、連続せる歴史的発達の径路に於いて、
何処に人の代ならぬ神の代を置くことができようぞ。

——津田左右吉

目次

第9章　壬申の乱

第10章　神話と歴史

第11章　伊勢神宮と天皇家

装幀　緒方修一
装画　馬王堆漢墓1号墓の帛画（中国湖南省博物館蔵）

卑弥呼、衆を惑わす

本書は書き下ろしです。

序章

朕ト爾等《なんじら》国民トノ間ノ紐帯《ちゅうたい》ハ、終始相互ノ信頼ト敬愛トニ依リテ結バレ、単ナル神話ト伝説トニ依リテ生ゼルモノニ非ズ。天皇ヲ以テ現御神《あきつみかみ》トシ、且《かつ》日本国民ヲ以テ他ノ民族ニ優越セル民族ニシテ、延《ひい》テ世界ヲ支配スベキ運命ヲ有ストノ架空ナル観念ニ基クモノニモ非ズ。

一九四五年（昭和二十）七月二十六日。すでに降伏していたドイツの旧都ポツダムで、アメリカ、イギリス、中華民国は、敗北目前の日本に対する共同宣言を発表した。日本の降伏を迫る内容で、読売新聞は「笑止、対日降伏条件」と論評し、政府は黙殺した。しかし八月六日の広島、九日の長崎への原爆投下、また八日にはソ連が参戦し、満州に侵攻した。

八月十五日。その「ポツダム宣言」の受諾を、昭和天皇（一九〇一〜一九八九）は自らの声で、全国民に向けてラジオ放送で伝えた。中学三年だった私はこの「終戦」の詔勅を、徴用先の軍需工場の作業場に置かれたラジオの前へ整列し、級友たちと聞いた。天皇の声を聞くのは初めてであった。それまで天皇は可視の存在ではなく、「御声」は玉音《ぎょくおん》、「御顔」は竜顔《りゅうがん》で、「現御神」すなわち現人神《あらひとがみ》であられたのだ。ラジオから流れてきた声の、人間離れした抑揚に衝撃を受け、聞き分けるのが困難だったことが思い出される。直ちに学徒動員は解除され、長い夏休みに入った。

振り返ると、あの夏の私の記憶は、故郷岐阜の、焼け野原の町の硝煙の臭い以外、真っ白である。敗戦による喪失感がもたらした空白、今風に言えばモラトリアムに落ち込んでしまったようだ。「ポツダム宣言」の全文を実際に確認したのも、ずっと後年のことである。漠然と記憶していた「宣言」の内容は、日本軍の武装解除と、無条件降伏だけであった。

降伏の翌年、昭和二十一年（一九四六）の元旦。新聞の一面を飾った昭和天皇の勅語は、一言一句を読み通した。冒頭に掲げたのはその一部である（「官報　号外」国立国会図書館）。「詔書」とあるだけで題名はない。国立公文書館には「新日本建設ニ関スル詔書」の名目で保管されているが、「人間宣言」の俗称で知られる。

〈私と国民の紐帯は相互の信頼と敬愛によって結ばれており、神話、伝説から生じたものではない。天皇を現人神とし、日本国民は他民族より優れているから世界を支配すべき運命をもつ、などという考え方は、架空の観念である〉

勅語に「人間」という文言はない。文意からいつのまにか昭和天皇の「人間宣言」とされてしまった。中学三年の私には強い疑念が湧いた。アマテラスを祖神とする万世一系の天皇家はどうなるのか。教室で習った日本の歴史は何であったのか。蒙古襲来という国難を救った伊勢の神風は、ただの台風か。神風特攻隊員となって自爆した飛行兵たちの尽忠は、無駄であったのか。故郷遥かなる太平洋の孤島で戦死した無数の兵士たちは、天皇が現人神だったからこそ、捕虜にもならず、自決を選んだのではなかったか。

昭和十八年（一九四三）初頭、すでに米軍に制空権を奪われていた南太平洋のガダルカナル島では、補給線が途絶え、日本軍の大半が餓死したと噂されていた。玉砕戦は同年五月、北太平洋のアッツ島守備隊の全滅から始まった。のちに知ったことだが、翌昭和十九年（一九四四）九月、南太平洋のペリリュー島では、艦砲射撃や空爆に援護された米軍を、日本軍の守備隊一万余人が迎え撃ち、七十四日間の激闘の末、殆どが戦死していた。生き残ったのは三十四人のみという凄絶な戦闘であった。

昭和二十年（一九四五）三月。中学三年に進級する私たちも例外ではなくなった。授業は停止され、国民勤労動員令に従い、軍需工場で働くことになった。一日《いちじつ》、扇子を持参して登校するよう命じられた。講堂に集合すると、軍事教練のため配属されていた退役将校に、切腹の作法を叩き込まれた。扇子は短刀に見立てたものであった。

「神州不滅」「八紘一宇《はっこういちう》」といったスローガンが毎日のようにラジオから聞こえ、新聞や雑誌の見出しに踊っていた。「皇軍」の兵士は「天皇陛下万歳」を絶叫し、弾丸の雨に身を投ずることが最高の名誉とされていた。生の美は「陛下の御馬前《ごばぜん》」で死ぬことにあった。結果、生は死と直結した。死の恐怖などあり得ないものとされた。「神州不滅」の時代を体験した者は今日、「アッラー、アクバル」と叫んで自爆テロを敢行するイスラム原理主義者の行動を、他人事とは思えないはずである。

「ポツダム宣言」の第六条は記している。

「日本国国民ヲ欺瞞シ之ヲシテ世界征服ノ挙ニ出ツルノ過誤ヲ犯サシメタル者ノ権力及勢力ハ永久ニ除去セラレサルヘカラス」

当時の外務省が公式に訳した「ポツダム宣言」は、勅語の文体にそっくりである。英語で記された原文のニュアンスは伝わってこない。しかし、冒頭に掲げた昭和天皇の「人間宣言」は、明らかに「ポツダム宣言」第六条に対応している。

敗戦後、再開した授業で歴史の教師は、私たちに頭を下げて言った。「申し訳のない授業をしてきた。許してくれ」と。以来、私は歴史の教師を失った。そして多くの日本人と同様、「魏志倭人伝」に出会うことになる。三世紀末葉の成立とされる中国の正史『三国志』中の「魏志倭人伝」によって、授業で教えられてきた古代日本とはまるで違う光景を目にしたのである。中国の史家の陳《ちん》寿《じゅ》（二三三〜二九七）が、古代の日本人を「倭人」と記したことを初めて知ったわけだが、とくに「卑弥呼《ひみこ》」という字面の異様さに、私は強烈な印象を受けた。

其国本亦以二男子一為レ王、住七八十年。倭国乱、相攻伐歴レ年。乃共立二一女子一為レ王。名曰二卑弥呼一、事二鬼道一、能惑レ衆（鳥越憲三郎『中国正史　倭人倭国伝全釈』中央公論新社　二〇〇四）

〈倭国も七、八十年、男子を王としていたが、権力をめぐる戦乱が続き、ついには一人の女子を共立して王とした。名を卑弥呼という。卑弥呼は呪術に通じ、彼女の言動に民衆は幻惑された〉となるか。「魏志倭人伝」における古代日本の光景は、荘厳な神々の物語が列記された『古事記』『日本書紀』とは異次元の世界であった。

古代日本にカリスマの巫女王《みこおう》が君臨していたことを知り、記紀の建国神話を私は捨てた。以後、リアルな歴史としての、この国の起源を求めて、古代史にのめり込むのに時間はかからなかった。「魏志倭人伝」を手がかりに、『三国志』全体にまで手が届くようになると、諸葛孔明(一八一～二三四)を擁した劉備(一六一～二二三)、そして曹操(一五五～二二〇)、孫権(一八二～二五二)らが覇権を争った中国史のみならず、朝鮮半島、日本列島を包括する東アジアの古代史、リアルポリティックスが視野に入ってきたのである。

古代中国の史官が「卑しい」という字を当てたカリスマの名は、実は「ヒノミコ」であり、その読み方をめぐる想像は「日之御子」を経て、天皇家の祖で女神のアマテラスへと至る。しかし卑弥呼が「鬼道」を「事」とし「能《よ》」く「衆」を「惑」わすとは、いったい何を意味するのか。鳥越憲三郎(一九一四～二〇〇七)は「鬼道に事《つか》え、能く衆を惑わす」と訓《よ》んだ。呪術に長けた卑弥呼が、血で血を洗う権力抗争に明け暮れた倭国の王たちに「共立」され、国の頂点に据えられたのである。

共立。卑近なコトバを使えば「根回し」あるいは「談合」で皆の意見が一致し、推挙されたということか。兵力と人智の限りを尽くして覇権を争った劉備、曹操、孫権を、まだ身近に感じられた時代の『三国志』の史家陳寿にとって、倭国の男王たちが互いの利害を克服し、戦闘ではなく談合で治者を決めたことは、想像外のポリティックスだったのではないか。容赦ない殺戮の果てに勝者が王となる中国から眺めれば、軍事に頼らず、霊力を選んだ倭国のポリティックスは、未開のものとして奇異に映ったことであろう。卑弥呼の在位は一八四年前後から死ぬ二四七年頃までとされるが、二三三年生まれの陳寿が十四歳になるまで、卑弥呼は生きていたことになる。

二世紀末葉の倭もまた三十ヶ国に分裂し、覇権をめぐる戦乱で疲弊していた。水稲耕作による米は富となって蓄積されたが、男王たちが支配する国々は争奪と防禦に追われていた。戦乱の世を鎮め得る「大王」の存在が必要になっていたのである。

「魏志倭人伝」によると、卑弥呼が君臨した邪馬台国の人口は七万余戸に及び、一戸四人の家族としても約三十万人がいたことになる。他国の戸数も合わせると、倭は狭い列島で魏の洛陽をも凌ぐ人口を擁していた。卑弥呼の鬼道は文字どおり「衆を惑わす」ほどの霊力を顕現したことであろう。

縄文時代中期の火炎状把手付鉢形土器
（長岡市立科学博物館蔵）

二十一世紀の現代でも家やビルを建て、鉄道を敷設する時、「地鎮祭」を行って神の加護を祈るが、日本列島は巨大な自然災害に見舞われてきた。にもかかわらず日本人は、天地を鳴動させる大地震や大豪雨の原因が、地殻変動や温暖化だと科学的に説明されても、地霊鎮魂の儀礼を止めない。古代より日本人は、自然災害の恐怖から逃れるため、眼に見えぬ神に救済を訴えてきた。大地に種を蒔き五穀の稔りを得、海で魚介を獲り、森で狩猟をして生きてきた者は、生命をもたらす神の存在を疑わなかった。その神の意思、コトバを聞くことができる霊性の持ち主を求めてきた。

この霊性に対する畏怖の気配は、一万年前の縄文式土器の様態にも見出すことができよう。

とすれば、卑弥呼の鬼道の起源は、水稲耕作を知らない縄文の時代より伝承されてきたものなのか。あるいは「日之御子」という、水稲耕作とともに生まれた太陽信仰の、新たな呪術＝鬼道なのか。いずれにせよ卑弥呼が生きた三世紀中葉は、すでに弥生文化の終末期に入っていた。

未だに地鎮祭を続ける現代人に、古代日本を呪術に惑わされた未開国だなどと言う資格はない。アマテラスを祖とする天皇を「現人神」と崇め、あの悲惨な戦争を引き起こした二十世紀の日本人と、卑弥呼の鬼道に惑わされた倭人との間に、どれほどの差異があるだろうか。南米エクアドルの西方一〇〇〇キロの海に浮かぶ火山群島ガラパゴスの生物が、独自の生態系を維持したように、荒海に囲まれた日本という島国も、古代からの土着信仰を守ってきたのではないか。

昭和天皇の「人間宣言」は神代《かみよ》のことではない。ヒロシマ・ナガサキを体験した二十世紀のことである。世界に対した十五年戦争のピリオドも、天皇の玉音によってこそ可能であった。天皇の玉音と卑弥呼の鬼道から発せられたコトバは、約千七百年という時を隔てながら重なり、今も日本人に底流しているのではないか。

日本という国の起源を知る権利は、歴史学や考古学だけのものではない。日本という島国に生を享けた者すべてがもつべき権利である。以下の拙文は、敗戦によって歴史の教師を失った私の、七十年余にわたる、一般の市民でも入手できる歴史資料を繙《ひもと》き、また史跡、博物館などで目撃、体験してきた報告の書である。その論証の覚束なさ、誤読による曲解については、厳しい非難をただ待つのみである。

＊

『古事記』と『日本書紀』について、一括して表記する場合は「記紀」とし、参照、引用は主に岩波書店発行の「日本古典文學大系」によった。各書の校注者、発行年は次のとおりである。

『古事記　祝詞』倉野憲司、武田祐吉　昭和四十七年（一九七二）五月三十日　第十六刷

『日本書紀』上・下　坂本太郎、家永三郎、井上光貞、大野晋

上　昭和四十七年（一九七二）四月二十日　第六刷

下　昭和四十六年（一九七一）八月二十日　第七刷

史料の記述について、本文を引用するさいは新字体に改め、ルビは原則的に現代仮名遣いとした。ルビについては私が補ったものもある。また、引用以外で私なりに整理、解釈、意訳した部分は〈　〉内に示した。引用文中の私の注や省略については〔　〕内に示した。他、登場人物の生年、没年について、ある程度わかっている者は、いずれかのみの場合を含め、原則として初出時の（　）内に西暦で示したが、不詳の者には付していない。

第1章　アマテラスと卑弥呼

女神オオヒルメ

『古事記』『日本書紀』は「卑弥呼」の名をいっさい記載していない。辛うじて『日本書紀』の神《じん》功《ぐう》皇后摂政三十九年、四十年、四十三年条が「魏志倭人伝」の倭女王朝貢を引用するのみで、あたかも神功皇后が卑弥呼と同時代人だったと言わんばかりである。いや、同一人物だと思わせようとした作為すら感じさせる。

あくまでも記紀では、皇祖神はアマテラスであって、卑弥呼でも神功皇后でもない。アマテラスの御神体は八《や》咫鏡《たのかがみ》で、伊勢の森深く奉斎され、何人も見ることが許されない。神殿は二十年に一度の式年遷宮で、二十一世紀の今も常若《とこわか》の永遠性が保たれている。

中国では前漢時代（前二〇二～八）の紀元前九一年頃に、紀伝体の史書『史記』百三十巻が完成していた。撰述したのは、紀元前一四五年頃から同八六年頃を生きたとされる司馬遷《しばせん》である。古代の神話伝説から殷《いん》、周王朝、春秋戦国の争乱期、秦の始皇帝《しこうてい》（前二五九～前二一〇）による天下統一を経て、劉邦《りゅうほう》（前二五六～前一九五）が前漢を興し、その七代武帝《ぶてい》（前一五六～前八七）へと至る歴史が理知的な文体で綴られている。

一方、日本での史書編纂については、西暦六七二年に壬申《じんしん》の乱で倭国の覇者となった第四十代天《てん》武《む》天皇（～六八六）の勅命により、記紀の撰述が開始された。『古事記』は七一二年、『日本書紀』は七二〇年に完成した。いずれも漢文で記されているが、神名、地名などは漢音を借用した万葉仮名の場合、スサノオノミコトの表記は『古事記』では「須佐之男命」、『日本書紀』では「素戔嗚尊」である。また、皇祖神アマテラスオオミカミは『古事記』では「天照大御神」、『日本書紀』では「天照大神」で、倭音《わおん》表記はなく、「天照《アマテル》」という倭音を、漢字の字義を解釈したうえで当てている。中国人は「天照」を「アマテル」とは読まない。

『日本書紀』の「神代上第五段」は天照大神誕生の話で占められる。大八洲国《おおやしまのくに》と海、山川草木を産み終えたイザナギ、イザナミの夫婦神は、この天下の主たるべき者の不在に気がついた。「何《いかに》ぞ天《あめの》下《した》の主者《きみたるもの》を生まざらむ」と。そこで生まれたのが「日の神」で、「大日孁貴《おおひるめのむち》」（天照大神の異称）という神号が与えられた。「此の子《みこ》、光華明彩《ひかりうるわ》しくして、六合《くに》の内に照り徹《とお》る」と形容している。生まれたばかりの「日の神」が女性神なのか男性神なのかは判然としない。イザナギとイザナミの夫婦神が次に産んだスサノオは、荒ぶるアマテラスの弟神となっている。

スサノオは直ぐに成人したが、天下を治めず、泣いてばかりいる。父イザナギが理由を聞くと、母イザナミが死んだので根の国（黄泉の国）に行きたいと言う。父は勝手にしろとスサノオを追い出したが、直後には死んでしまう。そこでスサノオは高天ヶ原にいる「姉《なねのみこと》」アマテラスに根の国へ行く許しを求めるため、天に昇った。海原まで轟き、山野を鳴動させたその勢いの激しさにアマテラスは驚愕し、高天ヶ原が奪われるのではないかと疑念を抱いた。アマテラスは男の髪形に変え、千本の矢が入る靫《ゆき》を背負い待ち受けた。先の「姉」とともに、このアマテラスの男装によっても女性神であることが認知される場面である。スサノオは弁明した。姉君の許しを得て、父と母の棲む根の国へ行きたいだけだと。

アマテラス神話では、高天ヶ原を流れる天安河《あめのやすのかわ》を挟み、姉と弟が「誓約《うけい》」という儀式を行って子供を生む。互いに身に着けた剣や装飾品を交換し、奇跡を争って、男子を出産したほうが清き心をもつと判定される……。『古事記』では「宇気比」と記された「誓約」の神話を解説することは、私の手に余る。

アマテラスはスサノオの「十握劔《とつかのつるぎ》」を三段に打ち砕き、聖水を振りかけてさらに嚙み砕き、そして吹きつけた狭霧《さぎり》から生まれたのは女子ばかりであった。

男子を産んだのはスサノオであった。スサノオは、アマテラスが髪や腕に巻きつけていた八坂瓊《やさかに》の御統《みすまる》（数多の宝珠を緒に貫いた輪）を乞い受け、聖水を滴らせて嚙み砕き、息を吹きかけるとその狭霧から男子が生まれた。男子の名は「正哉《まさか》吾《あ》勝勝速日天忍穂耳尊《かつかちはやひあまのおしほみみのみこと》」。続けてスサノオは男子を五人も産み、清き心の持ち主だと判定された。だが男子のすべてがアマテラスの御統から誕生したことで、「悉く吾が児なり」とされてしまった。

この誓約＝宇気比は性行為をともなわないことから、大天使ガブリエルの受胎告知で処女のままイエスを産んだマリアを想起させる。地上の王となった初代神武《じんむ》天皇の祖を、聖なるアマテラスにするため、記紀は生々しい性行為によるのではなく、「正哉吾勝勝速日天忍穂耳尊」という神を創出しなければならなかった。この難解な神名からも漢字文化に精通した記紀撰述者の作為が見え隠れする。男子を産んだスサノオの歓喜を記す一方で、アマテラスの皇統を継ぐ尊貴な皇子の命名をした者が誰なのかはわからない。

嫡男を取りあげられたスサノオは荒れ狂い、手のつけられない状態になった。『古事記』によると、スサノオは田圃の畦を壊して稲作を妨げた。また、アマテラスが神の衣を織らせていた忌服屋《いみはたや》に逆剝ぎの斑馬《ぶちこま》を投げ込み、驚いた織女が手にしていた機織《はたおり》の道具「梭《ひ》」で陰部を傷つけ、死亡するという事態になった。乱暴狼藉を働いたスサノオは高天ヶ原から追放され、アマテラスは激怒して天岩屋《あまのいわや》に閉じ籠った。

『古事記』に登場するアマテラスは「天照大御神」で表記が統一されており、『日本書紀』にある異称「大日孁貴」は見出せない。アマテラスの誕生から皇祖神として定着する過程をめぐり、『古事記』と『日本書紀』とでは編集方針が異なっていたと考えられる。

国文学に民俗学を持ち込んだ折口信夫（一八八七〜一九五三）は、『日本書紀』における「大日孁貴」の「ひるめ」は「日」の妻、「むち」は女神の接尾語で、明らかに「日」に仕える神聖な女性神だと説いた。さらに折口は次のように解釈する。「伊勢皇大神の信仰は、宮廷および民間において」は、時代が進むと「神の推移・変化」が見られ、「地上に祀るところの此神は、天津御祖自体といふよりも、御祖《ミオヤ》の皇孫のために、附けて降された神自体の威霊として信じてゐた」と（「天照大神」『折口信夫全集　第二十巻　神楽宗教篇』中央公論社　一九六七）。

曰く、アマテラス信仰は時代とともに変化し、皇祖神というよりも、皇孫として実際に即位した天皇のために付与される「威霊」だと信じられるようになった。つまりアマテラスは、皇祖神として「地上」の現人神＝天皇の存在を強化する女神オオヒルメに「推移・変化」したと折口は説いたのである。

折口のこの論文の初出は昭和二十七年（一九五二）刊行の『日本社會民俗辞典　第一巻』（日本民俗学協会編　誠文堂新光社）で、現在では入手困難だが、もちろん敗戦によってそれまでの禁忌＝現人神信仰が解かれてからの発表である。

一書曰

西暦七二〇年成立の『日本書紀』は、本文とは別に他の史料や異説を紹介するさい、「一書曰《あるふみにいわく》」と記している。とくにアマテラス誕生を記述した「神代上第五段」は異説が多く、十一にも及ぶ「一書」を列挙する。卑弥呼の鬼道のようなシャーマニズムを生んだ原始共同体では、さまざまな神話や伝承が育まれていたと思われる。その「一書」の第六には、古代人の天衣無縫な想像力が横溢している。アマテラス誕生までの神話には記紀編纂以前の、手つかずの古層が見出せるのである。

さまざまな神を産んだイザナミはまぎれもなく女性神である。最後の出産となった火の神のためにイザナミは大火傷を負い、命を失う。夫イザナギは黄泉《よみ》の国に閉じ込められた妻イザナミを連れ戻そうとする。イザナミは、すでに死者の国の食べ物を口にしたので人間界には戻れないと言う。それでも戻るよう懇願する夫イザナギに、イザナミは〈これから黄泉の神と相談してきますが、決して見てはなりません〉と告げる。しかしイザナギはその言葉に逆らい、櫛の歯に火を灯して闇の中のイザナミを見てしまう……。ギリシャ神話のオルフェウスとエウリディケにも通ずるこの物語の行方は、『日本書紀』「神代上第五段」の「一書」第六の異説に任せたい。

禁を破った夫イザナギが冥界の鬼女たちに追われて現世に戻り、体に付着した死の穢れを水浴で清め、左目の滴りからアマテラスが誕生した異説は、『古事記』と共通する。そしてこのイザナギの禊《みそぎ》が、死穢《しえ》に対する嫌悪、隔離の観念を生起させ、日本の共同体は現代に至るまで、さまざまな差別を抱え込むことになった。

禊をした水の清浄さからアマテラスが誕生したという話に、太陽神の姿は浮かんでこない。折口は、アマテラス誕生直後の名「大日孁貴」の「ひるめ」が、「みぬめ」「みるめ」「みぬは」「みぬま」「みつま」と音韻転化し、水の女神を示すものになったとも説いている（「天照大神」）。

折口の言う水の女神が、日の神として祭祀される神格に変容した。その過程を解釈する鍵は、御神体の八咫鏡が反射した光源に隠れている。『日本書紀』「神代下第九段」は、天孫降臨のクライマックスである。

「神代下第九段」の「一書」第二によると、アマテラスは手にしていた宝鏡を、降臨する「我が子」で太子《ひつぎのみこ》の天忍穂耳《あめのおしほみみ》（「誓約」でスサノオから誕生した皇子）に授け、告げた。

〈この鏡を見る時は常に、私を見ていると思いなさい。そして宮殿と同じ床に祭祀しなさい〉

アマテラスが同床祭祀を命じたその宝鏡が、のちに伊勢神宮の御神体として奉斎される八咫鏡の起点となる。

ところが、アマテラスに授けられた宝鏡を奉持し、降臨したはずの天忍穂耳＝アメノオシホミミは、なぜか途中で引き返してしまう。そして降臨するのは皇孫ニニギに変わった。この変更について『古事記』は、降臨の支度中に自身の二人の息子ホアカリとニニギが生まれたので、天忍穂耳がアマテラスに〈次男のニニギに豊葦原水穂国《とよあしはらのみずほのくに》を治めさせます〉と告げたことを記す。長男のホアカリではなく、なぜ次男のニニギが選ばれたのかも不明で、皇祖神話にはふさわしくない混乱ぶりである。

天孫降臨をめぐる混乱、変更は記紀ともに記されている。『日本書紀』の「一書」には『古事記』や中国の『三国志』、また隣国百済の現存しない「百済記」や「百済本記」などが引用されている。七世紀に始まったとされる日本の史書編纂は、中国正史の厳密さを目標にしたと思われる。朝鮮半島、中国まで博捜した史料の研究から多くの異論の存在を知り、それを「一書曰」として『日本書紀』は包み隠さず提示したのである。

しかしこの国では、アマテラスの皇孫ニニギの皇統が二千年以上も受け継がれているとされ、敗戦以前、その万世一系を疑う言辞を弄せば、不敬罪で罰せられた。社会主義や唯物史観は皇室の存在を否定する革命思想で、社会主義者の幸徳秋水《こうとくしゅうすい》（一八七一〜一九一一）は天皇暗殺計画に関与したとされ、明治四十四年、大逆事件で死刑に処された。

戦後、昭和天皇の現人神否定で皇統神話の禁忌から解放された日本の歴史学は、百家争鳴の時代を迎えた。「大八洲」と呼ばれる列島に棲み続けてきた民族の起源を求め、歴史学は考古学や人類学、民俗学とも連動し、研究の方法、領域を拡大させた。

水稲耕作という革命

ユーラシア大陸の東端、海に囲まれ、弓状に列なる島々に棲みついた日本の原住民は、放射性炭素年代の測定によると、一万二、三千年前から紀元前四世紀頃の弥生期に入るまで、長きにわたり縄文式土器を作っていた。この一万年以上の間の縄文式土器の形態は、草創期から早・前・中・後・晩の六期に分類されている。なかでも日本各地で発見された中期の火焰式土器は超絶した技巧で、他国に類のない異様な造形をしている（序章一六ページの図版参照）。

また、千島から沖縄まで連なる長い列島弧で使われた日本語は、中国大陸や朝鮮半島ばかりか、太平洋に広がるオセアニアの島々の系統とも異なる孤立言語とされている。北海道のアイヌ語を除けば、南西端の先島《さきしま》諸島や沖縄諸島などで使われる琉球方言は、本土方言とともに日本語の二大方言とされているが、その祖型の究明には未だ至っていない。

海に囲まれた島国に棲息する民族は移動も少なく、あまり多様性を生じさせないまま、思考や感覚、言語、信仰の形態を伝承してきたと考えられる。現代のシリア難民などによるヨーロッパ大陸の大移動を見るにつけ、島国との地政学上の違いを思い知らされる。

しかし、一万年以上にわたり列島弧に棲息してきた縄文人にも異変が起きた。紀元前八世紀から七世紀頃、水稲耕作という革命的な農業技術が上陸したのである。

亜熱帯に隣接する多雨の列島弧では、縄文人の多くは高台に集落を形成し、台風などによる洪水を避けていたが、その河川の水を制御して田を作り、稲を育てて米を収穫するようになった。栽培は一年のサイクルで行われ、必然的に耕作者は定住した。革命的と言ったのは、人々の生活の規範と同様、土器の形式も大きく変化したからである。

水稲耕作の歴史は約七千年前に遡る。中国浙江《せっこう》省の東シナ海沿岸にある、新石器時代初期のものとされる河姆渡《かぼと》遺跡より、炭化米や骨製農具などが出土しているが、この技術が日本に伝播するまでの経路も不詳で、さまざまな説が学界で交叉し、どのような人種が稲作を伝えたのか、論争は続いている。

福岡市博多区の板付《いたづけ》遺跡で、田下駄や稲穂を刈る石包丁などの農具とともに発見された板付式土器の形体は、縄文式からの変異が明らかに認められる。学界はこの板付から弥生時代が始まったとした。その板付式土器が源流となり、同じ北九州の遠賀川《おんががわ》式土器として伝播し、さらに同型のものが西日本から近畿、中部へと広がった。

弥生時代後期の塗彩山形文壺形土器
（重要文化財　東京国立博物館蔵）

遠賀川と言えば、流域にはかつての石炭産業の拠点、筑豊炭田があり、古代に河口だった洞海《どうかい》湾周辺には八幡製鉄をはじめ重工業などが密集していた。北九州の水運の拠点でもあり、港湾事業を営んでいた父をモデルに、作家の火野葦平（一九〇七〜一九六〇）は小説『花と龍』（一九五三）を上梓し、映画化もされた。昭和四十四年（一九六九）には「日本侠客伝」シリーズとして『花と龍』が公開され、劣悪な条件で働いた港湾労働者の怨念が渦巻く物語を高倉健（一九三一〜二〇一四）らが演じ、「やくざ映画」の舞台にもなった。七〇年安保闘争と連動して全国的なヒットを重ねた「日本侠客伝」シリーズを、弥生式土器の列島伝播の歴史に触れるたびに私は回想する。映画館の熱狂が列島を縦断した日々であった。

青銅鏡の役目

紀元前八、七世紀の北九州に現れた弥生式土器は、その初期から晩期までが五つに分類され、約千年を経て、三世紀前後に作られた近畿地方の庄内《しょうない》式土器や布留《ふる》式土器あたりで古墳時代に入ったと言われる。この広がりは、弥生式土器が縄文人に受容されなければ成立しなかったことを意味する。前述の板付遺跡では、弥生式土器とともに縄文晩期の夜臼《ゆうす》式土器も発見されている。

北九州で出土した弥生時代の甕棺墓《かめかんぼ》には、まるで三点セットの如く鏡、玉、剣の副葬品が見られる。なかでも大陸や半島では見られない夥しい数の青銅鏡の埋葬が際立つ。このような葬制を始めた倭国の権力者の、鏡に対する執着の強さは突出している。その銅鏡は、もともと中国から舶載されてきたものであった。

福岡県春日市にある須玖岡本《すぐおかもと》遺跡では三十二面以上、同県糸島市にある三雲南小路《みくもみなみしょうじ》遺跡では約三十一面の前漢鏡が弥生時代の甕棺墓から出土している。また弥生後期のものでは、同県の旧前原《まえばる》市、現在の糸島市の平原《ひらばる》遺跡1号墓から、日本で摸造、あるいは鋳造され大型化した仿製鏡《ぼうせいきょう》五面（四面とも）を含む銅鏡四十面が出土している。

三世紀半ば以降の古墳時代に入ると近畿地方にも伝播し、京都府木津川市の椿井大塚山《つばいおおつかやま》古墳から

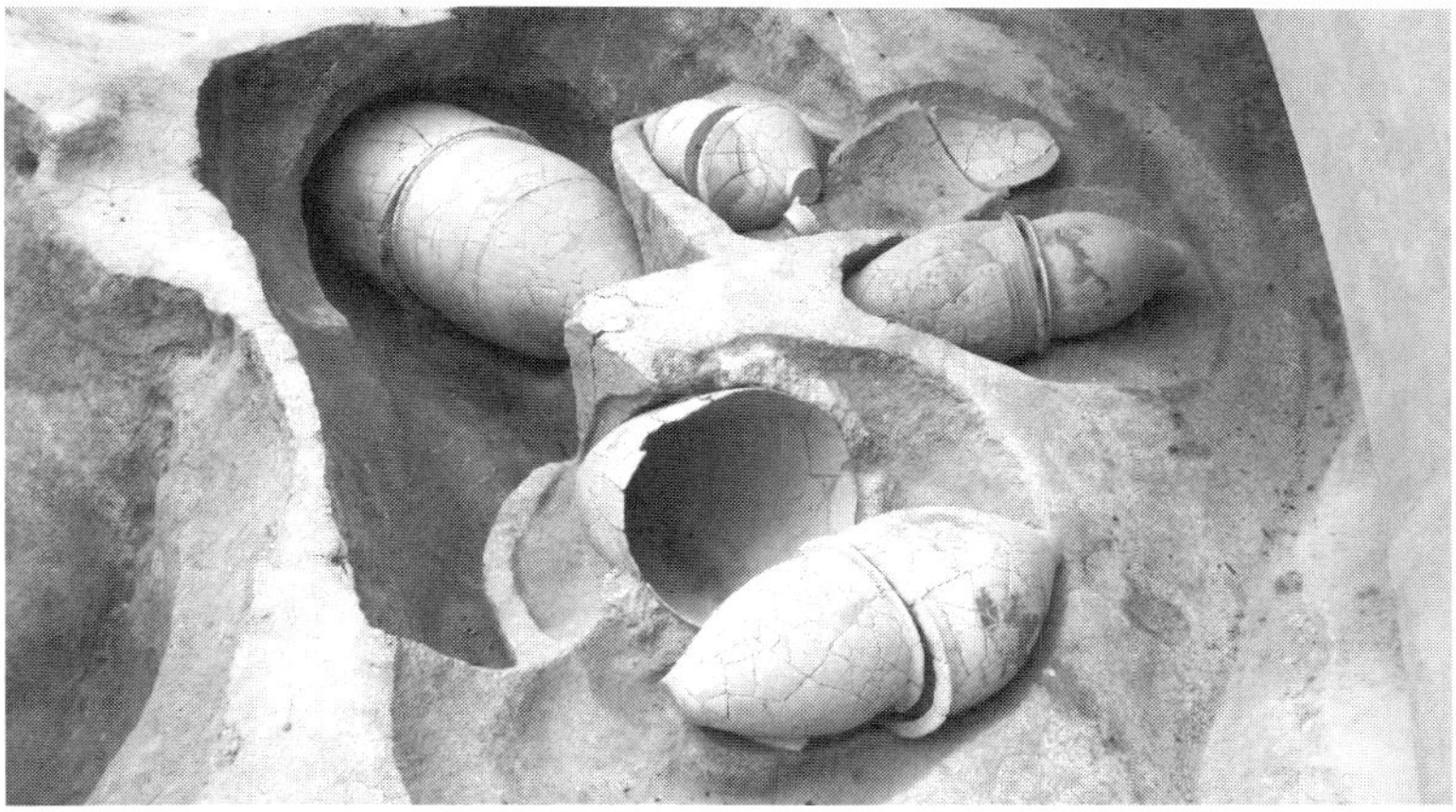

上：須玖岡本遺跡出土の甕棺墓　下：右が同遺跡出土の前漢鏡・草葉文鏡片、
左は同鏡復元　　　　（春日市奴国の丘歴史資料館蔵　春日市教育委員会提供）

は、三十二面の三角縁神獣鏡《さんかくぶちしんじゅうきょう》を含む三十六面が、また奈良県桜井市の桜井茶臼山古墳からは破砕された八十一面、天理市の黒塚古墳からは三十三面の三角縁神獣鏡が出土する有様である。

　これら奈良盆地の古墳群から発掘された夥しい数の鏡の出土状況を見るに、たった一枚の八咫鏡をアマテラスとして特定し、伊勢に奉斎するのはまだ先のこととしか思えない。大型の前方後円墳に埋葬された王たちの死後の静謐を守護するために、夥しい数の三角縁神獣鏡や銅鏡は、魔性が侵入せぬよう辟邪《へきじゃ》の役割を担わされていたのではないか。

一方、紀元前後の北九州の平野では水田に稲が植えられ、その水面は太陽の光芒でまばゆいばかりであったろう。この光景に連動して、中国で鋳造された銅鏡が、いつしかアマテラスという御神体の憑代《よりしろ》＝八咫鏡になったことは、必然と言えまいか。

一枚の鏡がアマテラスの憑代となる瞬間は、天岩屋の神話で語られる。『古事記』によれば、弟神スサノオの乱暴狼藉で傷ついたアマテラスが天岩屋に隠れると、世界が闇に包まれる。高天ヶ原の神々が天岩屋の前に集まり、大騒ぎをする。何事かとアマテラスが岩戸に手を掛けた瞬間、自らが放つ光芒を映した「八尺鏡」（『古事記』の表記）に対面する。すかさず天手力男命《あめのたぢからおのみこと》がアマテラスの「御手《みて》」を取って引き寄せ、世界は光を取り戻す。この鏡が、アマテラスから皇孫ニニギに授けられる宝鏡となった。「八尺」は巨大さを意味する。と同時に、『古事記』の編者は無限の神威をも表したと私は考える。

銅鐸に映じる異神

一方で、この列島弧には、アマテラスの鏡信仰とは別の神に由来すると考えられる青銅製の祭器が存在した。銅鐸である。銅鐸は九州、山陰、山陽、近畿、東海と広く出土しているが、しかし卑弥呼同様、正史とされる記紀にその記録はない。

銅鐸を最初に記録したのは、平安初期、延暦十六年（七九七）成立の、記紀後の正史とされる『続日本紀《しょくにほんぎ》』である。『続日本紀』巻第六における元明天皇《げんめい》（六六一～七二一）の和銅六年（七一三）

七月条は、「大倭《やまと》宇太郡」(現奈良県宇陀市)在住の「上村君東人」より、「長岡野」で出土した銅鐸が朝廷に献上されたと記録している(『新日本古典文学大系　続日本紀　一』青木和夫、稲岡耕二、笹山晴生、白藤禮幸校注　岩波書店　一九八九)。元明は四十三代の天皇だが、「上村君東人」の地位も「長岡野」の場所も不明である。ただ朝廷が調べた結果、この銅鐸は古代楽器の可能性があり、勅命で担当の役所(雅楽寮か)に収蔵されたという。

『続日本紀』では「高三尺、口径一尺。其制異レ常、音協二律呂一」とあり、尺貫法で言うところの高さ約九〇センチ、直径約三〇センチの異形の銅鐸は、雅楽や声明《しょうみょう》(法会《ほうえ》で僧が唱える声楽)などで演奏される七音音階の「律呂《りつりょ》」、つまり律旋法《りつせんぽう》(洋楽のレミファソラシドに相当)や呂旋法《りょせんぽう》(ソラシドレミファ)の音の配列と協和したという。

このような記録からは、銅鐸が、近畿地方を拠点とした大和王朝期より以前のものだったことが推察される。また現代でも銅鐸は、農道の整備や鉄道の敷設といった開発工事などで偶然見つかるのみで、今日に残されたいかなる王墓の遺跡からも出土した例がない。いや、日本の王墓群ばかりか、アジアの他の国々での出土例もない。

銅鐸の原型は、紀元前一〇八年の前漢の武帝による征服以前の古《こ》朝鮮の馬鈴とされ、この鋳造技術は水稲耕作とともに大陸から伝来したと考えられている。初期の銅鐸には、揺らすと音が鳴る舌《ぜつ》があったことが発掘現場で確認されており、農耕儀礼のための楽器だったと見られている。それが時代とともに大型化し、人の身の丈に近い約一三〇センチの釣鐘状に発展した。つまり当初は農耕儀礼のための楽器だったものが、天神《てんじん》地祇《ちぎ》の祭祀が稲作共同体で本格化するとともに大型化し、御神体、あるいは神の憑代に転化したとの説が有力である。

その転機は、ほぼ同時期の鉄器生産の発達にあったというのが考古学界の定説である。先行したはずの青銅は武具としても鉄製に劣り、たとえば銅矛《どうほこ》、銅戈《どうか》ともども大型化し、祭器になった。

最近も淡路島の石材加工業者の砂山で、紀元前四世紀から前二世紀にまたがる弥生初期の七個の銅鐸が出土し、古代史に一石を投じた。平成二十七年（二〇一五）六月二十七日の毎日新聞が報じたこの銅鐸の出土で、とくに注目を集めたのは、うち三個が舌をともなっていたことである。律呂を具える楽器として鋳造された古銅鐸であろう。舌の出土はそれまで二例しかなかった。さらにCTスキャン調査の結果、残る四個の銅鐸にも舌が見つかり、出土したすべてに装着されていたことが判明するという、前例のない出土となった。住民たちは、淡路島が、イザナギ、イザナミの夫婦神の最初の国生みで誕生した地だという神話を聞いて育っているわけだが、古層に属する銅鐸については、記紀ともにまったく語っていない。

銅鐸は胴の部分に見事な流水紋が刻まれ、あるいはトンボや亀、また弓を弾き鹿に狙いを定める者や、杵を臼に打ちつける者の姿などが描かれている。これらのイメージから銅鐸は、農耕や狩猟の恩恵を受けた弥生人が、神に捧げた祭器だとする説が主流になった。文字には表せなくとも、農耕や狩猟で体験した喜びをイメージで伝えた古代人の衝動が、鐸身には刻み込まれているのである。

そのような古代人の衝動には、前述した折口信夫の言う水の女神「ひるめ」への信仰が、無意識のうちに示されているのではないかと私は考える。神獣など道教の思想をモチーフにした文様、また漢字を刻んだ銅鏡の世界観とは、銅鐸は違った。銅鐸を信仰した人々は、大陸の中国で創出され

右：横帯〔おうたい〕流水紋銅鐸（重要文化財　東京国立博物館蔵）
左：江戸時代の讃岐国（香川県）出土と伝えられる弥生時代後期の縦横平帯六区画袈裟襷文〔けさだすきもん〕銅鐸の拡大（国宝　東京国立博物館蔵）

た漢字の表意性を必要としなかった。イメージはイメージのまま、これを表意する文字を創造することはなかったのである。銅鐸を鋳造した人々の、文字なき歴史の奥深さが思い知らされる。日本人が自らのコトバを文字で表現するようになるには、記紀を編纂した八世紀まで待たなければならなかった。ただし、それは中国の漢字の日本化であった。

昭和五十五年（一九八〇）、佐賀県鳥栖市の安永田《やすながた》遺跡より、悪霊の侵入を阻む目とされる邪視文が刻まれた銅鐸の鋳型破片が出土した。銅鐸の文化が九州にも及んでおり、この列島弧に棲んだ古代人の、信仰の同一性が立証されることになったのである。

さらに昭和六十一年（一九八六）。鳥栖市の南西に隣接する神埼《かんざき》で発掘された弥生時

吉野ヶ里遺跡の復元された逆茂木の環濠（著者撮影）

代の吉野ヶ里《よしのがり》遺跡が、大きな衝撃を与えた。それまでに発掘されたすべての弥生遺跡を凌ぐ、壮大な環濠集落が設けられていたのである。二・五キロにわたり、V字型に鋭く掘り込まれた環濠が集落の外周を二重に囲み、また先端を尖らせた木の枝を外に向けて並べ、結び合わせた柵、逆茂木《さかもぎ》まで張りめぐらせていた。濠の深さは約三・五メートル、幅は約七メートルで、外敵の侵略を防ごうとする住民たちの必死さが伝わってくる。さらに北辺の丘陵に広がる墓域には、弥生時代に盛行した葬制の甕棺が、万を超え埋められていると推定され、衝撃は増すばかりであった。甕棺の中からは首を切断された遺体や、十二本もの石鏃《せきぞく》を射込まれた人骨が出土するなど、「ムラ」から「クニ」へと変貌した歴史が確かに見てとれるのである。

そして平成十年（一九九八）。この吉野ヶ里遺跡から、九州では初となる、鋳型などではない、実際の銅鐸が発見された。高さ二八センチの半壊の銅鐸が逆さに埋められていたのである。「クニ」とも呼び得る共同体を吉野ヶ里に営んでいた人々が、祭儀の楽器として使用したものだろうか。佐賀県教育委員会によると、近年の調査では、同じ鋳型で造られた福田式銅鐸が島根県からも出土しており、弥生時代の北九州と出雲とは、銅鐸信仰を共有していたと推察できる。

吉野ヶ里の逆さに埋められた半壊の銅鐸は、いったい何を意味するのか。あるいは望楼や多くの穀倉をもつ吉野ヶ里の環濠集落に棲んだ人々は、銅鐸信仰とは無縁だったのか。

吉野ヶ里発掘以前の昭和五十九年（一九八四）、日本海に臨む島根県斐川町《ひかわちょう》（現出雲市）神庭《かんば》の山中、荒神谷《こうじんだに》遺跡より、日本最多となる三百五十八本の銅剣、同じく最多の十六本の銅矛とともに、六個の銅鐸が出土した。

さらに平成八年（一九九六）、同県加茂町（現雲南市）の加茂岩倉の山中より、銅鐸だけが三十九個も出土して学界を震撼させた。銅鐸が出雲を発信源に、九州、近畿へと広く伝播した弥生時代の祭器だったことが想像される。日本という国の起源について、古代史学は根本的な再考を求められたのである。

それら出雲の銅鐸群もこれまでと同様、偶然発見されたもので、鏡や剣のように王墓の副葬品ではなかった。荒神谷遺跡の場合は、広域農道の建設計画が決まり、事前調査を行ったところ、田圃の畦道で須恵器《すえき》の破片が見つかり、本格的な発掘が始まった。山一つ隔てた加茂岩倉の銅鐸も、やはり農道の建設工事中、たまたま重機のバケットが掬い上げ、当初その作業員は「こんなところに誰がポリバケツを捨てたのか」と思案したという。

多くの銅鐸、また銅剣、銅矛が二千年もの間、なぜ土中に放置されてきたのかについては、さまざまな説がある。

古代史、神話学の三品彰英《みしなしょうえい》（一九〇二～一九七一）は、地霊に捧げた祭祀遺跡だと論じた（「銅鐸小考」「朝鮮学報」四十九号　一九六八／『三品彰英論文集　第五巻』平凡社　一九七三）。三品の説に倣えば銅鐸は、土着の倭人が、信仰する地主神に捧げた祭器ということになる。とすれば、高天ヶ原に化生《けしょう》した神々とは無縁だったと言い得る。そして、加茂岩倉における三十九個もの銅鐸の出土は、高天ヶ原の神々とは別のものを信仰した、出雲の王国の存在を思わせる。

島根は記紀の出雲神話の舞台である。この地を支配した大国主神《おおくにぬしのかみ》が、高天ヶ原のアマテラスに迫られて領土を放棄した悲劇の舞台でもある。荒神谷遺跡の発掘以前は、銅鐸は単体で出土してきたが、武器の銅剣、銅矛まで見つかった例はないという。しかも、日本全国で出土した銅剣の総数を凌駕する大量の武器の出土は、出雲における本格的な王国の歴史を物語っているのではあるまいか。そして荒神谷、加茂岩倉の両遺跡からは、一枚の青銅鏡も出土しなかった。出雲王国は、鏡を憑代にしたアマテラス信仰とは、無縁だったと推察されるのである。

考古学の佐原眞《さはらまこと》（一九三二～二〇〇二）は、荒神谷遺跡の銅鐸の出土状況から墳墓の副葬にはあたらないとし、「埋納《まいのう》」という表記を選んだ。二十六年間、弥生時代の青銅器を研究してきた佐原は、荒神谷の夥しい銅剣や銅鐸を前に、何もわからなくなったと嘆いた。弥生時代を近畿地方出土の銅鏡および銅鐸群で構想してきた佐原にとって、荒神谷の銅剣三百五十八本は多すぎると困惑したのである。出雲神話を、空想の産物ではなく人間の歴史として、考古学の立場からも見直さなければならなくなった佐原の衝撃は、測り知れない。銅鐸は地霊に対する祭儀に関係するのではないかと、辛うじて感想を漏らすのみであった（『大系日本の歴史1　日本人の誕生』小学館ライブラリー　一九九二）。

その後の研究で、加茂岩倉遺跡のものと同じ鋳型で造られたいわゆる兄弟銅鐸が、近畿や四国まで及ぶことから、鏡信仰とは別種の宗教的世界を啓示する祭儀が古代には存在し、出雲、西日本、東日本にわたる広域で受け継がれていたことが証明された。また、大陸や半島では見られない銅鐸の、形体や流水紋に代表される洗練性から、紀元前後の日本人の、独自の生活や信仰によって育まれた美的感覚も読み取れた。とくに三ミリという鐸身は現代の技術でも困難な薄さで、鉛、錫《すず》などを含む高度な冶金《やきん》だったことが判明している。大陸の文明の情報に敏感に反応し、人的交流を行うことで、外来の技術を習得し、独自に昇華させた古代日本人の熱心さが窺えるのである。

一方で、出雲の地主神、大物主神《おおものぬしのかみ》が鎮座する三輪山の麓、奈良盆地で出土した銅鐸は、破砕された欠片ばかりで数も少ない。銅鐸と、奈良の三輪山の祭祀とは無関係なのか。

カミの交代

奈良盆地とその周辺には、三、四世紀から五世紀にかけて君臨したヤマト王朝の広大な遺跡群がある。なかでも天皇陵とされる巨大な前方後円墳の多くは禁足地に定められ、発掘は不可能となっている。この治定《じじょう》に外れ、発掘できた古墳からの銅鐸の出土はなかった。少なくとも発掘できた古墳についていては、銅鐸を祭器として崇める信仰とは無縁だったと考えられる。

しかし昭和六十年（一九八五）、奈良盆地南部、桜井市の、二世紀末から三世紀初頭の大福《だいふく》遺跡で、袈裟襷文《けさだすきもん》の銅鐸が完全な形で出土した。当地に新たな大王が現れたため、慌てて「埋納」した銅鐸ではないかとの想像が掻き立てられた。ならばそれ以前は、奈良盆地の土着民の銅鐸信仰と、三輪山の大物主神信仰は一体だったのか。島根県の加茂岩倉遺跡の兄弟銅鐸が近畿地方に及んでいたとすれば、出雲信仰が奈良盆地にまで達していたことになる。また、三輪山の御神体である大物主神は、出雲の大国主神と同一ということにもなる。この混乱は『古事記』と『日本書紀』の記述の分裂がもたらしたものである。

大国主神について『古事記』は、その出現時の名を大穴牟遅神《おおあなむちのかみ》としている。出雲を支配するスサノオに見込まれ、さまざまな試練を浴びせられるが、気力と才知でことごとく耐え忍んだ。スサノオは〈お前は以後、大国主神となり、わが娘の須世理姫《すせりひめ》を妻に迎え、出雲を根城に天下を治めろ〉と告げた。海の彼方から渡来した少名毘古那神《すくなびこなのかみ》の助力で、大穴牟遅神は領土を拡大し、大国主神として勢威を広めることに成功する。しかし、この領土は高天ヶ原のアマテラスの子孫が支配するものゆえ、国譲りを強要された。大国主神は出雲に追い詰められた。そして、祀られることになった。『日本書紀』は大国主神を大物主神、あるいは大巳貴命《おおあなむちのみこと》など、多くの異名を列記している。国作りの協力者は少彦名神で、『古事記』の少名毘古那神とは表記が異なるが、同一のものであろう。ところが大国主神がスサノオに浴びせられる試練や「因幡の白兎」の神話にはまったく触れていない。高天ヶ原のアマテラスによる国譲りの強要にも大国主神は無抵抗を貫き、その領土を奪われ、天孫降臨を受け入れる神話は、本文ではなく「一書」の異説として扱われている。

『日本書紀』における大国主神の再登場は、三輪山が聳える奈良盆地にヤマト王朝が出現した、第十代の崇神《すじん》天皇の世まで待たなければならない。ヤマトは疫病や災害に見舞われ、民衆は流離を余儀なくされていた。崇神が〈災害をもたらしたのはいかなる神ぞ〉と問うた時、返ってきた答えが〈我はこの倭国《やまとのくに》の領内に住まう神、名は大物主〉であった。

平成十九年（二〇〇七）、二十年の二度の発掘で、三輪山の西麓に広がる三世紀から四世紀の集落墳墓、纏向《まきむく》遺跡を調査してきた石野博信（一九三三〜）によれば、三輪山の南部および西部に位置する桜井市の三世紀前半の脇本《わきもと》遺跡と大福遺跡では、銅鐸片やフイゴ羽口《はぐち》、銅滓《どうさい》などの出土が相次いだという。その考証から石野は、二世紀末より三世紀前半にかけて、三輪山周辺で銅鐸が次々に破壊されるという異常事態を推定した。天変地異に見舞われて農耕の不作が続き、カミに祈っても事態は変わらない。ついに人々は弥生のカミを捨て、新しいカミを迎えたのではないかと。そして石野は言う。

「それが、三品彰英がいう地的宗儀（銅鐸）から天的宗儀（鏡）への転換だった」（『邪馬台国の候補地　纏向遺跡』新泉社　二〇〇八）

昭和五十二年（一九七七）の橿原《かしはら》考古学研究所の発掘により、纏向地方北西部にある弥生時代の唐古《からこ》・鍵《かぎ》遺跡で、石型と土型の銅鐸の鋳型が出土した。この盆地に、崇神朝以前から銅鐸鋳造の工人が棲んでいたことは確かである。石野の説に従えば、この工人たちが、それまでのカミ＝銅鐸を鋳潰《いつぶ》し、鏡の製造に転向したことになるのではないか。とくに奈良盆地東南の桜井市と磯城《しき》郡には、

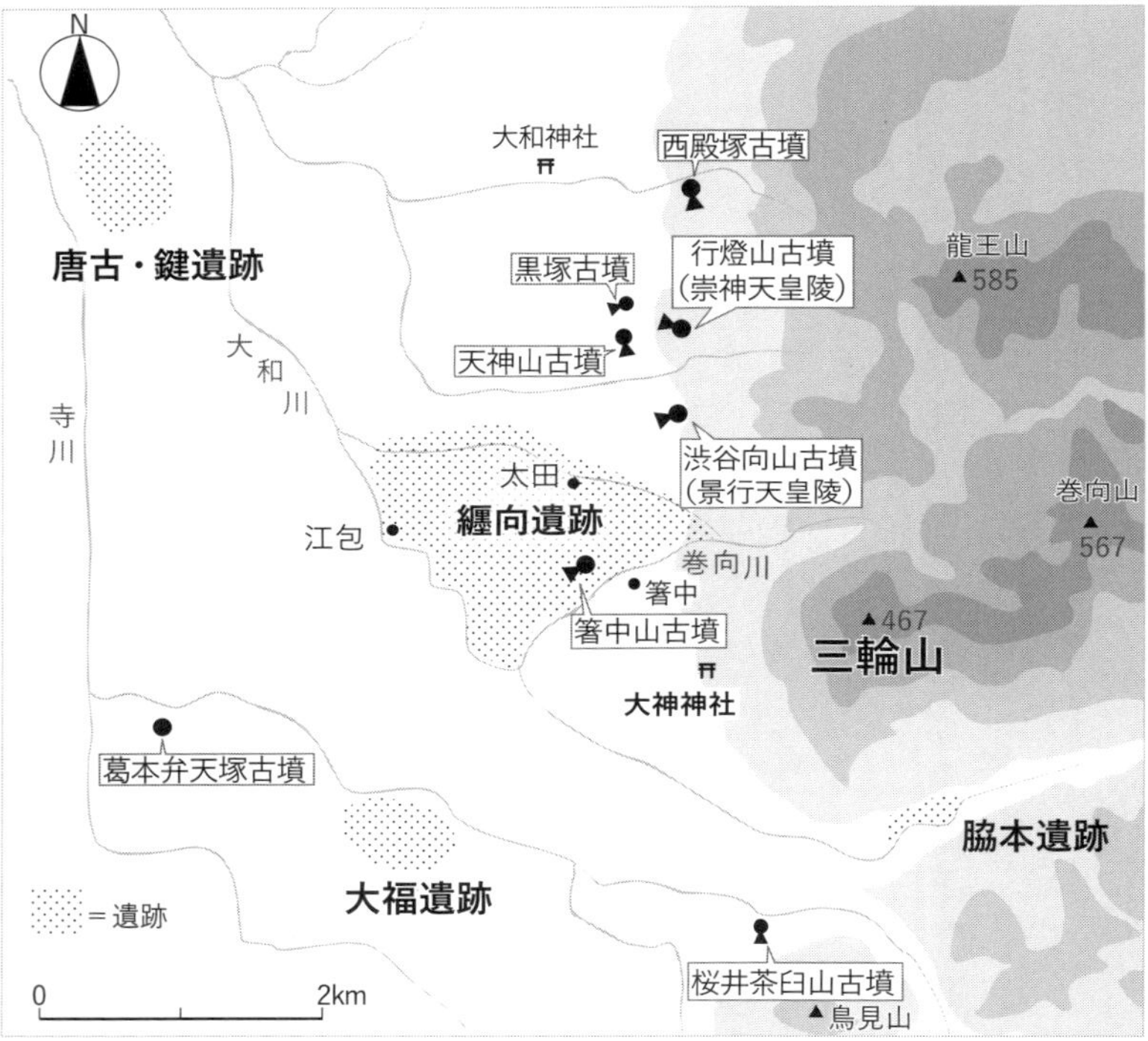

奈良盆地の三輪山周辺に広がる遺跡群

箸墓《はしはか》をはじめ初期の前方後円墳が集中するが、この箸墓を除き、発掘された古墳の玄室からは、大量の銅鏡が発見されている。桜井市の茶臼山古墳における八十一面の出土は先に触れた。その埋葬に呼応したのか、磯城郡には「鏡作」を名乗る神社が五つもある。鏡作坐天照魂《かがみつくりにいますあまてらすみたま》神社、鏡作坐若宮神社、鏡作麻気神社、そして二つの鏡作伊多神社で、いずれの周辺にも、鏡鋳造の工人たちの住居や仕事場があったとされている。

銅鏡の鋳造は、中国大陸や朝鮮半島との交流がなければ技術的に不可能である。この交流を裏づける史料とモノが存在する。時代を西暦五七年まで遡る。

ワとヤマト

「建武中元二年、倭奴国奉レ貢朝賀、使人自称二大夫一、倭国之極南界也。光武賜以二印綬一」。「倭の奴国、貢《みつぎ》を奉りて朝賀《ちょうが》し、使人《しじん》は自ら大夫《たいふ》と称し、倭国の極南界《きょくなんかい》なり。光武は賜うに印綬を以てす」。

光武帝《こうぶてい》（前六～後五七）が漢朝を再興した後漢（二五～二二〇）の建武中元二年（五七）、「倭奴国」が「大夫」を名乗る朝貢使を首都の洛陽に派遣してきたと、中国の正史『後漢書《ごかんじょ》』の「東夷伝・倭伝」が記している。先にも引いた鳥越憲三郎著『中国正史　倭人・倭国伝全釈』によれば、古代日本が初めて朝貢の礼を尽くし、「クニ」として認知するよう中国の皇帝に奏上した外交の記録である。百余に分裂していた「クニ」が三十ほどにまとまり、「倭」は後漢と外交をなし得る国家に成長していた。その使節団に、光武帝は「印綬」を与えた。『後漢書』の成立は西暦四三二年頃で、三世紀に記された『三国志』より新しいが、『三国志』にはない記述が見られるのである。

「印」とは純金製の印判、「綬」は紫綬褒章の紫綬、紫色の組紐のことである。学問や芸術で功績を挙げた人物に与えられる日本の紫綬褒章は、この中国の褒章制度に由来する。金印には「漢委奴国王」と刻まれていたが、紫綬は布製ゆえ経年劣化で残らなかった。江戸時代の天明四年（一七八四）、北九州の博多湾に突き出た志賀島《しかのしま》で、農夫が偶然発見した金印は福岡藩の黒田家によって丁重に保存され、国宝として現在も目にすることができる。

上：「漢委奴国王」
金印（国宝　福岡市博物館蔵）と印判図

下：金印が出土した博多湾の志賀島周辺

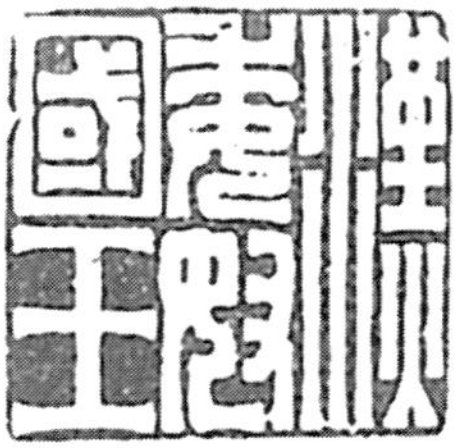

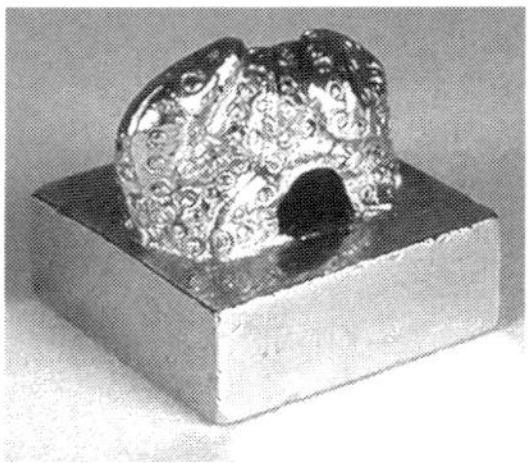

光武帝下賜の金印は、古代日本人の「クニ」を、「委奴国」として後漢が正式に冊封《さくほう》した証しである。冊封とは皇帝が地方の国王などに爵位を授けることで、つまり「委奴国」は、後漢に従属することになった。その冊封を裏づける金印が、一世紀と十八世紀、また洛陽と博多を結ぶ奇跡的な邂逅を果たさせたのである。

現代中国でも一九五六年（昭和三十一）、雲南《うんなん》省の石《せき》寨山《さいざん》遺跡6号墳より金印が出土している。『史記』の「西南夷列伝第五十六」の記述（司馬遷『史記7　列伝三』小竹文夫、小竹武夫訳　ちくま学芸文庫　一九九五）から、前漢の武帝が雲南を攻めた時、抗戦せず服属を選んだ滇王《てんおう》を評価し、元封《げんぽう》二年（前一〇九）に授与したものと推定されている。「漢委奴国王」と同じ蛇型紫綬の金印であった。

さらに『三国志』の「魏志東夷伝・扶余《ふよ》」にも、朝鮮半島北東部に位置するツングース系の濊貊《わいはく》の王の祖先が中国より下賜された「濊王之印」の記録がある。同様に辺境の蛮夷とされていた「委奴国」も、朝貢して恭順の意を示し、後漢王朝に冊封の許しを得たと思われる。軍事力を行使せず、辺境の国々にまで大陸の帝国が版図を広げたことを示す金印は、古層の中華思想を窺わせる器物《レガシー》なのである。

金印の「委奴国王」をどう訓むかは、未だに確定できていない。「委」は「倭」の略字体である。「ワヌ国王」なのか「ワのナ国王」なのか、あるいは「イト国王」なのか。

五世紀に成立した『後漢書』で注目すべきは、「倭奴国」の所在地を「倭国之極南界」と記している点である。「極南界」とは「倭国」領土の最南部ということになる。とすれば、極北界はどこを指すのか。

古代史学の鳥越憲三郎は、当時の「倭奴国」の版図はすでに九州本土を越えており、その北限は対馬海峡を挟んで向き合う朝鮮半島南端の狗邪韓国《くやかんこく》、のちの加羅だと解釈した。建武中元二年（五七）の「倭奴国」の朝貢は、自らを「奴国《な》」と名乗って、この版図を後漢に認知させるためのものではなかったかと論じたのである（『中国正史　倭人・倭国伝全釈』）。

「奴国」は現在の福岡市博多区、博多港を擁する港湾都市で、古くは「那《な》の津《つ》」と呼ばれたと推定されている。そして近畿のヤマトが「奴国」を含む古代の北九州を統一した時、朝廷の直轄地とされ、「儺縣《なのあがた》」となった。

「倭奴国」は中国大陸や朝鮮半島に近く、交易などによって後漢王朝はじめ海外の情報を入手するのに有利だったことが想像される。いち早く青銅器から鉄器文明に移行して、稲作や武器の開発生産で優位に立ち、さらに金印を授与されたことで漢帝国のバックアップも得た。北九州ばかりか、朝鮮半島南部の狗邪韓国をも領有する権利が保障されたと読めるのである。

一方、古代日本が自ら国号を「倭」と称した気配はない。東夷と見なされた辺境の民に、国号という自覚はなかったのか。西暦五七年の光武帝朝貢時に奉呈した文書「上表《じょうひょう》」では名乗ったはずだが、後漢側に指示された「倭」を国号としたのか。ではなぜ、中国は古代日本を「倭＝ワ」と呼んだのか。

古代日本では一人称を「ワレ」と発音したとし、中国の史家が漢字の「倭」をあてたという説がある。それは平安朝の史家の多人長《おおのひとなが》が、宮中行事として『日本書紀』を殿上人に注釈、講義した記録である講書《こうしょ》『弘仁私記』（八一四）の序文に見出せる。「倭」は漢音の「ワ」だが、この説が正しいかどうかはわからない。なお、多人長は『古事記』を編纂した太安萬侶《おおのやすまろ》（〜七二三）の末裔とされる。

むろん現代でも「我」は字義として通用するし、関西では自分のことを「ワイ」と言う人もいる。また二人称でも「ワレ」と言ったりするのは、あるいは古語の名残なのか。

しかしながら記紀は「倭」を「ヤマト」と訓読させ、「大倭《オオヤマト》」は「大和《やまと》」と表記されるようになる。都を中心に現在の奈良県全域を「大和」と表記するようになるのは、記紀が成立した八世紀以降で、飛鳥《あすか》、高市《たけち》、平群《へぐり》、磯城《しき》、宇陀《うだ》など、奈良盆地の古代の地名には見出せない。また『古事記』に登場する伝説上の英雄、倭建命《やまとたけるのみこと》がその最期に詠んだ歌謡のなかの表記は「夜麻登」である。

夜麻登波　久爾能麻本呂婆　多多那豆久　阿袁加岐　夜麻碁母禮流　夜麻登志宇流波斯

岩波書店版『古事記』に従って訓読すれば「倭は　国のまほろば　たたなづく　青垣　山隠《やまごも》れる　倭しうるはし」となる。

記紀成立の前後に撰録されたと考えられる『万葉集』でも、「大和」の表記は一ヶ所しかない。藤原永手朝臣《ふじわらのながてのあそみ》の和歌一首（巻十九・四二七七）の左注「右一首、大和国守藤原永手朝臣」のみである（森浩一『萬葉集に歴史を読む』ちくま学芸文庫　二〇一一）。

以下、本書でも、他著からの引用を論じる文脈ではその表記に従い「大和」とするが、本文ではこれまでどおり、近畿地方の古称は「ヤマト」と記す。

あらためて「倭」を「ヤマト」と記紀が訓ませた起点を探れば、『三国志』の「魏志倭人伝」において、三十ヶ国からなる倭国のなかでも人口が最も多く、巫女王の卑弥呼が君臨した都が「邪馬台国」だったことに突き当たる。「邪馬台国」の表記は、倭人たちが発音した「ヤマト」に、中国の史家が漢字をあてたもので、「ヤマタイコク」という読み方はあくまでも現代のものである。

「魏志倭人伝」からは、三世紀に存在した「邪馬台国」が、対馬、一支《いき》（壱岐）、末盧、伊都など北九州の倭の諸国に隣接していたのか、また近畿奈良盆地に巨大な墳墓をいくつも築造したヤマト王朝のことなのか、読み取ることができない。「邪馬台国」の所在をめぐる九州説と近畿説が、二十一世紀になっても決着がつかない一因である。

『後漢書』の「倭伝」の冒頭は、倭の三十ばかりの国の首長すべてが代々王を名乗り、その「大倭王」は「邪馬台国《やまと》」にいると記す。鳥越憲三郎は「大倭王」という際立った表記は卑弥呼を指すとし、邪馬台国を近畿の大和国と見た。

八世紀に成立した『古事記』も、神武天皇の和風諡号《しごう》（死後の称号）を「神倭伊波礼毘古天皇《かむやまといわれびこのすめらみこと》」と表記し、「倭」を「ヤマト」と訓ませている。漢人に「ワ」と言われながら、倭人は国号を「ヤマト」と称していたと考えられるのである。

記紀後の史書『続日本紀』巻第六における元明天皇の和銅六年（七一三）の勅命には、「畿内七道諸国郡郷名、着二好字一」（『新日本古典文学大系　続日本紀　一』）とある。「畿内と七道との諸国《くにぐに》の郡《こおり》・郷《さと》の名は、好《よ》き字を着けしむ」と。おそらく倭人は漢字を習得するうち、中国史家が記した「倭」や「卑弥呼」の差別的なニュアンスを知った。元明天皇の勅命は、国号や行政区の地名を好ましい表記に改めるよう指示したものと思われる。この勅命に従って、当時の国号は「大倭＝ダイワ」から「大和」、そして「日本」に表記を改め、ともに「ヤマト」と訓ませることになった。

『三国志』の「魏志倭人伝」の冒頭は記す（百衲本宋版「魏志」「歴史群像特別編集　最新　邪馬台国論」学習研究社　一九八九・九・一）。

「倭人在帯方東南大海之中依山島為国邑」

倭人は朝鮮半島における魏の植民地、現在のソウル近辺の帯方郡《たいほうぐん》東南に広がる大海のなかにあり、山に囲まれた狭い島で国や町を成していた。海に囲まれた島々には、それぞれ国があった。倭人の多くは、帰属する「国」や「邑」が、山に囲まれた「邪馬台国」＝「ヤマト」だと自覚していたのではないか。

朝鮮半島南部への進出

それにしても海に囲まれた「倭奴国」が遠く洛陽にまで使節団を派遣し、国交を結ぼうとした背景には、何があったのか。

想像するに、北九州の倭人は大陸および半島の鉄器文明に触れ、驚愕したはずである。鉄器文明は農具や工具を堅牢にし、水稲耕作に革命的な発展をもたらした。土木工事で灌漑を整備し、水利を向上させ、収穫をより豊かにして、人口が増加した。また鉄刀、鉄矛の切れ味に衝撃を受けた倭人は、領土の防衛や拡張を念頭に、青銅器に代わる鉄器の重大さを直覚したに違いない。銅剣を打ち砕く鉄剣の威力を知った倭の王たちの間には、緊張が高まっていたはずである。その鉄を産出したのが朝鮮半島南部の「弁辰国《べんしん》」で、倭国の北限である狗邪韓国と隣接していた。『三国志』の「魏志韓伝」は「弁辰国」について次のように記している。

「この弁辰国は鉄を産し、韓・濊《わい》・倭はそれぞれここから鉄を手に入れている。物の交易にはすべて鉄を用いて、ちょうど中国で銭を用いるようであり、またその鉄を楽浪と帯方の二郡にも供給している」（『三国志II　世界古典文学全集』今鷹真、小南一郎、井波律子訳　筑摩書房　一九九一）

倭人も韓人らと同じく、弁辰国で鉄鉱石を掘り出し、鍛えた鉄を通貨のように流通させていたという が、韓人、濊人、倭人と書き分けたことは、それぞれの異なる言語、容貌を窺わせる。いずれにせよ、倭人が半島南部に進出し、大陸の文明を直接目撃、受容していたことがわかるのである。

また『三国志』は、弁辰を構成する小国のうち瀆盧《とくろ》国の境界が倭と接していることを記す。海に臨む半島南部の狗邪韓国と瀆盧国の関係については不明だが、現在の慶尚南道に比定されている。海に道内を南下する洛東江流域の金海貝塚からは、九州のものと同種とされる大型甕棺が出土し、河口の釜山周辺からは、古代の製鉄の遺跡が発掘されている。

『後漢書』は、安帝《あんてい》（九四〜一二五）の永初《えいしょ》元年（一〇七）に「倭国王帥升等」が生口《せいこう》百六十人を献上し、謁見を請うたことを記す。「倭国王帥升等」をどう読むか。倭国王の帥升か。あるいは、倭国王の使者の帥升ら、という意味か。「帥升」が光武帝に冊封された奴国の王の後継者か否かも、「スイショウ」と訓むのかどうかも不明である。しかしながら、生口の百六十人という数には、朝鮮半島における倭国の危機感が反映されているのではないだろうか。生口は奴隷と解釈するのが定説だが、この献上については、単純には理解し難いので後述したい。

持衰

『後漢書』の記述からは、二世紀初頭の倭国に、渡航の難しい対馬海峡や東シナ海を、大勢の生口を乗せて横断できる船があったこと、また航海術に長ける海士族《あまぞく》がいたことを想定し得る。田を耕す人に、大洋を航海する技術まであったとは思えない。

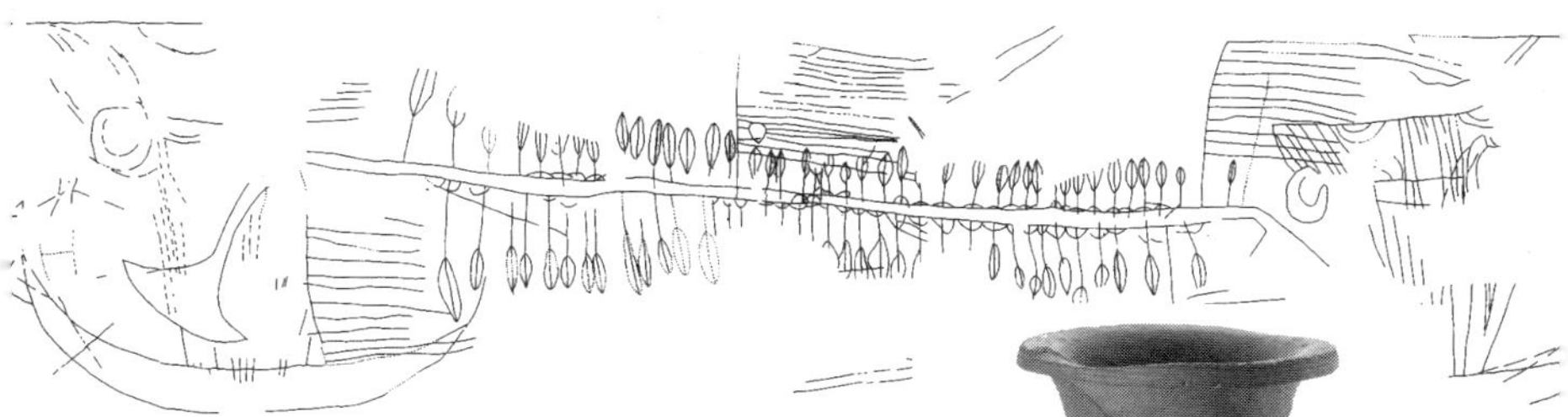

大型船の線刻絵画がある荒尾南遺跡出土の土器（岐阜県文化財保護センター蔵）と同土器の線刻絵画展開図

しかし荒海を乗り切る海士族でも、渡航の困難に直面したさいは神頼みであった。その奇習については『三国志』の「魏志倭人伝」が記している。倭人の航海では、安全祈願のために「持衰《じさい》」と呼ばれる者を乗船させていたという。航海中、彼は髪に櫛を入れず、女も近づけず、肉食を絶って海神に祈った。航海が無事に済めば財物や生口が与えられたが、しかし危険な波浪に襲われたり、病人が出たりすると、持衰は殺されたという。この命がけのシャーマンを乗船させた背景には、朝貢使や交易を古くから支えてきた海士族の慣習があったと思われる。

天命の帰趨を呪術に頼る倭国の未開性に、中国の史家は好奇の目を向けた。すでに中国は、利益を第一に、臨機応変に離合集散を繰り返すという合従連衡《がっしょうれんこう》を説いてまわった縦横家《じゅうおうか》ら、諸子百家が活躍した時代を経ている。予言者のコトバなどでは現実は変えられないことを知っていたのである。〈君子は怪力《かいりょく》乱神を語らず〉という『論語』における孔子の戒めを『三国志』の陳寿も知っていたはずである。

一方、船については、倭人の渡航を裏づけるイメージが弥生後期の土器に描かれている。岐阜県大垣市の荒尾南《あらおみなみ》遺跡出土の、二世紀中頃の土器の破片を復元したところ、八十二本の櫂で操作する大型船の線刻画が現れたのである。荒尾南遺跡は、濃尾平野を南下して伊勢湾に注ぐ揖斐《いび》川のデルタ地帯にある。この巨船を素朴な古代人の空想と見るか、あるいは、巨船を目撃した時の驚きを素直に描いたと捉えるか、意見は分かれるところだが、朝鮮海峡を定期的に往復する海士族が、伊勢にもいたことは確かだと私は考える。

　後漢の桓帝《かんてい》（一三二～一六七）が即位（一四六）した頃から霊帝（一五六～一八九）の末年になると、政争や高句麗の侵攻で帝国の支配力は衰えを見せはじめ、韓、濊も勢力を伸ばしてきた。弱体化した後漢にとって、楽浪郡だけで朝鮮半島を支えることは困難になっていた。その混乱に乗じ、東北部遼東《りょうとう》の太守（国守）だった公孫康《こうそんこう》が楽浪郡を支配下に置いた。公孫康は楽浪郡の南部を割いて帯方郡を新設（二〇四）、韓、濊を討伐した。『三国志』の「魏志韓伝」によれば、以後、倭と韓は公孫氏の勢力圏に入ったという。

　この頃、倭国は『三国志』や『後漢書』が記す大乱の時期にあった。鳥越憲三郎の前掲書『中国正史　倭人・倭国伝全釈』より引用する。

「其国本亦以二男子一為レ王、住七八十年。倭国乱、相攻伐歴レ年」（『三国志』「魏志倭人伝」）

「桓・霊間、倭国大乱、更相攻伐、歴レ年無レ主」（『後漢書』「倭伝」）

　先にも触れたとおり、二世紀末期にかけて、倭国は七、八十年ほど男王に統治されていた。しかし王権争いで分裂を来し、君主不在の時期が続いて、国中が疲弊した。思うに諸王の間では、あらためて国家を統一し、半島勢力による南下侵略を防がなければならないという気運が生まれていたのではないか。邪馬台国の女王卑弥呼の登場はまもなくである。

易姓革命と共立

『三国志』は、四川安漢《しせんあんかん》の出身で晋朝の史官だった陳寿が、魏、蜀、呉の三国鼎立《ていりつ》の史料を編集、論述したもので、彼は少年期に諸葛孔明らの足跡を見聞できた同時代人と言える。『三国志』は西暦八二年頃に成立した『漢書《かんじょ》』とともに、三世紀の日本人の習俗や社会、政治などを知らせてくれる、史料価値の高い書である。

古代中国では、天命を受けた王のみが君臨でき、その家（姓）に不徳の者が出れば廃絶＝改易《かいえき》され、別系譜の有徳者があらためて天命を受け、新たな王朝を創始するのが大義であった。「易姓革《えきせい》命」である。そしてこの政治思想に従ったのが、「禅譲放伐《ぜんじょうほうばつ》」である。徳性の有無で後継者を選ぶ「禅譲」や、民を苦しめる悪王を有徳王が打倒して天子に就く「放伐」のいずれもが大義とされてきたのである。禅譲放伐による易姓革命では、それを成し遂げた王の血族による世襲は嫌悪された。

紀元前十六世紀頃に黄河中流域で建国された殷王朝では、前十一世紀になると、暴戻《ぼうれい》な第三十代紂《ちゅう》王の背徳が横行し、天命を受けた周の武《ぶ》王がこれを滅ぼした。その周王朝も世襲化して権力の独占を招き、内部分裂が生じて春秋戦国の乱世となった。紀元前二二一年の秦の始皇帝による統一国家樹立も束の間、前二〇二年には、陋巷《ろうこう》の無頼漢だった劉邦が天賦の才と徳性を発揮し、漢帝国を創成した。

近現代の中国でも、民族・民権・民生の三民主義を唱え、清王朝の溥儀《ふぎ》（一九〇六～一九六七）を追放した孫文《そんぶん》（一八六六〜一九二五）が、一九一二年（明治四十五）に中華民国を成立させている。さらに、その国民党政府を継承した蔣介石《しょうかいせき》（一八八七〜一九七五）に反逆し、第二次世界大戦後、一九四九年（昭和二十四）にマルクス・レーニン主義で革命を成就させたのが毛沢東《もうたくとう》（一八九三〜一九七六）の中華人民共和国である。しかし、毛沢東に主導され一九六〇年代後半に始まった文化大革命は、人民の自由を束縛し、経済を破綻させた。毛沢東の死後は、改革開放路線を採り、市場経済を導入した鄧小平《とうしょうへい》（一九〇四〜一九九七）が最高指導者となった。そして、この改革開放路線で蔓延《はびこ》った腐敗の撲滅を、二十一世紀に習近平《しゅうきんぺい》（一九五三〜）が主導し……と、易姓革命の伝統は、現代中国にも引き継がれていると言えよう。

　易姓革命という思想が誕生した背景には、古代より私欲を専らに、血族で権益を独占した世襲政治、また宦官《かんがん》・官僚制度の堕落があった。現代でも、中国共産党幹部とその近縁者による国営企業などの利益独占や、贈収賄のスキャンダルが報じられるが、彼らの莫大な私有財産には言葉を失うばかりである。

　一方、倭国には、易姓革命の大義にはよらず、「共立」という談合、あるいは根回しで選ばれた王がいた。女王卑弥呼である。易姓革命の歴史を学んできた『三国志』の著者には、想像外の「政変」だったのではないか。

「乃共立二一女子一為レ王。名曰二卑弥呼一、事二鬼道一、能惑レ衆」（鳥越憲三郎『中国正史　倭人・倭国伝全釈』）

　四方を海に囲まれ、一万年に及ぶ縄文期の民族的同一性を保持してきた倭人は、武力による決着ではなく「共立」を選んだ。この選択からは、後年の飛鳥、奈良時代の神仏習合が想起される。六世紀の日本は、上古からの土着信仰の神々とは異なるインド仏教が伝えられ、混乱を来した。そこで日本の神々は、もともと仏、菩薩が衆生を救済するために姿を変えて現れたものだという本地垂迹説《ほんじすいじゃくせつ》が唱導された。そして神仏は習合したまま、明治維新まで至る。異文化との共棲を図るのが列島共同体の生きる術だったのである。

中国は倭人にとって範とすべき唯一の国家であった。中国以上の文明を有する国は、倭の周辺にはなかった。中国はいち早く新石器時代を脱し、青銅器、鉄器を開発する過程で、文字も生み出していた。度量衡《どりょうこう》や法律を定めた先進性は、目も眩《くら》むほどの衝撃を倭人に与え続けたに違いない。攘夷か開国かで争いを繰り返すより、文明開化を選んだ明治維新と同じく、女王卑弥呼の「共立」も、倭人が中国のような統一国家の構築を最優先した、初めての政治行為ではなかったか。

「共立」という特異な政変を節目に、「魏志倭人伝」の記述は倭国の体制の観察に集中する。そして大夫の「難升米」(「ナシメ」か)なる人物をはじめ、政治官僚たちのレベルの高い外交手腕を中国史家は見逃さなかった。「魏志倭人伝」には官名と役割が具体的に記され、体制の確立が窺えるのである。対して「魏志韓伝」のほうでは、その習俗の物珍しさに筆が割かれ、政治組織や役人の名を見出すことは稀である。高句麗、新羅、百済の建国はまだ先のことだからか。

三世紀の朝鮮半島南部について『三国志』は、馬韓・辰韓・弁辰における部族支配を記しているが、この三韓を移動する辰王《しんのう》の存在が印象に残る。半島の東北部では、のちに高句麗と中国の紛争が続き、難を逃れて流浪した扶余系の北方騎馬民族が南下を始め、西南部の馬韓の地に百済を建国することになるのだが、辰王の出自はその騎馬民族ではないかと想像される。

この謎の王の行方に注目し、第十代の崇神天皇と結びつけたのが、東洋史学の江上波夫《えがみなみお》（一九〇六～二〇〇二）である（『騎馬民族国家 日本古代史へのアプローチ』中公新書 一九六七）。江上によれば、崇神天皇の諱《いみな》（実名）が「ミマキイリヒコイニエ」であることから、任那《みまな》＝弁辰を起点に朝鮮海峡を渡り、北九州を占領した辰王が、崇神としてヤマトに王朝を創始したという。つまり、天孫降臨の神話として語られたその北九州占領から、辰王＝崇神はさらに東へと版図を広げ、畿内にヤマト王朝を建国し、五世紀前後には十五代の応神《おうじん》天皇が、渡来人の技術を移入して勢力を伸ばしたというのが、記紀における神武東征の真相だと江上は論じたのである。世に言う騎馬民族国家説だが、戦後提示された日本国家起源論で、史学界を最も衝動させた江上の学説については、後述しなければならない。

アマテル

景初《けいしょ》三年（二三九）十二月。女王卑弥呼は大夫の難升米らを魏の都、洛陽へ派遣し、貢物を献上した。魏の皇帝は朝貢の返礼に女王の「好物」とされる「銅鏡百枚」を与えた。この銅鏡と卑弥呼の「鬼道」の関係については記述がない。倭国の王が女性だったために、高価な織物や化粧品の朱などとあわせて贈ったにすぎないのかもしれない。銅鏡が「鬼道」の効果を狙う「好物」だったかどうかは、定かではない。

仏教伝来前の卑弥呼の時代は、地方ごとに異なる土着の神を信仰し、継承していた。つまりアニミズムの時代で、神の名も多様だったと考えられる。とはいえ、海や山に囲まれた狭い土地で、約一万年間にわたって縄文式土器を継承したように、神々のトポス（在地性）およびその信仰形態も、地方色は濃く残しながら、しかし共通点はあったと言えるのではないだろうか。現代でも海や山で御来光《ごらいこう》に歓喜する人々がいるが、この太陽の照射を映す「鏡」が、古代における共通の、神の憑代だったとしても何ら不思議はない。水田で穀霊＝地霊としてのイネを輝かせる太陽光を、銅鏡に集約し、その反射が「アマテル」と呼ばれる信仰を育み、列島を縦断していったことを私は想像するのである。

　また「卑弥呼」という呼称についても、太陽神に奉仕する「日ノ御子」との関係性を思わずにはいられない。卑弥呼に憑依した太陽神の託宣を共有することで、倭国に一体感が生まれ、大乱は収束したのではないだろうか。

　鉄器文明の発達で青銅器は実用の段階を終えることになった。銅鐸の巨大化が示すように、青銅器は武器から祭器へと転じた。むろん銅鏡も例外ではなく、「鬼道」を「事」とするための道具になったと考え得る。混沌としていた「アマテル」の憑代は、やがて大型の鏡に集約され、この信仰が各地域を縦断し、継承された。そしてついに「アマテラス」という御神体＝八咫鏡に凝集し、禁足地の伊勢神宮に祭祀された。その祭祀を担った権力は、鋭利な鉄剣で守護されていた……。

　大量の鉄器を手中にし得た者と、し得なかった者の間には必然的に格差が生じた。権力者と被支配者＝民衆という構図が固まりつつあった。鉄剣を確保できた者が同時に祭祀を司り、権力基盤を固めた様子が浮かぶのである。

一万年にわたり継承された縄文式土器の火炎や蛇などの文様は、自然と密着した造形であった。しかし縄文式土器の土着性が放散する呪術的な多種多様さは、弥生式土器の左右対称の端麗さのなかに埋没したかに見える。この弥生式土器の形態からは、統制された共同体を必要とする水稲耕作の本質を読み解くこともできよう。

折口信夫はアマテラスを水の女神でもあったと述べた。湧き出る水、あるいは川を流れる水の永続性と清浄さが「神聖」に重ねられ、それを輝かせる太陽神すなわちアマテラスの出自を「日の神」とした。「神聖」を補完する輝く水面の清浄さが、アマテラスをして伊勢の五十鈴川《いすずがわ》に祭祀せしめた。

倭国の大乱を鎮めた卑弥呼が「日ノ御子」であろうと「日の巫女」であろうと、さらにアマテラスであろうとも、水や蛇、火炎といった縄文的形象との連続性を、陳寿が銘記した「鬼道」に私は読み取る。

一方、弥生期の倭人は、太陽信仰を文字で体系化することはなかった。西暦五七年の金印に始まる中国との交流から、以後、漢文による文書のやりとりがなかったとは言えまい。三世紀の卑弥呼の朝貢に至るまで、倭人にも漢文を習得する機会はあったはずである。しかし三、四世紀の「ヤマト」と称される奈良盆地で、発掘し得た古墳のいずれからも、漢字の墓碑銘が伴出することはなかった。アマテラスを崇めた倭人は、文字で書かれた歴史より、口承の神話や歌謡などに真実味を感得したとも言えるのではないだろうか。

後述するが、和銅五年（七一二）に『古事記』を元明天皇に献上した太安萬侶は、稗田阿礼《ひえだのあれ》が誦《しょう》習《しゅう》、つまり声に出して読んだ「旧辞《きゅうじ》」を、漢字に置き換えたさいの困難を「序」で告白している。倭音で語られたコトバの、漢字変換の苦労を吐露したのである。

『古事記』における「旧辞」とは、口承の神話や歌謡などを記録した文書を指す。天地創造とともに高天ヶ原に生まれた三神の名は天之御中主神《あめのみなかぬしのかみ》、高御産巣日神《たかみむすひのかみ》、神産巣日神《かみむすひのかみ》だが、この神々の表記も倭音と漢音が混ざったものである。たとえば倭音で生命の誕生を意味する「むすひ」について、太安萬侶は漢字の「産」を見出したうえで、「すひ」に「巣日」を当てたことが読める。

『日本書紀』の「神代上第五段」は、イザナギとイザナミの男女神が国生みを終えた時の対話を記す。

「「吾已《われすで》に大八洲国《おおやしまのくに》及び山川草木《やまかわくさき》を生めり。何《いかに》ぞ天下《あめのした》の主者《きみたるもの》を生まざらむ」とのたまふ。是《ここ》に、共に日の神を生みまつります。大日孁貴《おおひるめのむち》と号《もう》す。〔中略〕一書に曰く、天照大神といふ〔中略〕此《こ》の子《みこ》、光華明彩《ひかりうるわ》しくして、六合《くに》の内《うち》に照り徹《とお》る」

明らかにアマテラスは、神の世界と人の世界を繋ぐ役割を与えられて誕生した創造神である。また、天孫降臨について『古事記』は、高木神がアマテラスに命じたと記している。

「爾天照大御神、高木神之命以、詔太子正勝吾勝勝速日天忍穂耳命」

高木神とは高天ヶ原の創世三神の一柱、高御産巣日命の別名で、『古事記』だけの表記である。高木神の命令でアマテラスは、嫡子の天忍穂耳＝アメノオシホミミに、高天ヶ原に屈服した葦原中つ国へ降臨し、統治せよと告げる。

前述のとおり、アメノオシホミミが降臨の支度中、皇妃が二人の男子を出産した。名は火明＝ホアカリと邇邇芸＝ニニギである。なぜかアメノオシホミミは中つ国へ降臨するのは次男のニニギだと言いだす。ニニギはアマテラスの孫にあたる。天孫降臨の神話には、太安萬侶が手こずったであろう複雑な名をもつ神々が入り乱れる。『日本書紀』「神代下第九段」では、ニニギの生母は『古事記』の高木神と同じ高皇産霊尊《たかむすひのみこと》の娘だとされている。紆余曲折の激しい天孫降臨を、アマテラスに命じた高木神のことは後述するが、ニニギは高木神の孫でもあった。

嫡子ではなく、孫に皇位を委ねた天孫降臨の物語は、アマテラスを祖神とする王家だけが、絶対神聖なる血統として、天地が続く限り、継承されることを宣言している。

一方「魏志倭人伝」には、倭の諸王が武力で覇権を争うさなかに、非暴力の鬼道を駆使する霊威だけで、卑弥呼が権力の頂点に到達したという稀有な政治情況が記述されている。「魏志倭人伝」に出会った古代日本の史家たちは、「ヒミコ」と読んだ瞬間に放たれる霊威から、卑弥呼を「日ノ御子」と神聖化した。その極点に「アマテラス」という絶対神が形成された。ヤマトあるいは日本国の皇統の起源たる神話として、堂々と記述できる、との確信を、古代の史家たちは得たのではないだろうか。だから記紀には「卑弥呼」という表記を見出すことはできない。

公孫淵と司馬懿

卑弥呼が倭国王に共立された時期と前後して、後漢王朝は衰退の一途をたどっていた。洛陽から離れた極東の遼東半島でも、不穏な動きが生起しつつあった。祖父の公孫度《こうそんたく》（〜二〇四）、父の公孫

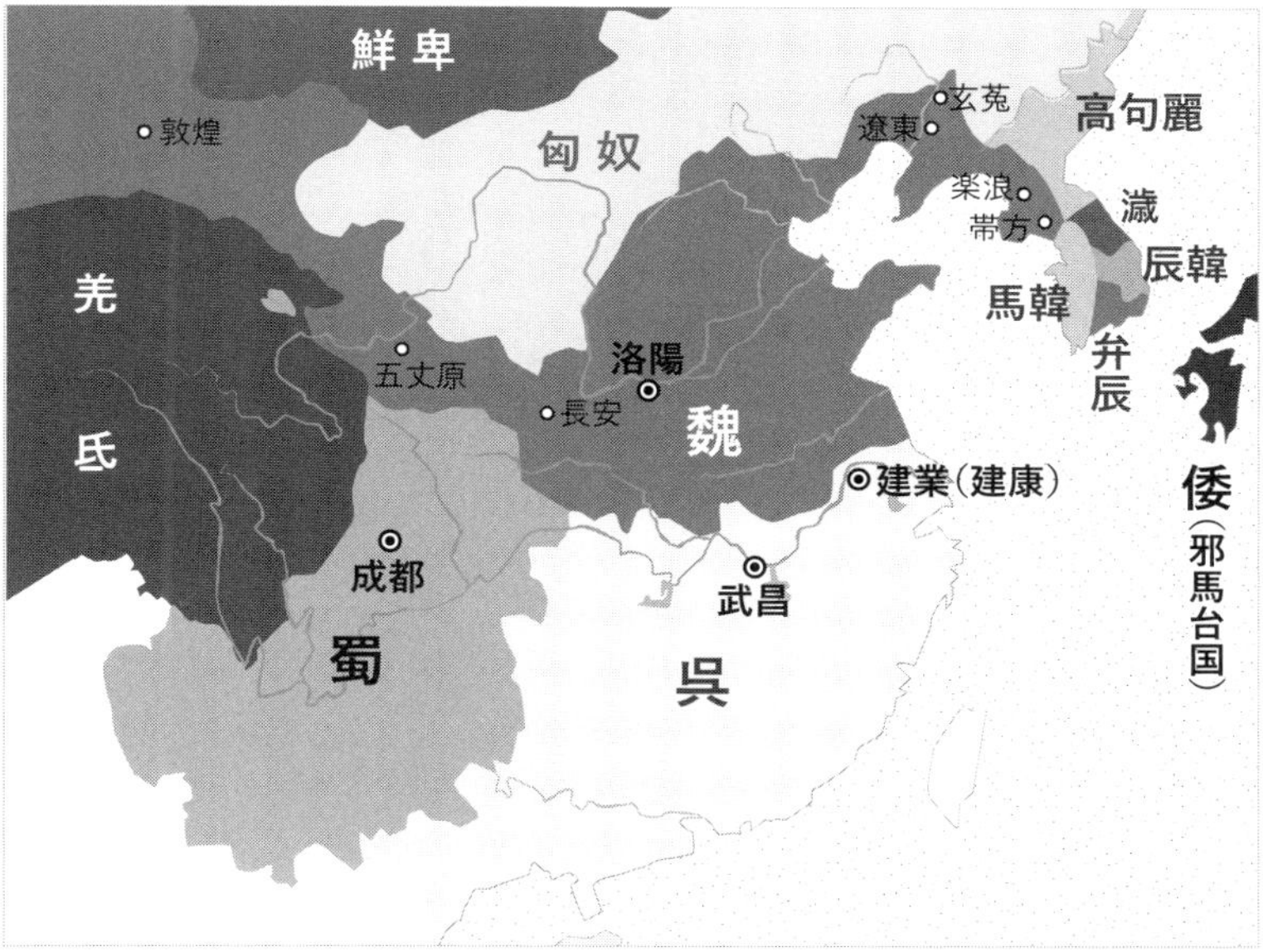

3世紀の中国大陸と朝鮮半島

康を継いで遼東太守となった公孫淵《こうそんえん》（〜二三八）は、朝鮮半島北部の玄菟郡《げんとぐん》、楽浪郡、帯方郡まで支配下に置き、魏から独立する野望を募らせていた。

　後漢朝を支えてきた曹操はすでに没し（二二〇）、息子の曹丕《そうひ》（一八七〜二二六）が後漢の献帝《けんてい》（一八一〜二三四）より禅譲され魏を創始、初代の文帝《ぶんてい》に即位しながら、在位六年で死去した。第二代は曹丕の長男の曹叡《そうえい》（〜二三九）が継承し、明帝《めいてい》となった。

　曹操なき魏の弱体化に付け込んだのが呉の孫権である。『三国志』の「魏書・公孫度伝」によれば、遼東太守に任命された公孫淵は、南方に使者を遣わして進上、孫権と通じた。孫権も張弥《ちょうび》、許晏《きょあん》ら使者を遣わして宝物を贈り、公孫淵を燕王に封じた。江南でまだ健在だった孫権は、公孫淵に同盟を持ちかけ、朝鮮半島から魏を攻めようとしていたのである。

景初元年（二三七）。明帝の出仕命令を拒絶した公孫淵は許可も得ず燕王を名乗り、元号まで定めた。明帝は大将軍の司馬懿《しばい》（一七九〜二五一）に公孫淵の鎮圧を命じた。この三年前に没した蜀の丞相《じょうしょう》で二歳下の諸葛孔明と戦火を交えたことのある司馬懿は、仲達《ちゅうたつ》の名でも知られている。

景初二年（二三八）九月十日。明帝の勅命を受けた司馬懿は、大軍を率いて遼東郡を陥落させ公孫淵を殺害、楽浪郡と帯方郡の実権も回復し、孫権の野望を打ち砕いた。しかしその年の十二月、病に冒された明帝は重篤となり、翌景初三年の元日に死去した。この「景初三年」が「魏志倭人伝」を引用した『日本書紀』の神功皇后紀の注記に見られる。

「魏志云、明帝景初三年六月、倭女王遣二大夫難升米等一、詣レ郡、求レ詣二天子一朝献」

魏の景初三年は西暦二三九年にあたる。朝鮮半島における戦火の収束を見計らったのか、倭女王の卑弥呼が大夫の難升米らの使節団を帯方郡に遣わし、洛陽の天子への朝貢を求めたとある。魏朝は明帝の急死で、幼い皇太子の曹芳《そうほう》（二三二〜二七四）が即位したばかりである。

ところが、中国正史を集めた「百衲本《ひゃくのうぼん》」（一九三六）の『三国志』「魏志倭人伝」では、同じ記述の「景初三年」が「二年」になっている。

『三国志』は成立後も新史料などの発見で注釈や訂正が重ねられ、異同の定まらない版本が残された。近年でも「邪馬臺《たい》国」は「邪馬壹《いち》国」の誤写だという古代史の古田武彦（一九二六〜二〇一五）の研究が学界を騒がせた（『「邪馬台国」はなかった』朝日新聞社　一九七一）。なお現代では字画の多い「臺」は「台」と表記されている。

卑弥呼朝貢の年について言えば、『日本書紀』と同様に七世紀の中国正史『梁書《りょうしょ》』も「景初三年」としているが、十八世紀の清朝の乾隆帝《けんりゅうてい》（一七一一～一七九九）による欽定本『三国志』（一七三九）の「魏志倭人伝」は、先の「百衲本」と同様、「景初二年」としている。しかし前述のとおり「景初二年」の朝鮮半島は公孫淵と司馬懿の交戦状態にあり、そのような混乱期に帯方郡を介して洛陽まで朝貢使を派遣するなど考えられない。

漢魏洛陽故城（著者撮影）

私は平成二十五年（二〇一三）の夏、河南《かなん》省の洛陽を訪ね、「漢魏洛陽故城」を目にした。復元中で非公開だった広大な遺跡を前に、卑弥呼の使節団の労苦を思わずにはいられなかった。危険をともなう渡海や長い旅程を厭わず、なぜ倭奴国王や卑弥呼は朝貢したのか、という疑念があらためて湧いたのである。西暦五七年の倭奴国王の遣使たちは、黄河流域を遡る洛陽城までの途上、整備された街道を疾駆する騎馬兵団とすれ違い、また衣冠束帯で飾られた後漢の宮廷の盛儀を目にし、想像を絶するカルチャーショックを受けたはずである。この見聞がのちの遣唐使の時代まで、難路も厭わない朝貢を継続させたのであろう。

しかし中国への朝貢儀礼の手続きには、「上表」という漢文による文書が必要だったはずである。卑弥呼の西暦二三九年の朝貢は、倭奴国王の五七年から百八十年余が経過している。その間も中国大陸との交流は続けられていたと思われるが、ではなぜ倭人は『史記』や『三国志』のような洛陽見聞記を後世に残すことができなかったのか。

「魏志倭人伝」に記された日本列島の人名や地名は、あくまでも倭人の発音を漢字に置き換えたものである。一方、吉野ヶ里遺跡の万余とされる甕棺墓からは、大陸や半島の影響を受けた把頭飾《はとうしょく》銅剣は出土するが、墓碑銘の銅板は一つとして見つからない。九州、出雲、近畿、東海で出土した銅鐸にも、文字は刻まれていなかった。

ポスト卑弥呼

「魏志倭人伝」は唐突に、正始《せいし》八年（二四七）の卑弥呼の死を告げる。死因は不明だが、その直前に、邪馬台国と南で隣接する狗奴国の紛争が絶えないことに危機感を抱いた魏が、帯方郡を通じて調停工作を強行したと記している。狗奴は「クナ」か、あるいは「クヌ」か。卑弥呼の死はこのさなかの出来事であった。

卑弥呼は径が「百歩《ぶ》」（約一八〇メートルか）の墓「冢《ちょう》」に葬られたと「魏志倭人伝」は記す。目を見張るのは、百余人の奴婢《ぬひ》がイケニエとして殉葬されたことである。生前の巫女王卑弥呼の勢威の強大さを思わせる葬送であった。

卑弥呼死後の倭国は、男王たちが起こした争乱で統治不能の状態に陥った。魏はその争乱の収束にも関与し、卑弥呼の宗女《そうじょ》の台与を擁立させた。台与は「トヨ」と読むのか。生没年も不明ながら、十三歳だったという。宗女とは卑弥呼と縁の深い巫女集団の一人という意味なのか。「卑弥呼」という音からは巫女王としてのカリスマ性が伝わってくるように思えるが、しかし「台与」には俗称、また実名の響きが滲む。とはいえ十三歳という年齢からは、卑弥呼の霊威に奉仕した巫女の制度に基づく抜擢が窺える。後年の伊勢の斎宮《さいぐう》を思わせる光景ではある。

「魏志倭人伝」が記した殉葬や王位継承の事象からは、文字による知覚よりも、祈禱、呪言の霊性に依存した三世紀の倭人の社会が垣間見える。文字による記録よりも、口承、朗誦の物語に、理性を超えた霊威の感得を求めたのであろうか。先に触れた『古事記』編纂のさいの、稗田阿礼誦習の倭音について、太安萬侶が「序」で記した漢字に置き換える困難とも通ずるように思うが、倭人の言霊信仰は切実だったと私は考える。そして、倭国は女王により継承された。

一方の魏は、短命の王朝であった。四十年余という短期間で晋に禅譲して滅んだ。司馬懿の孫である晋の司馬炎《しばえん》（二三六〜二九〇）が即位し、武帝となった翌年の泰始二年（二六六）には、倭の女王が朝貢している（『晋書《しんじょ》』「武帝紀」）。卑弥呼死後のことゆえ、この倭の女王は台与だとされる。

しかしその晋王朝も匈奴《きょうど》や鮮卑《せんぴ》など北方騎馬民族の侵入を許し、国内でも分裂抗争が勃発して統治不能に陥った。晋王朝は洛陽を捨て、揚子江に臨む建康（現江蘇《こうそ》省南京市）へ遷都し、新たに東晋《とうしん》を建国した。もとの晋は西晋《せいしん》と改称され、記録にのみ残ることとなった。

次いで中国全土は、異民族と漢民族が割拠する五胡十六国の時代に突入した。西暦二六六年の倭の西晋朝貢を最後に、両者の関係は断絶した。中国の史書から古代日本に関する記述はなくなったのである。再び国交を回復するのは、百四十七年後のことである。『晋書』の安帝《あんてい》（三八二〜四一九）紀、義熙《ぎき》九年（四一三）は記す。

「是歳、高句麗・倭国及西南夷銅頭大師、並《みな》献二方物一」（鳥越憲三郎『中国正史 倭人・倭国伝全釈』）百四十七年の時を経て、高句麗や西南夷（雲南かベトナム）の遣使に交じり、倭人が東晋安帝の宮廷に現れたのである。その倭国が女王卑弥呼や台与の末裔なのか、また当時、近畿地方で勢威を張ったヤマト・河内王朝なのかは不明である。ただ、『晋書』に続く中国の正史『梁書』はこの倭王を「賛」、南北朝時代（四三九〜五八九）の『南史』は「讃」と記している。後述する倭の五王の初代「讃《さん》」に相当しよう。

「讃」の出現まで、中国史は倭国についていっさい触れていない。その三世紀末から五世紀初頭までを、年代と史実が曖昧な記紀に頼らざるを得ない日本の史学は、「空白の四世紀」と呼ぶ。

第2章　空白の四世紀

奈良盆地の古墳群

中国の史書は空白でも、三世紀末から五世紀初頭にかけての倭国については、同時期に奈良盆地や河内平野で築かれた古墳群の威容で語ることはできるはずである。とくに奈良盆地の東に聳える標高四六七メートルの三輪山の麓に築かれた巨大な前方後円墳は、弥生時代にはないスケールである。また、巨大な墳墓の玄室で発見された鏡をはじめ剣、玉など副葬品の豪華さも際立っていた。この巨大な古墳群を築造し得た者は、鉄器を確保し、強力な軍備を整え、祭祀も司った王権を手にしていたと考えられる。

古代史の上田正昭（一九二七〜二〇一六）は、巨大古墳群を築いた王権の出現を日本国家の創始と捉え、当初、大和朝廷と名づけた。しかし上田は、大和朝廷の起源は多くの謎に包まれているとし、次のように述べた。

「三世紀の邪馬台国が、いったいどこにあったか。その所在について議論が分かれているばかりで

箸墓古墳と三輪山（「サンデー毎日臨時増刊号　卑弥呼の鏡」1998.3.4）

なく、邪馬台国がその後の大和朝廷とどのような関係にあるのか、その発端についても未解決の問題が横たわっている」(『大和朝廷』角川新書　一九六七)

上田のこの問題提起は、半世紀を経た現在も未解決のままである。

記紀によれば、巨大古墳の多くには、のちに天皇と尊称される「大王《おおきみ》」たちが眠っている。第1章で江上波夫の騎馬民族国家説に触れたが、王朝の創始者は「ミマキイリヒコイニエ」とされ、その謚号《しごう》、つまり死後の称号が崇神天皇であった。ミマキイリヒコイニエは『日本書紀』では「御間城入彦五十瓊殖」、『古事記』では「御真木入日子印恵」と表記される。

『日本書紀』は初代の神武天皇を「始馭天下之天皇《はつくにしらすすめらみこと》」と呼んでいるが、第十代の崇神天皇も同じく始祖王の意味をもつ「御肇国天皇《はつくにしらすすめらみこと》」とした。一方『古事記』は、ヤマトに都を定めた神武を「神《かむ》倭伊波礼毘古天皇《やまといわれびこのすめらみこと》」、崇神を「所知初国之御真木天皇《はつくにしらししみまきのすめらみこと》」とした。崇神については記紀ともに始祖王の称号を付しているが、しかしここには異説の存在が窺える。つまり八世紀のヤマト王朝の国史制定の当事者たちには、神武と崇神のいずれを始祖王にすべきかの混乱、困惑があったことが窺えるのである。

神武と崇神を同一の大王とする考えもある。さらに言えば、神武は崇神の分身で、紀元を前倒しにするための創作ともされる。なお、岩波書店版『日本書紀』の「崇神天皇十二年九月」の「御肇国天皇」に付された注「二一」は、神武よりも「その実質は崇神天皇のほうにあるとみられている」と記し、ミマキイリヒコについて「国土の最初の支配者の意」を掲げた。

『古事記』に神武の父ウガヤフキアエズの誕生神話がある。産屋《うぶや》でウガヤフキアエズの母の豊玉媛は本性の大鰐《わに》となり、匐《はらば》っていたという。とすれば、神武の祖母は大鰐ということになる。またミマキイリヒコは、三輪山の麓にヤマトを建国する前は春日《かすが》にいたという。

一方『日本書紀』も、現在の奈良県桜井市の磯城《しき》に都を構えた崇神の出自を、父の開化《かいか》天皇の都があった奈良盆地北の春日としている。つまり神武から崇神に至る十代の王朝は、奈良盆地の周辺を移動していただけということになる。

しかし前述のとおり、奈良盆地の古墳群の多くが皇室の陵墓として治定《じじょう》され、発掘は認められていない。日本の歴史研究は、治定から漏れた古墳の出土品を手がかりに、揣摩《しま》臆測《おくそく》するしかないのである。また、発掘できた古墳のいずれからも墓碑銘などは見つからず、今日に至っている。考古学の見地からも、発掘時の玄室の構造や、鏡とともに搬出された土器群の年代測定などで古墳の築造期を調べているが、諸説混淆で、埋葬者は比定できないままである。

とはいえ、王墓と考え得る奈良盆地の前方後円墳の数々が、三輪山の麓に蝟集《いしゅう》している。三輪山の御神体は古代より土着の人々の信仰を集めてきた大物主という出雲系の地主神で、光を放つアマテラスではない。では、崇神王朝が実際に奉斎した神の名は何か。

ヤマトトトビモモソヒメと三輪山

三輪山西の山麓には、箸墓と呼ばれる全長二七六メートルにも達する、最初期の前方後円墳がある。『日本書紀』によれば埋葬者の名は、初代の神武天皇から数えて八代の孝元《こうげん》天皇の皇女の倭迹迹日百襲姫命である。「ヤマトトトビモモソヒメノミコト」と訓む。彼女は崇神天皇の治世に突然、神憑《かみがか》りして託宣するようになり、巫女としての資質が注目された。

ヤマトの磯城を都にした崇神天皇五年、第1章で触れた疫病が流行し、人民の過半数が死んだと『日本書紀』は記す。そして崇神天皇七年。皇祖の聖業が確立し、王家も隆盛した当地で、なぜ自らの世になって数々の災害に襲われるのかと嘆いた崇神は、天神地祇《てんじんちぎ》が集う斎庭《ゆにわ》に行幸し、亀卜《きぼく》を執り行った。亀卜とは、火にかけた亀の甲羅に生じる裂け目で神託を判じた占いである。この祈禱に応えた神が憑依したのがヤマトトトビモモソヒメである。モモソヒメの口から神は告げた。

〈我を敬い祀れば必ず太平の世になる〉

崇神天皇は問うた。

〈その教えを告げ給うはいずれの神か〉

〈我はこの倭国の領内に住まう神、名は大物主〉

ヤマト王朝を祟《たた》っていたのは、三輪山の大物主神であった。その託宣を崇神は実践して人民絶滅の危機を乗り越え、そしてモモソヒメは大物主の妻となった。

大物主は貴公子の姿でモモソヒメの寝室に現れ、夜の明けぬ間に消えた。日中も会いたいと懇願したモモソヒメに、大物主は化粧道具を入れる箱、櫛笥《くしげ》を示し、〈ここに私はいる。ただし、見ても決して驚いてはならない〉と告げ、立ち去った。朝、モモソヒメが櫛笥を開けると、下帯ぐらいの長さの蛇がいた。モモソヒメは驚き叫んだ。大物主は〈私に恥をかかせたな！〉と叫ぶや、蛇から人の姿に変身して三輪山へ飛び去った。モモソヒメは驚き叫んだことを悔やみ、陰部に箸を突き刺して自害した。

人々はモモソヒメの死を悼み、大きな墓を築いた。昼は人々が手渡しで山から石を運び、夜は神が運んだという。箸墓の伝承説話である。その伝承が卑弥呼の埋葬を連想させることから、邪馬台国は近畿の奈良盆地にあったとする説が生まれた。

モモソヒメの「百襲」の由来については、九州の考古学者の原田大六《だいろく》（一九一七〜一九八五）がたくさんの衣裳「百衣」を所有する存在としたが（『卑弥呼の墓』六興出版　一九七七）、私は卑弥呼に殉葬した百余人の奴婢をつい連想してしまう。が、あの美しい姿をした箸墓に、百余人もの殉葬者が埋められているとは思えない。宮内庁職員の修理調査は、吉備系の土で作られた、埴輪の創始とされる特殊器台の出土を報告している（石野博信『邪馬台国の候補地　纒向遺跡』）。ゆえに箸墓築造の頃は、すでに殉葬は禁じられ、埴輪で代替したのではないかと、私は考えている。

箸墓のように周濠《しゅうごう》をめぐらし、全長二七六メートルの前方後円墳を築造するためには、複雑な水系や地形を計測できる技術者が必要となってくるはずである。高い土木技術ばかりか、たくさんの人民の動員や、長期にわたる物資輸送にも対応しなくてはなるまい。

箸墓から大阪湾に通ずる大和川までは二六〇〇メートルに及ぶ水路が掘り抜かれ、地名に倣い纒《まき》向大溝《むくたいこう》と呼ばれている。纒向遺跡で出土した土器類の形式は、二世紀末から四世紀中葉にまたがっている。加えてその形式には、半数近くを占める東海の土器を中心に、山陰、北陸や、河内、吉備ばかりか、関東、九州をも含む外来系が混在することから、纒向地域は古代の都市的集落ではなかったかと石野博信は前掲書で指摘した。箸墓をはじめ纒向遺跡に古墳時代の創始を見る石野は、初期の墳墓の周辺から出土した弥生式晩期の、多様な土器群を橿原考古学研究所の関川尚功《せきがわひさよし》（一九五一〜）とともに分類し、仕事を求めてヤマトに集まってきた各地の倭人労働者が、都市的集落を形成したと考えたのである。発掘された形式の異なる土器群からは、一大土木事業を聞きつけた各地の人々が、ヤマトを目指した姿が浮かんでくる。

そして『日本書紀』が記したように、モモソヒメの墳墓築造に骨身を惜しまなかったヤマトの土着民たちの気配からは、荒ぶる大三輪の神威が伝わってくる。とはいえ科学的には、ヤマトの人民半数の命を奪った荒魂《あらたま》の正体は、域外から侵入した伝染病だと考えられる。巨大墳墓の築造に携わった群衆のなかには、大陸や半島から渡来した技術者、労働者も混ざっていたはずである。彼らが無菌状態のヤマトに混入した時の状況を想像する必要がある。現代日本も、アフリカで発見されたエボラ出血熱や、中東、韓国で多数の死者を出したMERS《マーズ》（中東呼吸器症候群）の流行時には水際対策の強化が叫ばれた。

天然痘は紀元前からの、人類最古の病原菌とされ、六世紀には東アジアまで伝わっていた。本邦初の発症の記録は西暦五八五年、『日本書紀』の「敏達《びだつ》天皇十四年」で、敏達（〜五八五）が「卒《にわか》に瘡《かさ》患《や》みたまふ」とある。同じ頃、朝鮮半島より伝来した仏法を受容するか否かで、飛鳥王朝は大きく揺れていた。同じ年に「蘇我大臣《そがのおおおみ》、患疾《やまい》す」と記された蘇我馬子《うまこ》（〜六二六）は受容して一命をとりとめたが、仏法を嫌う敏達は死んだと世人は噂した。世人の多くも疱瘡で命を落としていた。六世紀の天然痘の伝染は、天皇家の祭祀の重心がアマテラスから仏教へと転移する契機になったのではないか。

三、四世紀のヤマトの人民にとって、疫病や自然災害は荒ぶる神の祟りに他ならなかった。荒ぶ

宮山遺跡出土の特殊器台（重要文化財　岡山県立博物館蔵）

る神の祟りを鎮める祭祀は、天皇家には重要な政務であった。この荒魂を鎮める祭祀権を有さない者は、人民から絶対視されることはなかった。『日本書紀』を読む限り、崇神は三輪山の大物主の霊威を無視し、その祭祀権を掌握しないまま、ヤマトに侵入した気配がある。

崇神がヤマトの磯城に建国した時、土着の王は逃亡、あるいは族滅され、三輪山の祭祀権は空白だったのではないだろうか。奈良盆地の古墳群からは、先に触れた特殊器台と呼ばれる円筒埴輪とともに、夥しい数の銅鏡も出土した。これらの出土品は生前の「大王」の強権を誇示しはするが、土着民が信仰した大物主神に対応する祭器とは思えない。しかも特殊器台の出土の最初は吉備、岡山県とされている。

三輪山の禁足地の祭祀遺跡からも、古墳時代のものとされる土製の農耕具のミニチュアや子持勾《こもちまが》玉《たま》、須恵器は出土するが、神器たる剣、鏡、玉のセットは一組も出土していない。しかも須恵器は四、五世紀に朝鮮半島から渡来した陶工の技術によるものである。

須恵器が作られる以前、縄文時代より三輪山自体が御神体だったため、祭具を要する儀礼は行われなかったと考古学の菅谷《すがや》文則《ふみのり》（一九四二〜）は推測した。三輪山では縄文人の自然崇拝が守られており、山中の禁足地には、ただ巨石の磐座《いわくら》のみがあったという（『三輪山の考古学』網干善教、石野博信、森浩一、菅谷文則、塚口義信、河上邦彦編　学生社　二〇〇三）。

三輪山に祟られても、しかし崇神王朝がヤマトを離れることはなかった。崇神、景行《けいこう》ら歴代の大王は、まるで三輪山を拝跪《はいき》するかのように自身の墳墓を造営し続けた。

一方『日本書紀』の「崇神天皇六年」には、「神代」の巻でしか語られなかったアマテラス祭祀についての記述が現れる。「神代下第九段」の「一書《あるふみ》」第二では、高天ヶ原が前出の「正哉吾勝勝《まさかあかつかち》速日天忍穂耳尊《はやひあまのおしほみみのみこと》」を大国主神の領土に派遣するさい、宝鏡を手にしたアマテラスの神勅があった。

「吾児視二此宝鏡一、当レ猶レ視レ吾。可三与同レ床共レ殿、以為二斎鏡一」

意訳すれば〈我が子よ、この宝鏡は私である。斎鏡《いわいのかがみ》とし、必ずや宮殿と同床に祀れ〉となるか。

その神勅に従い、歴代天皇はアマテラスの御神体＝八咫鏡を宮殿と同床に奉斎してきたとされる。ところが崇神は、アマテラスとともに「倭大国魂《やまとのおおくにたま》」も祀っていたため、問題が生じた。両神の霊威が強大で争いになり、崇神の心は休まらなかったのである。

「倭大国魂」は「大国玉」とも表記しているが、古代より奈良盆地で信仰されてきた有力な地主神のようである。大物主と同じ系統の神のようで、大国主ともその出現時の名オオアナムチの荒魂とも習合して分別ができなくなっていた。アマテラス、倭大国魂の両神とも崇神の宮殿から離し、アマテラスは倭《やまと》の笠縫邑《かさぬいのむら》に、倭大国魂は磯堅城《しかたき》に分けて祭祀したと『日本書紀』は「崇神天皇六年」で記している。

ニニギによる天孫降臨のさいにアマテラスが命じた宝鏡の同床祭祀は、崇神朝で廃された。以後、アマテラスの御神体は、次代の垂仁《すいにん》天皇の二十五年、皇女の倭姫命《やまとひめのみこと》に奉仕され、近江、美濃と流浪した挙げ句、伊勢にたどり着いた。この『日本書紀』の伝承、また倭大国魂と同格に祭祀していたことからも、アマテラスが崇神朝で最も重要な神だったとは思えない。前述のヤマトトトビモモソヒメに至っては、三輪山の大物主神の妻女となっており、アマテラスと同列の輝きを放つ「日ノ御子」としての片鱗も窺えない。

景初四年銘鏡

昭和二十六年（一九五一）。大阪府和泉《いずみ》市の前方後円墳、黄金塚《こがねづか》古墳の後円部を発掘したところ、卑弥呼による魏朝貢の景初三年（二三九）の銘を記す平縁《ひらぶち》画文帯神獣鏡が木棺の棺外で出土した。

そして平成八年（一九九六）。同じ景初三年銘鏡が、三十九個の銅鐸を出土した島根県雲南市加茂町岩倉に隣接する、神原《かんばら》神社に所蔵されていることがわかった。形式は三角縁神獣鏡である。三角縁神獣鏡はヤマトを中心に、九州から東北にかけて築かれた前方後円墳で出土している。神原神社の社の下には初期の方墳があり、景初三年銘鏡は移築にともなう調査、発掘のさいに出土した。

景初三年銘鏡こそ、三世紀の卑弥呼による朝貢の返礼に、魏の皇帝が贈与した「銅鏡百枚」の一つではないかと、学界は騒然となった。以後、近畿地方を中心に出土する三角縁神獣鏡は、卑弥呼が所有し、諸王に分け与えたものではないかとも言われた。

ところが、魏朝には存在しない「景初四年」銘の三角縁神獣鏡が、京都府福知山市の前方後円墳から出土した。また同一の鋳型、あるいは原型で作られた同笵《どうはん》鏡が、兵庫県西宮市の辰馬考古資料館にも所蔵されていた。

前述のとおり、魏の明帝は景初二年（二三八）十二月に病に冒され、翌景初三年元日に死去しており、本来「景初四年」はあり得ない。中国では君臨した皇帝の権威を示すために、元号の記録を疎かにすることなどない。中国本土での暦の操作は想像し難く、倭国の工人の手によるものと考えられる。さらに、未発見の三角縁神獣鏡は千面とも二千面とも言われ、現在までの出土数が五百に及ぶことから、いずれが魏より卑弥呼に贈られた「百枚」なのかは特定できない。

また、箸墓に近い桜井茶臼山古墳より出土した八十一面の銅鏡は、ことごとく破砕されていた。破鏡とは離婚を意味する言葉でもあるが、埋葬者の棺を囲むように配置された夥しい数の破鏡には、いかなる呪性が込められていたのか。

上：神原神社古墳出土の景初三年銘鏡
（重要文化財　文化庁蔵　古代出雲歴史博物館提供）

中：出土地不明の景初四年銘鏡
下：同部分（辰馬考古資料館蔵）

考古学の森浩一（一九二八〜二〇一三）は、その鏡群は中国渡来のものではなく、倭人により倭国内で作られたと主張した。森は学生時代より景初三年銘鏡が出土した黄金塚古墳の発掘に加わり、また『三国志』や記紀、『万葉集』を含む文献史学とも深く関わった。森は考古学だけの範疇には留まらず、東アジアを包摂する文化人類学とも連動し、「古代学」の確立を提唱した。

北九州の弥生墳墓出土の、漢式を模倣して日本で作った仿製鏡を見てもわかるとおり、古代倭人は銅鐸や銅剣、銅鏡を鋳造する高度な技術を習得していたと森は説いた。そして、複雑な画像で覆われた三角縁神獣鏡の同笵鏡の製作にも熟達していたと推測した。

漢鏡の渡来に始まる倭国の信仰形態は、中国とは非常に異なる。福岡県の旧前原《まえばる》市、現在の糸島市にある平原《ひらばる》遺跡からは径四六・五センチの大型鏡が五面出土し、他にも三十以上の漢鏡、もしくは漢鏡を模した銅鏡が埋葬されていた。これらの鏡群を同市の伊都国歴史博物館で初めて見た時、倭人による仿製鏡ながら、線刻の精緻さに私は驚嘆したものである。

平原遺跡出土の内行花文鏡・10号鏡（国宝　文化庁保管　伊都国歴史博物館提供）

しかしこの鋳造技術は地方へ広がるにつれて劣化し、仿製鏡の記銘に誤字が散見するなど、漢文や中国の政情を知らない倭人の仕業だと考えられた。森は京都府福知山市広峯15号墳の、実在しない「景初四年」銘鏡の出土をその例とした（『僕は考古学に鍛えられた』ちくま文庫二〇一二）。

三角縁神獣鏡が周囲に置かれていた黒塚古墳石室内部の木棺
（奈良県立橿原考古学研究所提供）

一九八一年（昭和五十六）。中国考古学会の王仲殊《おうちゅうしゅ》（一九二五〜二〇一五）が当国の学会誌「考古」第四期の誌上で、三角縁神獣鏡のような神像鏡、画像鏡は、揚子江南岸の呉で発達したもので、北九州の弥生墳墓出土の漢鏡、つまり北の黄河流域で作られた内行花文鏡《ないこうかもんきょう》や方格規矩四神鏡《ほうかくきくししんきょう》とはまったく形式が異なり、魏の系譜ではないと断じた。王は日本の三角縁神獣鏡について、呉や越の渡来工人が製作したものだと論じ、森の国産説を裏づけたのである。

中国では化粧道具だった銅鏡が、倭国では神器とされ、貴重な宝物になった。一〇センチ前後の漢鏡を大型化し、縁どりの断面を三角にして加工すれば値打ちが上がる。とくに倭の諸王の副葬品として大量の需要があると知るや、呉越は東シナ海や黄海を通商ルートに、輸出を活発化させたに違いない。第1章で触れたとおり、近年も奈良県天理市の黒塚古墳から三十四面の銅鏡が発掘され、うち三十三面が三角縁神獣鏡であった。呉越の人々のなかには、東シナ海を渡り銅鏡製作の技術を広め、有力な王の要望に応えて倭国で生き残る決意を固めた者もいたのではないか。

中国古代史と考古学が専門の杉本憲司（一九三一〜）は、森浩一編の『倭人伝を読む』（中公新書一九八二）に寄稿した論文「倭人の源流を探る」のなかで、南越の時代から戦国末期、そして前漢初期にかけての、つまり紀元前三世紀から同一世紀頃にかけての、造船所の出土を報告している。一九七四年（昭和四十九）、現在の広東省《かんとんしょう》広州《こうしゅう》市内を流れる珠江の、北岸約一キロの地下五メートルから二つの船台が見つかった。まるで鉄道の線路のような枕木の上に、滑板が一・八メートル間隔で載せられ、そして船台は「現長」で二九メートルもあったという。なお、掲げた図版は『倭人伝を読む』より引用したものだが、出典は「『文物』一九七七年四期」である。

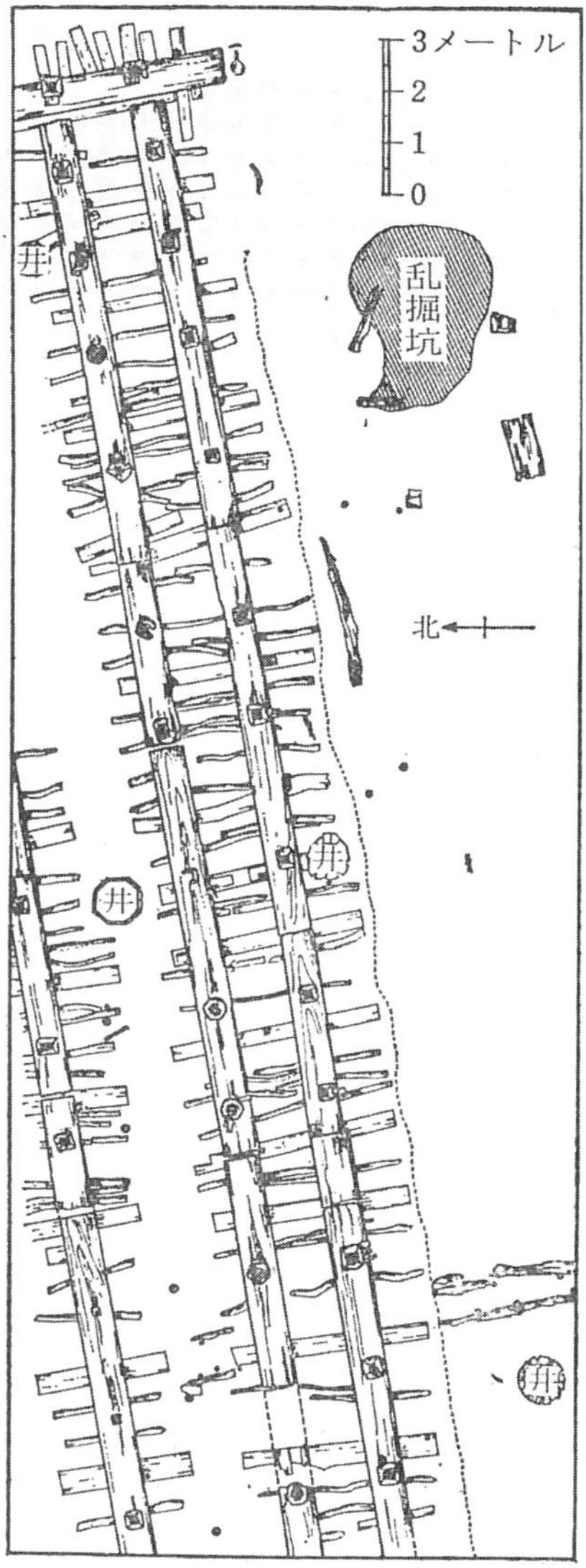

広州市出土の秦漢時代の造船所の船台

現代でも世界の大都市には必ずと言っていいほどチャイナタウンがある。華僑の旺盛な商魂のたくましさは昨日今日に始まったことでなく、紀元前から受け継がれてきたものと推量できそうである。

とはいえ、奈良盆地の王墓で出土した鏡群をどう理解すればいいのか、惑うばかりである。この鏡群からは唯一神アマテラスの霊性は放射されてこない。前述のとおり『日本書紀』の「神代下第九段」には、八咫鏡を天皇の住まう宮殿の同床に祀るよう告げられたことが記されているが、にもかかわらずアマテラスの御神体を隔離、放置したと記す「崇神天皇六年」の朝廷の冷淡さには、皇祖神との親縁性に対する疑問すら湧いてくる。

中国の魏晋期に「位至三公《いしさんこう》」銘の、径約六センチから九センチの銅鏡がある。「位至三公」とは最高位、三つの官職を極めたいとの願文である。中央部に縦一列に記銘された銅鏡で、森浩一も古墳時代最盛期の百舌鳥《もず》古墳群で二面を発掘している。魏から唐、宋に至る時代の「三公」は、軍事の太尉《だいじょう》、行政の司徒《しと》、監察の司空《しくう》だが、前漢では大司徒の丞相が最高位で、諸葛孔明や曹操に与えられている。中国北部の鏡は霊性というより、出世や幸運を願う吉祥文字を刻み込むだけの縁起物だったようである。

崇神朝におけるアマテラスは民俗信仰のレベルに留まり、まだ皇統の神聖化、皇室による独占化の証しには至っていなかったのではないだろうか。奈良盆地に広がる同じ頃の初期前方後円墳の鏡は、その所有数で生前の権力や富を誇示し得た祭器の一つにすぎないと解釈できるのである。

古代における鏡ブームは、この国の起源への考察を混乱させる要因の一つとなっている。九州北部の弥生遺跡で発掘された鏡群は、ヤマトの巨大な前方後円墳でも出土し、その信仰とともに王権が北九州から東遷してきたという学説も現れている。神武東征伝説は鏡ブームと伴走していたのではないのか。

平成十三年（二〇〇一）三月末の文化庁の調査によると、現在まで確認された古墳の数は、九州から東北にかけて十六万千五百六十基に及ぶという。この膨大な数の古墳のすべてが、鏡の埋葬を必要としていたのである。

しかし、夥しい数の鏡の出土にもかかわらず、日本の起源たる王朝がいつどこで建国されたのかは、不明のままである。その最大の要因は、宮内庁書陵部による天皇陵発掘の禁止である。現在のところ、発掘できた陵墓以外の王墓群からは、手がかりとなる墓碑銘の出土は皆無である。

九州志賀島出土の金印に刻まれた「委奴国王」は、確かに最初の手がかりとなった。金石文《きんせきぶん》は、経年劣化し、かつ誤りも散見するパピルスや紙の記録に比べると安定性があり、史料価値が高い。東洋史の宮崎市定《いちさだ》（一九〇一～一九九五）は、古代の記録を刻む金石文として、金印と双璧をなすのが七支刀《しちしとう》だと述べた。

七支刀の銘

七支刀とは百済の王子が倭の王に贈った異形の鉄製直刀である。異形と言ったのは、真直の刀身に、左右交互に三本の枝刀が出ているためで、奈良県天理市布留町《ふるちょう》に鎮座する石上神宮《いそのかみ》の宝物として、千年を超え現代まで奇跡的に受け継がれてきた。

社伝によれば石上神宮は、古代の豪族で軍事を司った物部氏《もののべ》が、布都御魂大神《ふつみたまのおおかみ》を御神体として奉

石上神宮の七支刀（国宝）

斎してきた古社とある。布都御魂大神とは、熊野で危機に陥った神武東征軍を救援するために、アマテラスが高天ヶ原より下した霊剣を指す。

物部氏の「物」は剣や矛などの武具を意味する。『古事記』によると物部氏は、神武東征以前にヤマトに降臨した同じ天孫族の饒速日命《にぎはやひのみこと》と結縁し、この系譜を継いだという。つまり物部氏は、以前よりヤマトに勢力を保持していたことになる。ヤマト王朝の時代に入ると物部氏は、大伴氏とともに天皇家の親衛隊を統率し、軍事の一翼を担った。

記紀は、物部氏が軍事ばかりか、宮廷神事の任も兼ねていたことを記す。六世紀の仏教伝来に際しては、中臣《なかとみ》氏とともに反対派の頭目となり、仏像を焼き仏塔を破壊して、推進派の蘇我氏に殺された物部大連守屋《おおむらじもりや》（～五八七）の名が記録されている。そういった歴史からも、物部氏は有史以前より奈良盆地の土着信仰と深く結びついた豪族だったと思われる。

石上神宮がある布留の地は、三輪山一帯の北に隣接し、神武東征以前より物部氏の拠点だったと考えられるが、しかし高天ヶ原が熊野の高倉下《たかくらじ》なる土着の豪族に与えて東征軍を奮い立たせた霊剣が、どのような経緯で物部氏に渡り、この布留の地に祭祀されたのか、記紀からは読み取れない。

原初、石上神宮の御神体は、現存の本殿ではなく拝殿の背後に厳秘の禁足地を設け、地中に埋納されていたという。三輪山信仰と共通するような古式の祭祀を継承してきた物部氏だからこそ、仏教伝来で族滅の危機に遭うも、のちに軍事と神事の権威として朝廷に復活し得たのではないだろうか。石上神宮と「神宮」を名乗ることが許されている点でも、伊勢神宮に次ぐ社格の高さを示している。その権威を頼って石上神宮には数多の刀剣が集められ、七支刀も献納されたのであろう。

しかし七支刀は、石上神宮の御神体たる布都御魂大神の霊威に覆われて千年の歳月に埋もれ、人々の記憶から消え去っていた。この間、鉄の刀身は腐食し、錆ついて、直刀部の金象嵌《ぞうがん》の銘文まで消える寸前であった。

明治七年（一八七四）、大宮司となった菅政友《すがまさとも》（一八二四〜一八九七）が七支刀の存在に気づき、錆を砥ぎ落としたところ、刀身の銘文が現れた。「□□四年□月十六日丙午……」と干支に因む元号らしき漢字は確認できたが、解読は困難を極めた。腐食して崩れた冒頭の文字が「泰《たい》」あるいは「太《たい》」かが判明せず、近代になってレントゲン透視などの科学技術を投入し、元号は東晋の「太和」の異表記と考えられる「泰和」とされたが、未だ定まらず現代に至っている（宮崎市定『謎の七支刀』中公新書　一九八三）。

私は、考古学に近代科学を導入した濱田耕策（一九四九〜）の解読による「泰和四年＝西暦三六九年」説に従ってみたい。公益財団法人日韓文化交流基金のウェブサイトで平成二十六年（二〇一四）より閲覧可能となった、浜田解読の、石上神宮の七支刀の銘文は次のとおりである（「4世紀の日韓関係」二〇〇五）。

表：泰和四年五月十六日丙午正陽造百練□（「鉄」か）七支刀出辟百兵宜供供侯王永年大吉祥
裏：先世以来未有此刀百済王世子奇生聖音故為倭王旨造伝示後世

訳せば〈泰和四年五月十六日、鍛えに鍛え上げて造られた七支刀は、百の大軍をも退ける霊威を示し、大切に奉持すれば代々の王は吉祥に恵まれよう。その前例のない刀は、百済王の世子の奇生聖音が倭王旨《じ》のために造った。後世まで伝えよ〉となるか。「世子」とは王位を継ぐ王子のことで、「奇生聖音」の読み方は不明である。

編纂者の作為

問題は「泰和四年」である。泰和＝太和は、洛陽を捨て建康で再興した東晋王朝（三一七～四二〇）の元号であり、西暦三六九年に該当する。七支刀の「泰和四年」が正しければ、空白の四世紀に「倭王旨」が存在したことになる。記紀に「倭王旨」の記載を見出すことはできないが、『日本書紀』の「神功皇后摂政五十二年」に、神功皇后が百済から「七枝刀」を受け取ったという記述はある。なお『日本書紀』の七支刀は「支」が「枝」と表記されている。

　神功皇后については、記紀は神話的なエピソードは記すが、『三国志』の「魏志倭人伝」などの引用で混乱し、現代でも存在を確定できていない。『日本書紀』によれば、神功皇后は十四代仲哀《ちゅうあい》天皇の妃ながら、夫帝とともに九州の熊襲《くまそ》征伐に出陣している。また仲哀天皇が朝鮮出兵に反対し、神の怒りに触れて陣没するや神功皇后は摂政となり、海を渡って新羅攻撃を決行したという。神功は新羅を打倒し、加羅《から》、安羅《あら》、卓淳《とくじゅん》など七ケ国を平定した。さらに神功は兵を西へ進め、南蛮国（済州島か）を討ち、これを百済に与えたとある。その報恩のため、百済の肖古王《しょうこ》（～二一四）が「七枝刀《ななつさやのたち》」一口《ひとふり》を献上したと『日本書紀』は記しているのである。ただし「世子」である「奇生聖音」の名も、刀身の銘文も『日本書紀』は記していない。

三世紀末葉成立の『三国志』では馬韓という部族集団として記された百済が、独立国家として漢江流域、現在のソウル市に首都漢城を構えたのは四世紀前半とされる。一方、西暦一一四五年に成立した朝鮮半島最古の正史『三国史記』の「百済本紀」では、神功皇后に「七枝刀」を贈ったとされる第五代の肖古王の在位は、一六六年から二一四年である。この百済建国と肖古王在位のずれについて、韓国と北朝鮮を除く史学界は『三国史記』の「百済本紀」の編年を疑問視している。『三国志』の記録を百済の前身、馬韓の史実と捉え、百済の建国は四世紀の近肖古《きんしょうこ》王(〜三七五)の時代だとしているのである。

『三国史記2』(金富軾編　井上秀雄訳注　平凡社東洋文庫　一九八三)の「百済本紀」より、肖古王と近肖古王の関連情報を整理すると、次のようになる。

肖古王(在位一六六〜二一四)　―　世子　貴須　＝　仇首王(在位二一四〜二三四)

近肖古王(在位三四六〜三七五)　―　世子　須　＝　近仇首王(在位三七五〜三八四)

「泰和四年」が西暦三六九年なら、倭に七支刀を贈った百済朝は近肖古王の在世となる。また、石上神宮の七支刀に刻まれた「奇生聖音」の読みが「きせいしょうおん」なら、近肖古王の「世子」の「須《しゅ》」つまり「近仇首王《きんきゅうしゅおう》」の音とも響き合うところがある。

西暦三六九年は百済が高句麗の侵略を受けている渦中である。高句麗は大挙して国境付近に駐屯するという傍若無人な侵略を続けていた。太子の「須」は父王に命じられ、軍用の近道を使い、敵の背後を衝いて勝利したと『三国史記』は記すが、「倭王旨」に贈られた「七支刀」は、高句麗の侵略を受けた百済の求めに応じ、援軍を派遣したことへの返礼だったと読める。

朝鮮半島は西暦九三六年、高麗によって統一された。その高麗王朝の一一四五年に成立したのが『三国史記』で、金富軾《きんふしょく》（一〇七五～一一五一）らの編纂による、新羅、高句麗、百済の紀伝体の記録である。百済の建国伝説については、中国東北部の扶余を追われた朱蒙《しゅもう》（高句麗の始祖）の子の温祚《おんそ》を始祖とし、在位は紀元前一八年から後二八年と「百済本紀」で記している。先に触れた肖古王の在位も記しているが、むろん十二世紀成立の『三国史記』は、『日本書紀』が成立した八世紀には存在しない。しかし『日本書紀』の編纂者は肖古王の名を知っていた。

『日本書紀』の注記は、『三国史記』成立以前にはあったが逸失して現存しない「百済記」「百済新撰」「百済本記」をたびたび引用している。なお三書のうち「百済本記」は『三国史記』の「百済本紀」とは異なる。「百済記」「百済新撰」「百済本記」は、後述する白村江《はくそんこう》の敗戦（六六三）による百済の滅亡後、当国の史官がヤマトに亡命し、朝廷に提出した書とされる。成立までの間、『日本書紀』の編纂者たちは、肖古王のみならず近肖古王の事蹟が記された三書を通読できたはずである。にもかかわらず『日本書紀』の編纂者には、三書の記録を無視し、三世紀で肖古王と神功皇后を結びつけ、後者を同時代の卑弥呼に重ねようとした意図が窺えるのである。

『日本書紀』の神功皇后の事蹟は神功皇后摂政十三年から唐突に三十九年に飛ぶ。以降、神功紀の本文は記されず、代わりに「魏志倭人伝」や『晋書』などの引用として「倭女王」関連の事蹟が埋められていく。しかも小文字の注記としてである。重要な部分を抜粋する。

三十九年。是年也、太歳己未。魏志云、明帝景初三年六月、倭女王遣二大夫難升米等一、詣レ郡、求レ詣二
天子一朝献。
四十年。魏志云、正始元年、遣二建忠校尉梯携等一、奉二詔書印綬一、詣二倭国一也。
四十三年。魏志云、正始四年、倭王復遣使
五十二年九月。献二七枝刀一口〔中略〕種々重宝一。
六十六年。是年、晋武帝泰初二年。晋起居注云、武帝泰初二年十月、倭女王遣二重レ訳貢献一。

四十年の「建忠校尉《けんちゅうこうい》」は、「魏志倭人伝」では「建中校尉」とあり、『日本書紀』の引用の誤りか。また六十六年にある「晋武帝泰初二年」は「泰始二年」の誤りで、西暦二六六年に該当する。卑弥呼は正始八年（二四七）頃、狗奴国との紛争中に死んだとされるが、六十六年では「晋起居注」を引用し、「倭女王」の朝貢を、あたかも神功皇后の事蹟であるかのように記している。「晋起居注」とは晋の皇帝の私的な言行の記録で、『日本書紀』の編纂者たちが中国の史書の細部まで博捜していたことがわかる。

『晋書』の西暦二六六年における倭の女王を、卑弥呼の後継者、台与とする学説には第1章でも触れたが、『日本書紀』は「晋起居注」の本来の元号「泰始」を「泰初」と誤写したばかりか、その引用で二四七年頃に死んだはずの「倭女王」卑弥呼を、まだ生きていることにしてしまった。この卑弥呼に重ねられた神功皇后は、仲哀天皇崩御後も即位せず、摂政として六十九年にも及ぶ長期の

王権を維持した。皇位は皇太子の誉田別《ほむたわけ》に受け継がれ、応神天皇の世になる。

広開土王碑と神功皇后紀

百済が倭に七支刀を贈ったのが四世紀後半、西暦三六九年であれば、朝鮮半島北部から中国吉林《きつりん》省の鴨緑江《おうりょくこう》西岸にまで版図を広げた高句麗の、広開土王《こうかいどおう》（三七四〜四一二）の在位（三九一〜四一二）とほぼ同時代の事蹟となる。広開土王は高句麗を隆盛たらしめた英雄で、好太王《こうたいおう》とも呼ばれる。広開土王の功績、武勲を編年的に刻した巨大な石碑が、中国吉林省集安市の鴨緑江西岸に建っている。世界遺産にもなった広開土王碑である。

集安はかつて高句麗の首都であった。広開土王は在位中しばしば新羅、百済を侵略し、倭とも衝突した。敵を退け、領土を拡大し、高句麗を朝鮮半島一の強国に押し上げた戦歴が、千七百七十五字の漢文で、広開土王碑の四面に刻まれている。高さ六・三九メートルの巨大な石碑の一面、八行から九行にかけて〈倭軍が朝鮮半島東南部を襲い、百済、新羅を占領したが、高句麗は辛卯《しんぼう》の年（三九一）に打ち破った〉という文言が刻まれている。その金石文が示す倭の動向が、七支刀の贈与（三六九）から一世代後ゆえ、神功皇后が産んだ応神天皇の事蹟ではないかと推測する史家もいる。しかし四世紀末の、奈良盆地や河内平野という朝鮮半島からは離れた場所にあった近畿ヤマト王朝が、日本海や対馬海峡を渡り遠征できたかについては、疑念を抱かざるを得ない。

五世紀になるとヤマト王朝は奈良盆地から大阪の河内平野へ移り、応神、仁徳《にんとく》が大王として君臨したとされる。秦の始皇帝陵にも比される巨大な前方後円墳を造営した応神、仁徳の治世は、河内王朝と呼ばれている。仁徳天皇陵と伝えられる大阪府堺市の大仙陵古墳《だいせんりょう》は、長さ五二五メートルにも達する。確かに統一国家の強大さが窺え、朝鮮半島への遠征は可能だという史観も成り立つ。この史観を踏まえた前述の宮崎市定は、七支刀の銘「泰和四年」は南朝宋の「泰始四年（四六八）」と解すべきで、百済、新羅に干渉し、高句麗と戦ったのは五世紀の倭の五王だと述べた（『謎の七支刀』）。

神功皇后の事蹟をたどろうとしても、四世紀の「空白」を埋める史料は得られない。神功皇后の諱《いみな》、つまり実名は、『古事記』では「息長帯比売《おきながたらしひめ》」である。夫の仲哀天皇は「帯中日子《たらしなかつひこ》」である。帯（足）＝タラシという諱は、十四代の仲哀の他、六代孝安《こうあん》、十二代景行、十三代成務《せいむ》、三十四代舒明《じょめい》（〜六四一）、三十五代皇極《こうぎょく》＝三十七代斉明《さいめい》女帝（五九四〜六六一）に与えられている。仲哀の父で伝説に彩られた英雄、倭建《ヤマトタケル》を祖とする諱なのか。十五代の応神天皇は仲哀と神功の間に生まれたのだから、当然「タラシ」の諱が与えられてもいいはずだが、なぜか誉田別＝ホムタワケを名乗っている。

「ホムタ」の命名は、生まれつき上腕部に弓の鞆《とも》＝ホムタのような筋肉が隆起していたことに由来すると『日本書紀』は記す。鞆は弓を引くさい、左の臂《ひ》に触れるのを防ぐ革具である。まるで騎馬民族の出自を表すかのような諱である。

神話が入り混じる『日本書紀』の神功皇后紀はその治世に、卑弥呼の三世紀を重ねようとするばかりか、のちの五世紀に実在したと考えられる応神、仁徳の王朝への繋ぎ役まで負わせようとしている。ために、神功の生涯は百歳を数えるという無理が生じた。

祖国という死語

記紀の神話を史実とする見方が生まれたのは明治五年（一八七二）である。明治政府が『日本書紀』における神武天皇即位の日「辛酉《しんゆう》年正月一日」を、太陽暦の紀元前六六〇年に定め、採用したことに起因する。この皇紀《こうき》元年の設定については、中国の王朝革命は辛酉年に起こるという讖《しん》緯《い》説を提唱した東洋史の那珂通世《なかみちよ》（一八五一～一九〇八）が大きな役割を果たした。日本の建国年をできるだけ古くして神代と繫げ、皇祖の神聖化に努めた『日本書紀』と、その出自を明治天皇に重ねようとした明治政府の史観が結節する瞬間でもあった。そして太陽暦の採用で明治五年十二月三日は明治六年（一八七三）一月一日となり、太陰暦における神武即位の日は「二月十一日」と改められ、「紀元節」として国民の祝日になった。

戦前の紀元節、小学生だった私は、学校で配られた紅白の饅頭を夢中になって食べたものである。小学四年の昭和十五年（一九四〇）は「皇紀二千六百年」で、祝賀の提灯行列が全国で挙行された。日本は世界で唯一の、現人神の天皇が君臨する神国だとし、全国民で祝ったのである。大日本帝国が世界を治め、一つの宇《いえ》となす「八紘一宇《はっこういちう》」の文字が全国を覆ったのもこの頃である。『日本書紀』の神武が都を開くさい「八紘《あめのした》を掩《おお》いて宇《いえ》にせむ」と宣言したことに因むが、ヤマトを制圧したばかりの神武が「世界」の征服を宣言するわけはなく、拡大解釈も甚だしい。

日本政府が正式文書で「八紘一宇」の語を用いたのは昭和十二年（一九三七）である。第一次近衛文麿《ふみまろ》（一八九一～一九四五）内閣が、昭和六年（一九三一）の満州事変以来、長引く日中戦争に厭《あ》きた国民に、アジアの盟主としての使命感を自覚させるため、国民精神総動員キャンペーンを計画し、当時の文部省発行のパンフレットが使用した。「皇紀二千六百年」の昭和十五年には日独伊三国同盟が締結されるなど、全体主義高揚の時代精神がもたらしたスローガンである。皇国の起源を国際化するため、日本政府は交響詩『英雄の生涯』で有名なドイツのリヒャルト・シュトラウス（一八六四〜一九四九）やフランスのジャック・イベール（一八九〇〜一九六二）、イギリスのベンジャミン・ブリテン（一九一三〜一九七六）らに祝典曲の作曲を委嘱した。

昭和十六年（一九四一）十二月八日、日本はアメリカ領ハワイの真珠湾を急襲し、太平洋戦争に突入した。昭和二十年（一九四五）八月六日に広島、九日に長崎と、人類初の原子爆弾を浴び、そして十五日、天皇は国民に敗戦を告げた。

三百万余の死者を出した戦争体験で、いったん「紀元節」は廃止されたが、昭和四十一年（一九六六）、国会は「二月十一日」を「建国記念の日」とし、復活させた。戦後二十年にして、日本国民は「八紘一宇」など「架空ナル観念」で起こした戦争の記憶を放棄したのである。

しかし、アメリカ主導の「戦後民主主義」で、アマテラス神話に代わる日本の起源をどう語ればいいのか。「海ゆかば」を口ずさみ、大君に命まで捧げようとした歌謡の霊力も、USA渡来のジャズのリズムに打ちのめされて消滅しかかっていた。その空虚を衝いて、私を狼狽させた短歌が現れた。

マッチ擦るつかのま海に霧ふかし　身捨つるほどの祖国はありや

昭和三十二年（一九五七）。時代遅れと感じられていた短歌で、「祖国」という死語を呼び出し、戦後日本の虚無を見つめた寺山修司（一九三五～一九八三）のデビューは、同時代の私には鮮烈であった。

以後も、神武による「八紘一宇」の「祖国」を失った日本には、形骸化した古代の神話が放置されたままである。しかし「天孫降臨」を国家起源の手がかりとするのは、あまりにも荒唐無稽である。人民の、人民による、人民のための、この国の起源の物語は、日本の歴史のどこにも見当たらない。

河内王朝の創始とされる応神天皇の事蹟についても、母の神功皇后を覆う伝説ゆえに、新時代の人々には史実として受け容れ難いものになっている。神功皇后を補佐した武内宿祢《たけうちのすくね》などは、『日本書紀』に従えば景行、成務、仲哀、神功、応神、仁徳に仕え、三百歳まで生きたことになっている。仲哀天皇が新羅征伐に反対し、神の怒りに触れて死んだ時、それを知った民衆が暴発することを恐れた神功皇后は、武内宿祢と図り、秘かに遺体を筑紫から長門へと遷した。『日本書紀』には、この密事に加わった中臣烏賊津連《いかつのむらじ》の名が、大三輪、物部、大伴らの豪族を押しのけ、筆頭に記されている。

のちに藤原鎌足《ふじわらのかまたり》（六一四～六六九）らを輩出する中臣氏が、すでに権力の中枢にいたことの証明だと指摘したのは、哲学者の上山春平《うえやましゅんぺい》（一九二一～二〇一二）である。神功皇后の事蹟と生涯は、中臣氏による仮構で、「中臣烏賊津使主《おみ》」の存在が手がかりになるのではないかと上山は指摘したのである（『神々の体系』中公新書　一九七二）。

神話は神代に生まれたのではない。その創生がいかに古くとも、神話は人間の歴史体験から生まれ出たゴシップにすぎない。そして、人は事実よりもゴシップを愛する。ゴシップの混沌から、神話は誕生するのである。

第3章　女王国の現実

景初二年と三年

『三国志』に戻り、卑弥呼をめぐる三世紀の東アジアの政情にあらためて注目したい。

景初二年（二三八）八月二十三日、総崩れとなった公孫氏の軍は、遼東郡の首都、襄平城《じょうへい》を放棄した。逃亡する公孫淵、脩《しゅう》の父子を魏軍は斬り殺し、遼東、楽浪、帯方、玄菟《げんと》の四郡を奪還した。九月十日、公孫父子の首が洛陽に届けられた。公孫氏は朝鮮半島から一掃され、倭国は再び魏朝と接触することができるようになった。

しかし、魏の明帝は同年十二月に病を得、司馬懿《い》が遼東から凱旋した時には重篤となっていた。病床の明帝は早馬で呼び寄せた司馬懿の手を取り、後事を託した当日に死んだ。景初三年（二三九）正月であった。三十六歳、あるいは三十四歳とも言われている。

帝位は八歳の皇太子、斎王芳《さいおうほう》（二三二〜二七四）が継承した。明帝の服喪のために、新帝即位による改元は行われず、元号は景初のままとされた。

同年六月。魏は朝貢使を派遣してきた倭国の忠誠を喜び、難升米らに官位を与え、厚遇した。魏朝の政務の中枢には司馬懿がいた。

前述のとおり、後世の清朝乾隆《けんりゅう》帝四年（一七三九）に発刊された欽定本『三国志』の「魏志倭人伝」は、卑弥呼の朝貢を「景初二年六月」としているが、この年は魏の明帝による公孫淵討伐の勅命が下されており、八月の帯方郡は戦火のさなかにあった。倭国の遣使が洛陽に行ける状況ではなかったはずである。「其《その》年十二月」に卑弥呼が「親魏倭王」に冊封されたとなると、朝貢使は戦火を潜り抜け、死期の迫る明帝に詣でたことになる。倭国の朝貢が景初二年では、『三国志』における朝鮮半島争乱や明帝重篤の史実と整合しない。

『日本書紀』の「神功皇后三十九年」が引用した「魏志倭人伝」の「倭女王」の朝貢年は「景初三年」である。むろん八世紀の『日本書紀』編纂者が引用した『三国志』のテキストのほうが、十八世紀の乾隆帝の欽定本よりはるかに古い。七世紀の中国の正史『梁書』の「倭伝」にも「至㆓魏景初三年㆒、公孫淵誅後、卑弥呼始遣㆑使朝貢」とある（鳥越憲三郎『中国正史　倭人・倭国伝全釈』）。

魏朝は卑弥呼を「鬼道」に仕える巫女だと知りながら、倭国の政治的権威と見て「女王」と呼んだ。「魏志倭人伝」における「邪馬台国」の表記は一度だけで、倭をあくまでも女王国と捉えていた。共立され倭国の女王となって以後、卑弥呼を目撃した者は稀で、彼女は宮殿では婢と呼ばれる千人の女性に囲まれ、給仕や伝言のための男子一人だけが入室を許されたという。神秘性を高めるためか、外部との接触が窺えない卑弥呼が、大帝国の魏との外交案件を決済する世俗的な政治能力まで具えていたとは信じ難い。「魏志倭人伝」の記述では、政治は弟が補佐したとあるが、たびたび登場する難升米ら有能な官僚を抜きに、朝貢や冊封などの外交案件は執行し得なかったのではないだろうか。一方、魏朝にしてみれば、女王卑弥呼で政治が安定し、人口も多い倭国は、戦火の止まない朝鮮半島を南から牽制できる、心強い同盟国たり得たのではないだろうか。

倭国の人口

女王の治める邪馬台国が、七万余戸の人口を擁していたことは見逃せない。投馬国《とうまこく》の五万余戸、奴国の二万余戸に、残りの倭国二十七を合わせると、東アジアでも突出した大人口になる。この大人口がもたらす生産性や軍事力は、魏朝ですら無視できなかったはずである。

人口について言えば、前漢最盛期の武帝が支配した朝鮮半島の楽浪郡は六万二千八百十二戸、人口は四十万六千七百四十八人と記録されている（「地理志第八下」『漢書3　志　下』班固《はんこ》著　小竹武夫訳　ちくま学芸文庫　一九九八）。単純にその割合で言えば、邪馬台国の人口は五十万近くにもなる。なお『漢書』が人口の細かい数字まで記録できたのは、前漢の厳格な戸籍法による納税対象とされていたからだという。

しかし前漢は衰退し、後漢成立まで凄惨な抗争が続き、中国史上、劇的な人口減少がもたらされたという。考古学の森浩一と対談した東洋史の岡田英弘《ひでひろ》（一九三一～二〇一七）によれば、魏、呉、蜀の三国を合わせても人口はせいぜい四百五十万だったという（「『倭人伝』をどう読むか」『倭人伝を読む』）。魏だけなら二百五十万ほどで、邪馬台国の七万余戸は当時の魏の都、洛陽の人口に匹敵し、倭は稠密《ちゅうみつ》の大国だったと岡田は指摘している。

「魏志倭人伝」によれば、邪馬台国は諸国を検察するため、「一大率《いちだいそつ》」なる官職を伊都国に常置させていたという。つまり中国で言う「刺史《しし》」、地方監察官を配置し、諸国を統括、畏怖させていたと。女王国では難升米ら官僚の統率力が発揮されており、中国側もこの堅固な政治組織を評価した向きが「魏志倭人伝」からは読み取れるのである。

さらに重要なことがある。呉の孫権が仕向けた公孫淵の叛乱を、魏は忘れてはいなかった。倭国を冊封して自らの側に加えられるならば、朝鮮半島で敵対する高句麗、扶余、韓、濊《わい》など土着の民族を背後から牽制できる。中国得意の遠交近攻策が可能になるのである。

一方、倭の連合政権が魏に冊封関係を求めたのは、年老いた卑弥呼のカリスマにすがる時代は終わりつつあるという認識が、諸王や官僚の間に芽生えていたからではないのか。弥生時代も後期に入り、鉄器文明の発達普及で各国の軍備の殺傷能力は高まっていた。鋭利な鉄の武器による殺戮、流血の地獄から逃れられなくなっていたのである。吉野ヶ里遺跡の夥しい数の甕棺墓が示しているように、戦場の凄惨な現実を直視する機運が、倭の諸王にも顕著になってきたのではないのか。

年月を経るにつれ、巫女王の呪力の衰え、神託の錯誤に危機感を抱いた難升米や都市牛利（「ツシゴリ」か）らの官僚は、いかに卑弥呼を世俗から隔離し、神秘性を演出しても、もはや完全に民衆を統率することはできないと考えたのであろう。鬼道の限界が迫っていた。その危機を回避するため、卑弥呼に代わる権威、魏王朝の後ろ盾が、倭の諸王には必要となっていた。いわゆる安全保障条約締結のために、朝貢、冊封という政治交渉を行ったと私は見るのである。このようなリアルポリティックスは、集団的自衛権の行使でアメリカとの関係を強化し、中国や北朝鮮を牽制するという現代日本の政治情況にも通じるのではないか。

卑弥呼の朝貢使は生口《せいこう》十人をともない、洛陽に現れた。魏朝は倭国の朝貢に満足し、卑弥呼に「親魏倭王」の称号と金印紫綬を与えた。邪馬台国の女王としてではなく、魏に冊封された「倭王」としてである。魏は質素な織物や生口など卑弥呼の貢物に対して、華美で過分な織物や化粧品、銅鏡百枚などの贈与で応えた。朝貢使の外交努力も評価し、難升米に率善中郎将《そつぜんちゅうろうしょう》、都市牛利に率善校尉という中国の官位と銀印青綬を与えた。東アジア最大の帝国からの授爵で、女王が君臨する倭は魏の冊封国となったのである。

陣頭巫女の系譜

人類学と考古学の先覚である金関丈夫《かなせきたけお》（一八九七〜一九八三）は『発掘から推理する』（朝日選書一九七五）の冒頭で刺激的な指摘をしている。

「昭和二十五年の秋、長崎県平戸島の根獅子《ねじこ》という所で発見された弥生時代中期のはじめころの女性人骨は、頭骨のてっぺんに銅の鏃《やじり》がつきささっていた。上から見ると、その折れ口が、長さ六・五ミリ、幅三ミリの、緑色の長い菱形を作り、その尖は頭骨の内面に達して、そこに小さな孔をのこしている」

さらに、この女性人骨には抜歯の跡があり、縄文時代からの倭人の風習を受け継いでいると金関は述べた。また脳天を射られているのは、戦場で彼女が陣頭に立ったからだと推理した。矢を放った敵方も当時は貴重な銅鏃《どうぞく》を用いており、両者必死の戦闘だったことが窺えよう。前線に立ち、貴重な銅鏃で射られた女性に、金関は存在の特別さを見た。彼女は二千年ほど前の、地方で起きた事変の犠牲者だが、陣頭で指揮を執った集団の統率者であり、かつ武器ではなく、巫女としての呪力で戦争を有利に導くのが務めだったことを、金関は推理したのである。つまり「魏志倭人伝」の卑弥呼に相当するのではないかと。

沖縄には「ウナグヤ、イクサノ、サキハイ」という言葉がある。女は戦《いくさ》の先駆けであるとの意で、巫女《ノロ》が最前線に立ったという。金関の前掲書『発掘から推理する』によれば、西暦一七〇一年に成立した琉球王朝の史書『中山世譜《ちゅうざんせいふ》』巻六には次のような記録があるという。中国明朝の弘治《こうち》十三年（一五〇〇）、現在の沖縄県の南西部にある八重山諸島の「赤蜂《アカハチ》」が叛いた時、久米島の巫女「君南風《キミハエ》」が琉球王府の討伐隊に従軍し、功を立てた。一方、討伐された叛乱軍の側も、多くの巫女が戦死したという。

巫女集団が戦場の最前線にいた最大の理由は、女陰による僻邪《へきじゃ》だったと論じたのが、出版人で古代史研究家の大和岩雄《おおわ》（一九二八～）である。『天照大神と前方後円墳の謎』（六興出版　一九八三）で大和は、民俗学の谷川健一（一九二一～二〇一三）の論文「男と女・女と男　『女性史』の周辺」（『谷川健一著作集7　女性史篇　女の風土記　無告の民』三一書房　一九八二）を引用している。「島津藩の琉球侵略のとき、琉球の巫女群が侵略軍にたいする呪詛をおこなったのは『おもろ』にも出ている。また琉球王府が八重山を侵略したとき、その先頭に立ったのが久米の君南風《きみはえ》という巫女であったことは有名である」

なお大和岩雄は、同じく民俗学の吉野裕子の論説『増補　日本古代呪術　陰陽五行と日本原始信仰』（大和書房　一九七五）なども出版し、古代巫女の系譜を追い求めている。

天孫降臨のさい、ニニギの行く手を遮ったのが、天地の境界＝八衢《やちまた》に現れた猿田彦という大男の神である。この猿田彦をなだめたのが、天鈿女《あめのうずめ》である。『日本書紀』「神代下第九段」「一書」第一は記す。

「天鈿女、乃《すなわ》ち其の胸乳《むなぢ》を露《あらわ》にかきいでて、裳帯《もひも》を臍《ほそ》の下に抑《おした》れ」

天鈿女は笑みを浮かべ、猿田彦と向かい合った。言うまでもなく天鈿女は、アマテラスが天岩屋に隠れた時、伏せた桶の上で女陰も露わに踊りだし、男神たちの笑いを取って、岩戸を開けさせた女神だが、吉野裕子は、猿田彦を籠絡したのもこの女陰だったと推量している。谷川、吉野らの論考から、大和岩雄は古代の巫女たちに、陰部を箸で突いて死んだヤマトトトビモモソヒメにも通じるシャーマニズムを見出そうとしたのである。

長崎県平戸市の根獅子遺跡の女性人骨を起点に、九州から琉球諸島へと至る陣頭巫女の系譜をめぐって論じられた金関丈夫、大和岩雄、谷川健一、吉野裕子らの視点は非常に刺激的である。なぜなら『日本書紀』の神武東征軍にも、「女軍」が立ちはだかったからである。

熊野から吉野を抜け、ヤマトへ攻め入った神武東征軍に対し、宇陀を防衛したのは八十梟師《やそたける》である。八十梟師は女坂《めさか》に女軍《めのいくさ》を、男坂《おさか》に男軍《おのいくさ》を置き、神武東征軍を待ち受けたという。八十梟師の「女軍」の詳細は不明だが、その戦い自体、神託や権謀術数が入り乱れ、史実を反映しているとは言い難い。しかし「女軍」という呪術的な存在が、神武東征の物語に絡んでいることは注目しておきたい。

戦前、女性シャーマンの実態を求め、折口信夫や柳田國男（一八七五～一九六二）は琉球諸島伝承の宗教、祭祀に注目し、取材調査の旅をした。二人が、方言や『おもろさうし』の研究で沖縄学の父と呼ばれた伊波普猷《いはふゆう》（一八七六～一九四七）らと親交を温めたことは、よく知られている。

古来、琉球の各地で、部落の神事は神女《しんじょ》という巫女集団が執行し、司祭者は「ノロ（祝女）」が世襲、終身で独占してきた。なお「ノロ」は、八重山諸島では「ツカサ」と呼ばれる。十六世紀の琉球王朝は、この「ノロ」の最高位として「聞得大君《きこえのおおきみ》」を定め、国の繁栄と守護を祈禱させた。現沖縄県南城市、旧知念村にある最高の霊地「斎場御嶽《せーふぁうたき》」での祭祀をはじめ、南西諸島の各地に残された女性だけの神事について、折口信夫は古代日本列島の女神信仰と無縁ではないことを指摘した。大正十二年（一九二三）に発表した「琉球の宗教」で、折口は「内地の神道の一つの分派、或は寧《むしろ》、其《その》巫女教時代の俤《おもかげ》を、今に保存してゐるもの」（『折口信夫全集　第二巻　古代研究（民俗学篇1）』中央公論社　一九六五）と述べた。

斎場御嶽（著者撮影）

沖縄本島南部の斎場御嶽は、琉球の創

映画『イザイホウ』が記録した祭儀（海燕社提供）

世神アマミキヨが降臨したという聖地である。また、斎場御嶽が望む海の沖合に浮かんだ久高島《くだかじま》伝承の、「イザイホウ」という祭儀は、女性以外立ち入れない卑弥呼の神殿の光景を思わせる。

「イザイホウ」は、十二年ごとに訪れる午年に、久高島で生まれた三十歳から四十一歳までの女性だけが「クボウ御嶽」と呼ばれる斎場に集まり、世襲の神女ノロに神の名が与えられる儀式である。彼女らは白装束で四日間の本祭を務めあげると、ナンチュと呼ばれる神女となり、再び夫や子との日常生活に戻る。私が観たのは昭和四十一年（一九六六）に撮影された映画『イザイホウ』（野村岳也監督　海燕社）の記録で、十二年後の昭和五十三年（一九七八）を最後に行われていない。久高島の過疎が進み、新たにナンチュとなる子女の不在などで、平成二年（一九九〇）から「イザイホウ」は途絶えている。

古代人の信仰で、女陰に僻邪の呪性があるとすれば、陣頭巫女の伝承に実感が生まれる。邪馬台国の卑弥呼が倭の女王に共立された背景にも、かつて陣頭巫女として「鬼道」を発揮した実績があったからではないのか。

神功皇后の新羅征伐と出産

あらためて神功皇后に注目したい。『日本書紀』が記す神功皇后の新羅征伐については、現代でも韓国と北朝鮮の多くの歴史学者が否定している。しかし西暦四〇〇年前後に、倭軍が朝鮮半島へ攻め込んだことは、前述のとおり広開土王碑の記録が裏づけている。

十二世紀成立の『三国史記』も、四世紀から五世紀にかけての、倭による新羅、百済侵略を記している。編纂者の金富軾《ふしょく》は新羅の人ゆえ「新羅本紀」を中心に据えたわけだが、とくにこの「新羅本紀」で自国の屈辱を記したのは、史料の確度を高めるものである。たとえば十七代の王、奈勿尼《なこつに》師今《しきん》（～四〇二）の西暦三九三年、首都金城（慶州）が倭軍に包囲され、苦戦したことを記している。

また四〇二年、奈勿尼師今の死後、実聖尼師今《じっせいにしきん》（～四一七）が十八代の新羅王となるや、倭と国交を結び、先王の王子の未斯欣《みしきん》を人質に差し出したことも記している。なお「尼師今」は新羅王独自の称号である。ちなみに八世紀成立の『日本書紀』は、神功皇后摂政前紀（仲哀天皇九年）の条で新羅打倒の戦況を詳しく語り、人質となった王子を「微叱己知波珍干岐《みしこちはとりかんき》」と記している。

日本の歴史学界は、西暦四〇〇年前後に対馬海峡を渡り、新羅の都城を包囲した倭軍の出発地を、近畿ヤマトとは考えてこなかった。『日本書紀』によれば、神功皇后は夫の十四代仲哀天皇を九州の熊襲討伐中に喪っている。仲哀急死の理由は、熊襲討伐で苦戦するさなか、対馬海峡を渡って朝鮮半島の新羅を攻めよとの託宣を無視したため、神の怒りに触れたというものである。夫の急死という災難にもかかわらず、神功皇后はあえて新羅征伐に踏み切ったばかりか、のちに十五代応神天皇となる男子を身ごもってもいた。

『日本書紀』の神功皇后摂政前紀は、出産を遅らせるために皇后が石を腰で挟んで祈ってから、船に乗り込んだと記しているが、その船団は海中から突如浮き上がった巨大な魚群に囲まれて半島への上陸に成功し、新羅を相手に連戦連勝したという。思うに九州で強敵の熊襲に苦しめられていたヤマト軍が、渡航困難な朝鮮半島へも派兵するなど、よほどの奇跡を起こさぬ限り無理な話である。ましてや九州より距離を隔てた近畿ヤマトから朝鮮半島へ軍勢を送り込むなど、やはり現実的ではない。

新羅打倒の戦況を詳しく語った『日本書紀』によれば、九州に生還した神功皇后は無事に男子を産んだ。皇子は誉田別＝ホムタワケと命名された。さらに神功皇后は、生まれたばかりのホムタワケを押し立て、留守にしていたヤマトで謀叛の兵を挙げた麛坂王《かごさかのみこ》と忍熊王《おしくまのみこ》を鎮圧すべく東へ軍を進め、これを平定した。「今《いま》皇后、子《みこ》有します。群臣《まえつきみたち》皆従《みなしたが》へり。必ず共に議《はか》りて幼《わか》き主《みこ》を立てむ。吾等《われら》何《なに》ぞ兄《このかみ》を以《も》て弟《おとと》に従はむ」と言って謀叛を起こした麛坂王も忍熊王も、ホムタワケの異母兄であった。先にも触れたとおり以後六十九年、ヤマトでは摂政の神功皇后による治世が続いた。そしてホムタワケは、応神天皇として即位した時、六十九歳になっていた。

応神という胎中天皇

戦前の古代史学の先駆、津田左右吉《そうきち》（一八七三〜一九六一）は、神功皇后の夫の仲哀天皇の熊襲討伐を、史実として受け入れ難いと述べた。仲哀の熊襲討伐の物語には、前々代の景行天皇とヤマトタケルの英雄譚が重ねられており、九州の地名表記にも時代的な混乱があると。また熊襲を、邪馬台国に抗った狗奴国に想定することも可能だと論じた。

さらに津田は記紀における神功皇后の事蹟について、編纂を思い立った当時のヤマト朝廷では、完全に忘れ去られていたと推定した。そして、ヤマト朝廷が卑弥呼の存在を知ったのは、「百済記」や「百済本記」を持ち込んだ渡来人の教示によるものと論じたのである。

思うに、初めて『三国志』の「魏志倭人伝」を読んだヤマトの史家は、古代倭国の存在を知り、驚愕した。中国の史書から学んだ国号の「倭」を、彼らは自身に結びつけ「ヤマト」と呼ぶしかなかった。それが卑字とも知らずに。

津田は大正十三年（一九二四）刊行の『古事記及日本書紀の研究』（岩波書店）で、『日本書紀』の編纂に加わった百済人らが、ヤマト朝廷の起源に対する無関心に乗じて卑弥呼を神功皇后に仕立て上げたと見た。この解釈に従えば、神功皇后をめぐる神話的な記述が、臆面もなく「正史」とされた背景が見えてくる。以下は私の仮説である。

卑弥呼は実在した。巫女集団を統率し、鬼道で神のコトバを告げ、諸国の王に領土紛争を止めさせるほどの霊威を見せた。時には陣頭巫女として、前線で戦った。記紀における神功皇后の伝承の

映画『卑弥呼』のヒミコ（岩下志麻）とナシメ（三國連太郎）

舞台は九州である。その舞台設定から、記紀の編纂者は、九州で共立された女王卑弥呼をモデルに、神功皇后という虚構を創作した。もし卑弥呼がヤマトに実在していたのなら、『日本書紀』は現実離れした神功皇后を創作する必要などなかった。ヤマトには、大物主の妻となった巫女、ヤマトトトビモモソヒメがいたが、女王ではなかった。仕えたのも太陽神ではなく、三輪山に棲む蛇であった。これは私の邪馬台国九州説の根拠でもある。

昭和四十九年（一九七四）、私は富岡多恵子（一九三五〜）の脚本で、ATG（アートシアターギルド）映画『卑弥呼』を監督した。当時の学界は邪馬台国の所在をめぐり、九州説と近畿説に割れ、論争が加熱していた。私は、ヤマトトトビモモソヒメが夫である大物主の正体を蛇と知り、驚き叫んだことを悔やみ、自身の陰部を箸で突いて死んだ『日本書紀』のエピソードに惹かれていた。イザナギ、イザナミという男女神の交接による国生みの神話をはじめ、古代人の伝承の多くが女性器にこだわっていることから、卑弥呼の「鬼道」の本質も陰部を介した神憑《がか》りではないかと私は考えた。映画製作後、前掲の折口信夫の論文「天照大神」を読み、アマテラスの別名「大日孁貴《おおひるめのむち》」が太陽に仕える巫女の意だと知り、共鳴したものである。

一方「魏志倭人伝」では、難升米なる人物が帯方郡を介し、中国側との外交折衝を行っていた。複雑な朝鮮半島情勢をいち早く把握し、魏と同盟を結んで倭国の安全を確保するとともに、卑弥呼の鬼道を利用し、国内統一に苦心する難升米の姿が、当時の私には浮かんでいた。記紀の神功皇后は武内宿祢とのコンビで登場するが、卑弥呼を支えた難升米こそ、その実像ではないかと考えたのである。

映画『卑弥呼』は、この年のカンヌ国際映画祭やインド国際映画祭の招待を受け、上映された。ラストシーンはヘリコプターからの空撮で、三輪山の麓の前方後円墳が次々と現れ、観客はその異形と巨大さにどよめいた。まるでヤマト説を裏づけるような演出だったが、九州説に立つ私はこのジレンマ解消のため、内心、邪馬台国東遷以後の光景だと呟くしかなかった。

記紀の編纂者が神功皇后という虚構の女帝を創作したのは、十五代とされる征服王の応神が、ヤマトの大王家である十代崇神朝とは無縁だったからだと私は想像する。ヤマト王朝十二代の景行、十四代の仲哀は九州征服を期し、熊襲討伐に挑んだが、敗退した。『日本書紀』は仲哀の急死について、熊襲の矢で討たれたという風聞を引用する。熊襲討伐の現実とは、地理不案内の九州でヤマト軍が苦戦を強いられ、敗北した光景ではないのか。仲哀の死はそのさなかの出来事であろう。ヤマト王朝は九州で敗北し、熊襲の大王あるいは狗奴国の末裔と思われる誉田別＝応神が登場した。この応神を、七世紀の『日本書紀』編纂者は神功皇后に妊娠させ、ヤマト王朝の正嫡「胎中天皇」として扱った。それこそ万世一系の皇統を顕在化させるという記紀編纂の大望に叶った、偽を削り実を定める「削偽定実《さくぎていじつ》」ではなかったか。

九州を制圧し、謀叛を鎮圧すべくヤマトに攻め込んだ神功・応神軍の船団は、紀伊水道で難渋した。この危機を救ったのが、皇祖アマテラスの荒魂と和魂《にぎたま》であった。『日本書紀』は幾重にも策をめぐらし、神功皇后と応神天皇をアマテラスに結びつけ、二人がその恩寵に浴する物語を記す。また一方で「魏志倭人伝」なども引用しながら、史実の卑弥呼を神功皇后に当て嵌めようとしたのである。

応神を身ごもりながら、神功皇后が三韓遠征で勝利した奇跡は、奈良時代には民間信仰になっていたとの証言がある。『万葉集』巻五の天平元年（七二九）と二年の間に編入された、作者不詳の「雑歌八一三」の題詞《だいし》である。怡土郡《いとのこおり》（現福岡県糸島市）の海を望む丘に、長さ一尺（約三〇センチ）余の二つの石が祀られており、往来する者は公私を問わず下馬して拝んだ。昔、新羅征伐の渡海のさい、応神を身ごもっていた息長足日女命《おきながたらしひめのみこと》は産気づくのを恐れ、目に留まった石二つを袖に差し込み、これを鎮めたという村の古老の話を聞いて作った歌だと題詞は伝える。「鎮懐石」の伝説である。

題詞とは、詩歌が詠まれた動機や主題を記した文章のことである。「雑歌八一三」の題詞について、国文学の中西進（一九二九～）は、山上憶良《やまのうえのおくら》（六六〇頃～七三三頃）が筑前国司在任時、その伝説を知って作歌し、大宰府の耳に入れたものと推測している（『万葉集　全訳注　原文付（一）』講談社文庫　一九七八）。当時の大宰帥《だざいのそち》つまり大宰府の長官は大伴旅人《おおとものたびと》（六六五～七三一）か。

同じ伝説が『古事記』では、石を「裳」に敷いて産気を抑えた神功皇后が、新羅から戻り、応神天皇を無事出産した筑紫の上陸地を「宇美《うみ》」と名づけたという話になっている。歴史学の水野祐《ゆう》（一九一八～二〇〇〇）は、神功皇后にまつわる民間伝承が新しい形式であることから、「鎮懐石」のエピソードも七世紀後半の成立と見た（『日本古代の国家形成』講談社現代新書　一九六七）。

神功皇后の存在をさらに既成事実化するための啓示を与えたのが、斉明天皇だと見たのは古代史の直木孝次郎（一九一九～）である。直木は記紀の史料分析から、神功皇后の伝説の大綱は推古《すいこ》天皇（五五四～六二八）以後の史実に関連し、皇極＝斉明（五九四～六六一）、持統《じとう》（六四五～七〇二）と続く三女帝をモデルに、七世紀に成立したと述べている（『古代日本と朝鮮・中国』講談社学術文庫　一九八八）。

西暦六六一年、のちの天智《てんじ》天皇（六二六～六七一）、中大兄《なかのおおえ》皇子は、母の斉明天皇以下、皇族の女性すべてを軍船に同乗させ、前年に唐と新羅の連合軍に大敗した百済を救援するため、征西軍を派遣している。斉明女帝や額田王《ぬかたのおおきみ》をはじめ、のちの天武《てんむ》天皇（～六八六）、大海人《おおあま》皇子の妃の大田《おおたの》皇女《ひめみこ》、鸕野讃良《うののさきら》も同乗し、この二人はともに戦陣で皇女皇子となる子を産んだ。まさに神功皇后が誉田別皇子を産んだ状況と酷似している。

多数の皇女が軍船上にいる異様な光景から、国難を乗り切るために中大兄が斉明天皇を「陣頭巫女」とし、戦勝祈願の古式を復活させたと私は想像せずにいられない。その百済支援の征西軍については後述したい。

生口の価値

「魏志倭人伝」には「生口」というコトバがしばしば現れる。景初三年（二三九）の、魏朝への卑弥呼の献上品には、男四人女六人の「生口」も含まれていた。この男女の区別に何か意味はあるのか。「生口」の解釈はさまざまだが、生身の人間を倭国よりはるばる連行したことは確かである。なぜ経費もかかり危険もともなう洛陽への渡海に、男女十人を連行したのか。奴隷の献上が必要なら、朝鮮半島の係留地や現地での調達も不可能ではなかったはずである。魏朝にとっても、言葉の通じない奴隷など迷惑だったはずである。特殊技能者を選抜して送り込んだとの説もあるが、しかし「生口」という表記に専門職人の気配は感じられない。それに魏のような先進国が、後進国たる東夷の技術を欲したとは思えない。

「魏志倭人伝」は、大陸では珍しかった倭人の習俗を記している。なかでも身体だけではなく顔面にまで入墨をした海人の奇習には、とくに関心を示している。オーストラリアには、四、五万年前より狩猟生活を営んできた先住民アボリジニが、白人のスポーツハンティングの対象となり、虐殺された歴史があるが、全身に入墨をした倭人は朝献に値したということか。

倭国による生口献上の目立った記録としては、『後漢書』の永初元年（一〇七）条がある。倭国王「帥升等」が百六十人の生口を献上したというのである。百六十人という数は尋常ではない。これほどの人数を後漢の都、洛陽まで移送するだけでも難事である。卑弥呼の史上登場以前、分裂していた倭の諸王が一時的に連携し、多数の生口を集め、「国」の体裁を整えて、後漢王朝に冊封を願い出たのであろうか。以降も倭国の生口献上の記録は続くが、ほとんどが十人、数十人の単位である。また広開土王碑の西暦三九六年の記録には、百済が高句麗に大敗した時、生口を献上してきたとある。生口とはいったい何者なのか。

　中国史の貝塚茂樹（一九〇四～一九八七）は『中国古代再発見』（岩波新書　一九七九）で、河南省安陽《あんよう》県小屯《しょうとん》村（現安陽市）で発見された「殷墟《いんきょ》」について報告している。殷墟は北京の南四〇〇キロの、黄河中流域の中原《ちゅうげん》と呼ばれた沃野《よくや》にある。紀元前十四世紀から同十一世紀に至る殷王朝後期の、歴代宮殿や巨大墳墓の遺跡群を指す。一九二八年（昭和三）から一九三七年（昭和十二）まで、中国中央研究院が発掘、調査した殷墟の王墓からは、大量の殉葬者の人骨が発見された。

　司馬遷が殷について書いた『史記』の「殷本紀《いんほんぎ》」（『史記1　本紀』小竹文夫、小竹武夫訳　ちくま学芸文庫　一九九五）は、歴史家の間では神話伝説の類いとされ、その帝国の存在は清朝末期まで疑われてきたが、殷墟の発見は意外な局面からなされた。

　当時、漢方医学では亀や牛などの骨片は貴重な薬種で、竜骨の名で流通していた。この竜骨に、判読はできないが、文字のようなものが刻まれていた。清朝の高官で金石学者の王懿栄《おういえい》（一八四五～一九〇〇）は興味を抱き、熱心に蒐集した。有史以前の甲骨文字として研究、解読を始めた王懿栄はしかし、義和団事件（一八九九～一九〇〇）に巻き込まれ、自殺した。

　王懿栄の竜骨群を引き継いだ羅振玉《らしんぎょく》（一八六六～一九四〇）は、亀の腹甲や牛の肩甲骨に刻まれた文字について、貞人《ていじん》という占い師の集団が、狩猟や戦争の可否を占ったものだと解釈した。そして文字の刻まれた骨片が、河南省の小屯村より出土することを知ったのである。

　羅振玉に学んだ王国維《おうこくい》（一八七七～一九二七）は、甲骨文字の解読を進め、小屯村が三千年もの間、忘却されてきた殷王朝の遺跡、つまり殷墟だと突き止めた。王国維は、甲骨に刻まれた王名と『史記』「殷本紀」における王名の一部が合致することを立証し、世界を驚倒させた。傾国の美女、妲《だっ》己《き》に溺れた暴戻な君主、紂《ちゅう》王の実在を証明したのである。だが王国維も、殷墟発掘直前に自殺してしまった。

殷墟の武官村M260墓の斬首された遺骨群
（日本中国文化交流協会提供）

　殷墟発見の衝撃は、甲骨文字や巨大な宮殿、墳墓だけによるものではなかった。歴代の王宮や王墓では絢爛たる青銅器が、また墓道などでは斬首された人間の、夥しい数の骨が見つかったのである。人骨は大墓に付属する墓穴群でも発見された。

　解析された甲骨文字は、占いの時、神に奴隷を捧げると誓っていた。そしてその甲骨文字の記録から、殉葬や奴隷の数は一万三千五十二人に達することが明らかになった（貝塚茂樹『中国古代再発見』）。
平成二十五年（二〇一三）、日本中国文化交流協会の訪中団の一人として洛陽を訪れた私は、殷墟にも足を踏み入れた。南北一〇〇メートル、東西七〇メートルの名高い侯家荘《こうかそう》M1001号大墓は見学できなかったが、公開されている武官村《ぶかんそん》M260墓も、まさしく地下に築かれたピラミッドのようで、圧倒的な規模であった。古代日本の葬制が、甕棺墓や支石墓から箱式石棺墓へと変容し、さらに玄室を巨石で覆って前方後円墳を築いた系譜とは、まったく異なっていた。

私の殷墟を知る手引きは、伊藤道治《みちはる》（一九二五〜）の『古代殷王朝の謎』（角川新書　一九六七）である。伊藤によれば、王国維の死後、研究発掘を引き継いだ董作賓《とうさくひん》（一八九五〜一九六三）が、約十万の骨片を発見し、刻まれた文字のすべてが、現存の漢字で最古のものだと認知されたという。甲骨文字の種類は二千二百に及ぶが、一九六七年（昭和四十二）の時点では半数が未解読だったという。解読された甲骨文は、自然神への信仰を語っている。この自然神を殷の民は人格化し、祖先の系統に編入しようと試みた。そして祖先神の祟りを恐れる死霊崇拝が顕在化し、夥しい数の殉葬者を生む要因になったと、伊藤は解説している。

乙七王宮跡に埋葬された直立の武人の遺骨（著者撮影）

伊藤によれば、王墓などで見られる斬首は、頭骨を捧げることで、その人のもつ霊的な力を亡き王につけて喜ばせ、神秘性を強化するのが目的だったという。また、埋葬された直立の兵士たちは、生前と同様、死後も王の警護を務めることが望まれたという。

甲骨文を読むと、「羌《きょう》」という異民族が祭祀の犠牲になっていたことがわかる。〈羌五人を伐《う》つ〉とあるように、異民族が首を斬られ、イケニエにされたのである。「羌」「伐」の甲骨文字を『白川静著作集　第四巻　甲骨文と殷史』（平凡社　二〇〇〇）より次に掲げておく。

「羌」系の甲骨文字

「伐」の甲骨文字

「羌」とは羊を飼う人のことである。羌は古くから中原に棲みつき、牧羊を業とした先住民族である。殷王朝に敗れた羌の民は奴隷とされたが、東に逃れた者は現在の山東《さんとう》省、西は山西《さんせい》省、青海《せいかい》省、四川省へと流浪した。ヨーロッパ人に追われたアメリカ原住民の運命とも重なる。羌の人々はのちに、殷に臣従してきた周と結んで王朝の打倒に加わったと言われる。太公望《たいこうぼう》の名で知られる周の軍師の呂尚《ろしょう》は羌の族長で、知勇で武王《ぶおう》を援け、殷を滅亡させたという。武王は紀元前十一世紀頃の人で、周王朝の始祖である。

「生口」に話を戻す。「生口」については、ただの奴隷なのか、敗残の捕虜なのか、さまざまな解釈が錯綜している。しかし、殷墟の甲骨文字が語るようなイケニエを同じ民族から選べば、国としての結束は綻《ほころ》びかねない。倭国王や卑弥呼が、日本列島より海を渡らせ、遥か洛陽まで「生口」を献じたのは、魏の宮廷で秘かに執行される卜占《ぼくせん》や貴人の埋葬に必要な、調達の難しいイケニエに価値を見出したからではなかったか。

女の「生口」は王妃らの殉葬に必要だったと私は考える。また、犯罪者の処刑はあくまでも懲罰の範疇に限られ、祭祀のイケニエとしては認められなかったのではないだろうか。とにかく「生口」は、容易には得られなかった人間だと私は思うのである。

私が殷墟で見た武官村M260墓域内外の殉葬者は、合わせて七十九人に及ぶ。未見の侯家荘M1001号大墓では、四百体の遺骨が発掘されたという。王埋葬の時、斧鉞《ふえつ》による斬首という血まみれの祭儀が執行されたと思うと、殷墟を覆う古代呪術国家の凄惨な光景が甦ってくる。

殷墟の殉葬について、貝塚茂樹は前掲書『中国古代再発見』で次のように述べている。

「巨大な鉞《まさかり》によって首をはねる行事の意味は、恐らく血を流すことによって、王の死後の生活が始まることを祈ったものかも知れない」

イケニエが流した血の赤は、生命の色である。地下のピラミッドと言われる殷墟の王墓の墓道で行われた斬首は、処刑などではなく、生命力を付与する不老不死の儀式だったと貝塚は指摘している。王の生命力に庇護されてきた古代部族国家の民たちは、その死に直面し、狼狽《うろた》えたことであろう。

殷墟の如き血の祭儀は、地続きの北東アジア、中国東北部や朝鮮半島北部にも見られる。『三国志』の「魏志東夷伝」における扶余国の記述にも実例がある。戦場で支配階級の者が死ぬと、殉葬のために人を殺し、多い時は幾百にものぼったと記録されている。百余人に及ぶ卑弥呼の殉葬も、扶余国と同種の祭儀だったのだろうか。

朱いイケニエ

考古学上、日本の遺跡で殉葬は確認されていない。三輪山山麓の古墳群でも、殉葬者は見つかっていない。しかし『日本書紀』は崇神の次代、十一代の垂仁天皇二十八年に、殉葬の生々しい光景を記している。垂仁の同母弟の倭彦《やまとひこ》命の墳墓には、近習たちが殉葬者として生き埋めにされたという。殉葬者はすぐには死なず、昼夜哭き叫《な》び、ついに命果てて、犬や烏の餌食となった。殉葬者の哭き声に衝撃を受けた垂仁は、皇后の日葉酢媛《ひばすひめ》の葬礼時、出雲の勇士である野見宿祢《のみのすくね》に改革を求めた。当麻蹶速《たいまのけはや》を相撲で投げ殺した野見宿祢は、力士の祖とされる。

野見宿祢は、出雲の土部《はじべ》に土で人や馬などを作らせ、代わりに埋葬してはと奏上した。土部とは墳墓の築造や葬儀用の土器製作を担った部民《べみん》である。この提案に垂仁は安堵し、野見宿祢に土師《はじ》の姓を与えた。

埴輪誕生の記録だが、しかしそれは土師氏の祖先の栄達を強調する説話とされ、考古学上の知見とは一致していない。人物埴輪、動物埴輪、家型埴輪などが現れる以前のヤマト王朝の初期古墳群では、円筒埴輪や特殊器台という土器が見つかっており、すでに三世紀後半の日本は、殉葬の慣習から離れていたと考えられる。とはいえ『日本書紀』の垂仁天皇紀における埴輪誕生の説話は、殉葬が古代ヤマトにあったことの根拠にされている。この葬礼の起点はもちろん女王卑弥呼の、奴婢百余人の殉葬にある。

上：奈良県北葛城郡河合町佐味田のナガレ山古墳の円筒埴輪群
下：大阪府高槻市郡家新町の今城塚古墳の家型（左）と武人（右）の埴輪
（著者撮影）

墳墓造営や葬送儀礼に関与し、亡骸と向き合った土師氏は、栄誉ある部族として待遇されたと思われるが、死穢《しえ》を嫌う習俗が王朝の儀礼として定着すると、彼らの地位や役割も大きく変わったに違いない。仏教が伝来すると、権力者は死後の世界を、慈悲深い仏像を本尊とした壮麗な寺院に求めるようになった。巨大さを誇った前方後円墳は造られなくなり、薄葬の時代を迎えた。土師氏は宮廷に改名を願い出て、菅原、大枝（大江）、秋篠姓となった。平安前期には藤原氏を差し置き、右大臣となった菅原道真（八四五～九〇三）を輩出している。平安後期には白河院（一〇五三～一一二九）を支えた大江匡房《おおえのまさふさ》（一〇四一～一一一一）を、また鎌倉幕府の創始に関わった大江広元《ひろもと》（一一四八～一二二五）を輩出している。土師氏は葬送儀礼や弔辞を奏する誄《しのびごと》などに携わったため、詩文にも精通していた。文章博士を輩出することで、土師氏の系譜は政治の領域でも地位を高めたのではないだろうか。

凄惨な殉葬を執り行った殷王朝以後、春秋戦国の乱世を勝ち抜き、天下統一を果たしたのが秦の始皇帝（前二五九～前二一〇）である。始皇帝と言えば、陵墓で発掘された兵馬俑《へいばよう》が有名である。一九七四年（昭和四十九）、陝西省《せんせい》驪山《りざん》の皇帝陵の外城で無数の等身大の士卒や軍馬の陶俑が出土し、世界中を驚倒させた。生身の人間ではなく陶俑だったことは、日本の人物埴輪を連想させ、始皇帝でも殉葬は避けたと考えられた。しかし、皇帝の死の直後の様子を『史記』の「秦始皇本紀」は次のように記す（『史記1　本紀』）。

「二世曰。先帝后宮非有子者、出焉不宜。皆令従死、死者甚衆」

皇位を継承した二世の胡亥《こがい》（前二三〇頃〜前二〇七）は、子のない王妃たちに宮殿から出ることを禁じ、殉死を命じたという。死者は甚だ多かったと。

平成二十五年（二〇一三）、殷墟の殉葬に慄《おのの》いた私は、隣接する安陽市西高穴村《せいこうけつ》で発掘されたばかりの、西高穴2号墓も見学した。魏の曹操の陵墓か否か、真偽論争は続いていたが、埋葬者の頭骨が六十六歳のもので曹操の死亡年齢に近かったこと、「魏武王」の石碑が確認されたこと、墓道の長さが三九・五メートルで相応しいスケールだったことが決め手となり、保存が決まったという。案内の学芸員に殉葬者の有無を問うと、首を強く振って答えた。

「曹操のような人格者の墓だから、殉葬などあり得ない」

いつの頃からか、倭国で埋葬された遺体の周辺には、イケニエが流した赤い血に代わる「朱」が見られるようになった。どれほどの権力者でも殉葬の凄惨さには堪え切れず、「血」に代えて「朱」を塗布する祭式を選んだのではないだろうか。

古代中国では神仙思想である不老不死の仙薬として重宝された「辰砂《しんしゃ》」つまり水銀朱が、倭国の王墓の玄室の棺には惜しげもなく塗られている。「魏志倭人伝」も倭国の山では「丹《たん》」が産出すると記している。「丹」と「辰砂」は同義である。日本各地に丹生《にう》村、丹生神社といった名が見られるが、丹を産する場所を意味し、中国の神仙思想とは無縁で、縄文の世から倭人が赤い色に生命の霊威を感得してきた証しではないだろうか。

北九州の吉野ヶ里遺跡など弥生墳墓や甕棺から発掘された遺体の顔にも、すでに「朱」が塗布されていた。また、法隆寺に南面する藤ノ木古墳は、未盗掘の出土品で耳目を集めたが、二体の被葬者とともに、六世紀後半のものとされる馬具、冠、沓《くつ》、装身具などが見つかり、この絢爛豪華な数々の副葬品も、大量の水銀朱に染まっていた。

　卑弥呼が朝貢した時、魏の皇帝は銅鏡百枚とともに真珠、鉛丹五十斤も与えている。真珠は真朱、水銀朱のことだとされ、また鉛丹は酸化鉛で化粧用とされるが、正確なところはわからない。鉛丹は赤色顔料として日本画などで使われるが、鉛と酢を化合させ、化粧用の白粉《おしろい》として製品化されたのは鉛白である。したがって卑弥呼に贈与された真珠、鉛丹が化粧用だったかは不明である。

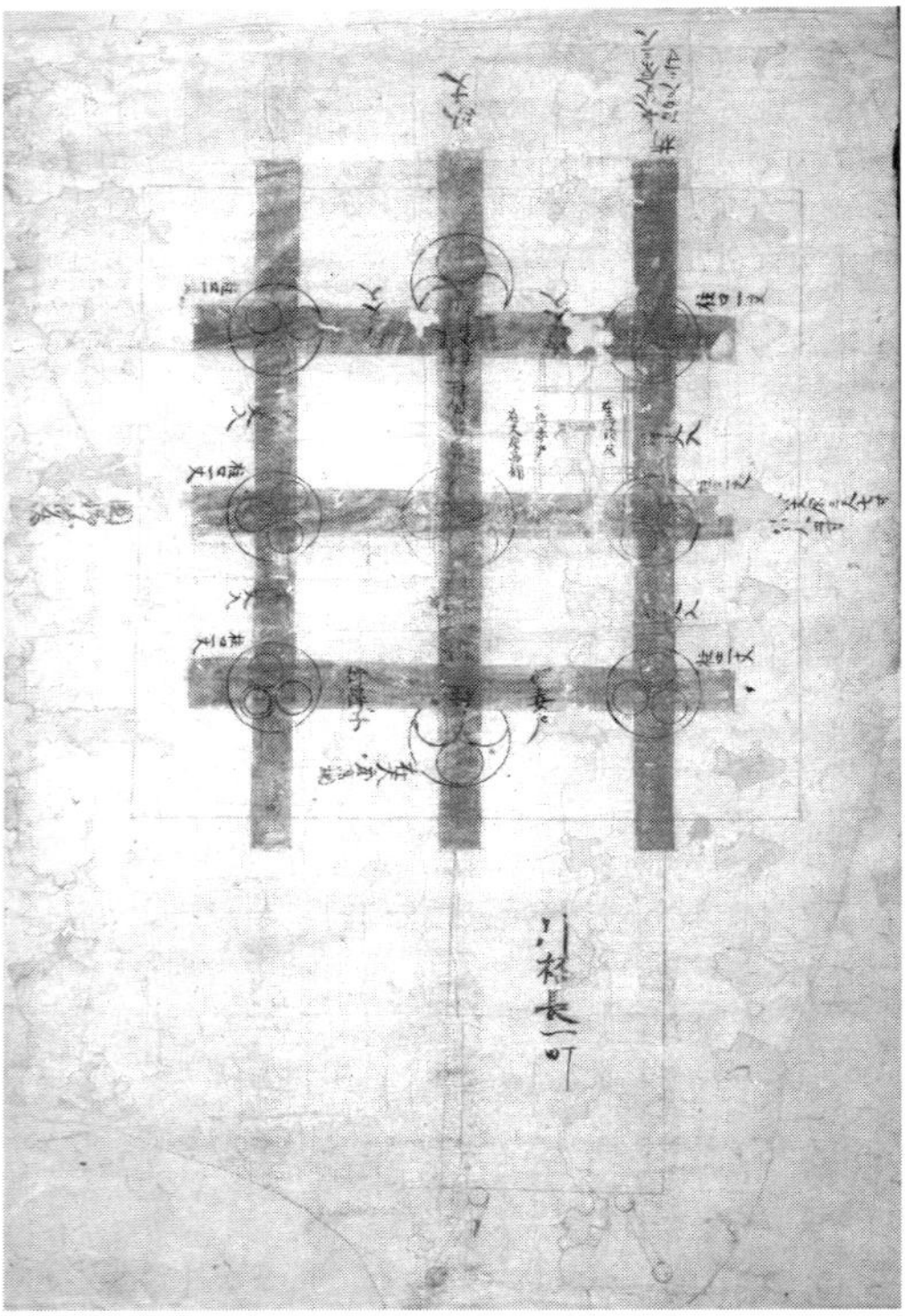
金輪御造営差図（出雲国造家蔵　古代出雲歴史博物館提供）
中央が心御柱、その真上と真下が宇豆柱、左右計六つが側柱

　平成十二年（二〇〇〇）、出雲大社境内の遺跡から径約一メートル余の巨木が三本、発

掘された。三本の巨木は金輪で繋がり、直径約三メートルにまでなる立柱の根元とされた。出雲国造家《こくそうけ》千家《せんげ》に平安期から伝わる「金輪御造営差図《かなわのごぞうえいさしず》」そのままに、創建時の神殿の大屋根を支えた九本柱の遺構の一つ、宇豆柱《うずばしら》だと判明したのである。

復元された心御柱

出雲大社の復元模型（出雲大社蔵　古代出雲歴史博物館提供）

巨大な宇豆柱は、朱に塗られていた。また、のちに発掘された心御柱《しんのみはしら》の周辺からも、赤色顔料の一つで酸化鉄が主成分のベンガラが摘出された。アマテラスに国譲りし、非命に倒れた出雲の神々は、日本一巨大な、真紅の神殿に鎮座していたのである。荒ぶる怨霊、大国主命を鎮魂するために、まるで数多のイケニエを捧げたかのような朱である。

第4章　卑弥呼以死

『三国志』の注記

『三国志』の著者、陳寿について再説する。陳寿は四川省出身、生年は西暦二三三年、没年は二九七年とされる。蜀王朝に職を得るも、その滅亡後は晋王朝の史官となり『三国志』を記した。晋は魏に代わり建てられた王朝である。『三国志』は、魏が二二〇年に建国し、二六五年に滅亡するまでの「魏書」を中心に据えつつ、同時代最大のヒーロー諸葛孔明については「蜀書」の「諸葛亮伝」で詳細に記している。西暦一八一年に生まれ、二三四年に没した孔明には有名な逸話がある。孔明は蜀の参軍の馬謖《ばしよく》（一九〇～二二八）を重用していた。参軍とは参謀、作戦指揮官のことだが、しかし馬謖は街亭の戦いで命令に背き、軍略を誤って魏に大敗した。「蜀書」の「馬良伝」によれば、中原制覇の夢が潰えた孔明は、泣いて馬謖を斬ったと。

この逸話に関して言えば、陳寿の父は馬謖の参軍だったため連座し、頭髪を剃られるという死刑に次ぐ屈辱を味わったと、『三国志』後の史料、六四八年成立の『晋書』「陳寿伝」は伝えている。

孔明や曹操が存亡を懸け、天下を争ったという『三国志』の記述は、陳寿にとってはより身近なものので、絵空事などではなかったのである。

陳寿は『三国志』で曹操を並外れた人物、時代を超えた英傑と評した。曹操は姦雄と恐れられた策略家でありながら詩文の才にも長け、『孫子』の注釈を行うほどの知識人であった。その才能は息子たちにも引き継がれ、長男の曹丕《そうひ》、三男の曹植《そうしょく》（一九二～二三二）は古代詩壇の前衛として名を遺した。六世紀に編まれた詞華集『文選《もんぜん》』も、曹操の一篇を選んでいる。

神亀雖寿　猶有竟時
騰蛇乗霧　終為土灰
老驥伏櫪　志在千里
烈士暮年　壮心不已

訳せば、次のようになる。なお三行目の「櫪」は「厩《うまや》」のことである。

〈長寿の神とされる亀でも、命尽きる時がある。

霧に乗じて奔騰する龍も、終には灰土《かいど》と化す。

老いた駿馬も厩で伏しているが、しかし志は千里の彼方にある。

烈士も晩年にさしかかったが、大望のやむことはない〉

これは曹操が老骨に鞭を打ち、洛陽城の夏門から北狄《ほくてき》征伐の旅へ立つ時に歌った「歩出夏門行」

である。「烈士暮年　壮心不已」の気迫溢れる韻律には、三世紀の作歌ながら時代を超え、現代人も共鳴できる哀感がある。

西暦二二〇年の正月、曹操は死の床に就いた。呉、蜀との抗争は未だ終わっておらず、曹操は次のように遺言した。

〈天下が治まっていないのだから、古式の葬礼はするな。埋葬が済んだら皆、喪服を脱げ。遺体を包むのは平服にせよ〉

曹操が六十五年の生涯を閉じると、長男の曹丕が後漢の献帝の禅譲を受けて魏を建国し、初代の文帝となった。曹操は武王と諡《おくりな》され、太祖として崇められた。

二三四年、蜀の諸葛孔明は、現在の陝西省岐山県五丈原《ごじょうげん》で魏軍と対峙するさなか、陣没した。当時すでに日本では、卑弥呼が倭国の女王に共立されていた。五丈原と言えば、土井晩翠《ばんすい》（一八七一～一九五二）の「星落秋風五丈原」の詩や、吉川英治（一八九二～一九六二）の小説『三国志』（全十四巻　一九四〇～一九四六　大日本雄弁会講談社）に夢中だった少年の私に、強い印象を残した地名である。私が記憶する五丈原の戦いは、次のとおりである。

五丈原で蜀軍と対峙していた魏の将、司馬懿《い》こと仲達《ちゅうたつ》は、流星を見て孔明の死を悟り、攻撃に出た。だが孔明は遺言していた。その遺言に従った蜀軍は、孔明を模した木像を陣頭の馬車に乗せ、反撃に出た。仲達は孔明存命と思い込み、兵を退却させた。この隙に蜀軍は兵を失うことなく撤退し得た。後人は言った。「死せる孔明、生ける仲達を走らす」と。

一方、陳寿は『三国志』の「明帝紀」で、五丈原の戦いを次のように記している（『三国志I　世界古典文学全集』)。

青龍《せいりゅう》二年(二三四)、蜀の孔明は大軍を率い、五丈原に布陣した。魏の司馬懿軍は砦の防御に専念するよう、文帝を継いだ明帝の勅命を受けていた。ひたすら防御することで戦意を挫《くじ》き、食料が尽きるのを待てば、孔明も退陣を余儀なくされると。孔明がいくら仕掛けても、司馬懿は応じなかった。その術中にはまった孔明は、陣中で死んだ。五十四歳であった。「蜀書」の「諸葛亮伝」によれば、蜀軍撤退後、孔明の陣営跡を視察した司馬懿は、〈天下の鬼才なり〉と称えたという。

陳寿の『三国志』本文は史実の厳密さを求め、簡潔である。ゆえに陳寿が用いなかった多くの史料や風聞を博捜し、詳細な注釈を付したのが、東晋末期から宋初期の史家の裴松之《はいしょうし》(三七二〜四五一)である。裴松之は「諸葛亮伝」について、次のようなゴシップを東晋の習鑿歯《しゅうさくし》編纂の『漢晋春秋』より引用している(『三国志Ⅱ 世界古典文学全集』今鷹真、小南一郎、井波律子訳 筑摩書房 一九九二)。

百余日の籠城の末、蜀軍撤退の動きを知った司馬懿は、素早く追撃に出た。しかし蜀軍は予期せぬ反撃に出た。司馬懿は孔明がまだ生きていると思い込み、兵を退いた。人々は言った。「死せる孔明、生ける仲達を走らす」と。この諺に司馬懿は、「わしは生者を相手にすることならできるが、死者を相手にするのは不得手だ」と応じたという。

「裴松之注」とされる加筆は出典を明示しており、陳寿への敬意を欠いていない。中国の正史『三国志』は、明代には長篇小説『三国志演義』となり、元禄の日本でも翻訳され、多くの読者を獲得した。現代になり漫画化、ゲーム化までされたのは、裴松之による注記の存在が大きい。

狗奴国の不満と魏の思惑

司馬懿が仕えた魏朝の明帝について、陳寿は『三国志』の「魏書」で厳しく総括している。〈君主としての識見と決断力はあったが、人民の疲弊を顧みず、洛陽の宮殿の拡張工事に浪費する愚を犯した〉と。卑弥呼の朝貢使は、まさにその宮殿に参内したのである。

司馬懿が魏朝で重用されたのは、蜀の諸葛孔明と互角に戦い、また遼東太守の公孫淵を討って楽浪・帯方郡を奪還したからである。『晋書』の「宣帝紀」によると司馬懿は、景初二年（二三八）に公孫淵を討った時、二度と魏に叛かぬよう襄平《じょうへい》城で十五歳以上の男子七千人を皆殺しにし、「京観《けいかん》」を築かせたという。京観とは殺した死体を高楼のように積み上げることである。このような大虐殺は、古代中国の戦勝者により常時行われていたというから、司馬懿の「京観」も先例に倣ったものであろう。翌景初三年（二三九）の卑弥呼の朝貢使が、帯方郡や遼東郡を経由したとすれば、難升米らも京観の凄まじさを知る機会を得たはずである。もし倭国が公孫淵の帯方郡と同盟を結んでいたなら、京観も他人事ではなかった。

景初三年の正月に魏の明帝は死んでおり、卑弥呼による朝貢時は若年の斉王芳に代替わりしてまもない頃であった。しかも奪還したばかりの楽浪・帯方郡をめぐる半島情勢は不安定のままであった。高句麗はもちろん韓、濊《わい》など半島人は魏の支配から脱しようとしていた。そのような状況下ですかさず朝貢し、忠誠を誓った倭国を魏は厚遇して「親魏倭王」の金印を授けた。そして元号は景初から正始《せいし》に改まった。

正始元年（二四〇）。帯方郡太守の弓遵《きゅうじゅん》が、建中校尉の梯儁《ていしゅん》らを倭に派遣し、魏朝より預かっていた贈与品、剣、銅鏡などを卑弥呼に下賜した。「倭王」は返礼の上表文を遣使に託した。

正始四年（二四三）。さらに「倭王」は朝貢し、生口をはじめ短弓や矢などを献上した。

正始六年（二四五）。楽浪・帯方郡で蜂起した韓族は手強かった。鎮圧を指揮した弓遵は交戦中に死んだ。

正始八年（二四七）。帯方郡の新たな太守として王頎《おうき》が任命された。王頎は玄菟《げんと》郡の太守だった時、高句麗の首都まで迫り、八千余人を誅殺、多数を捕虜にした戦歴の持ち主である。

同年、倭国は帯方郡に「載斯烏越」らを派遣した。「載斯烏越」の読み方はわからない。永く邪馬台国は南で接する狗奴国と対立してきたが、ついに戦闘状態になったと報告し、支援を要請したのである。原因は女王卑弥呼にあった。卑弥呼は永年にわたり狗奴国との和解を拒んできた。厄介なのは、卑弥呼の君臨する邪馬台国が倭国の首都で、狗奴国とは南部で国境を接していたことである。

「女王卑弥呼与㆓狗奴国男王卑弥弓呼㆒素不㆑和」（鳥越憲三郎『中国正史　倭人・倭国伝全釈』）

狗奴国の男王は「卑弥弓呼」という。「ヒミクコ」と読むのだろうか。「素《もと》より和せず」という記述から「魏志倭人伝」は、両国の紛争に不快そうな反応を示していると私は受け取る。倭の支援要請から狗奴国の脅威が伝わってくるが、魏にしてみれば、孔明の死で蜀に対する懸念が減り、呉の覆滅に集中したかったはずである。高句麗はひとまず制圧したが、半島の韓民族の叛乱は執拗で、倭国の危機が重なれば、再び呉に付け入る隙を与えてしまう。江南で強力な水軍を擁する呉の孫権はまだ健在であった。

卑弥呼と狗奴国の不和が危機的な状況に至った背景は、「魏志倭人伝」からは読み取れない。想像するに、南九州を支配下に置いた狗奴国が急激に勢力を増し、北上する恐れが生じたからではないだろうか。狗奴国強化の要因について、菊池川流域における鉄器生産の向上と見たのが、菊池秀夫（一九五八〜）の『邪馬台国と狗奴国と鉄』（彩流社　二〇一〇）である。狗奴国の高官として「狗古智卑狗」（「キクチヒコ」か）の名が「魏志倭人伝」に記されていることから、菊池秀夫は「菊池」の地名を連想した。中世、現在の熊本県北部を占める菊池市隈府《わいふ》町辺りは、菊池氏を名乗る豪族が支配していた。

菊池秀夫は神奈川県出身で、土木施工管理技師の経歴から古代史に新たな視点を持ち込んだ。鍛冶工房の遺跡が九州の福岡、熊本に集中していることから、狗奴国も鉄製武器の生産では邪馬台国に劣らなかったと見たのである。

もともと邪馬台国九州説の論拠は、王権を支えた軍備や農作物を増産するための鉄器の製造能力にあった。安本美典《びてん》（一九三四〜）の『大崩壊「邪馬台国畿内説」』（勉誠出版　二〇一二）や奥野正男（一九三一〜）の『邪馬台国の東遷』（毎日新聞社　一九八二）などは、弥生後期に限っても、鉄器の生産量は近畿地方に比べ、北九州のほうが圧倒的に多かったと述べ、邪馬台国九州説を掲げている。彼らの論を踏まえた菊池秀夫は、九州における鉄製武器の出土数を集約し、阿蘇山を水源に有明海へと注ぐ菊池川および白川流域が抜きん出ていることを突き止めたのである（『邪馬台国と狗奴国と鉄』）。

白川・菊池川・緑川流域：千四百九十二点
筑後川流域・筑後平野：九百九十二点
玄界灘沿岸：七百六十点
響灘・周防灘沿岸：五百四十九点

国力を増強した狗奴国は、北九州に進出し、半島や大陸と直接交流する機会を邪馬台国が妨げていると、不満を募らせたのかもしれない。またこの不満のはけ口として、狗奴国が東シナ海を渡り、孫権の呉と結託する恐れもあったのかもしれない。呉が支配した江南は、水稲耕作を日本に伝えた故郷でもある。稲作の伝来以後、東シナ海の波など物ともしない有明海沿岸の海士《あま》族が、狗奴国と呉の通交を深化させたことが想像されるのである。

あらためて正始八年（二四七）。魏朝の斎王芳はまだ十五歳の少年であった。『三国志』は明帝死後の三代を「三少帝紀」とし、若年王権の脆弱を語っている。「少帝」とは皇帝と呼び得ない若年王の形容である。魏朝では、武功を立てた司馬懿が権力を掌握し、その存在感は「少帝」を凌ぐものであった。権力保持のためにも司馬懿は、倭国を分裂させるような老女王の勝手を許すわけにはいかなかった。呉の孫権が狗奴国と手を結ぶことなど悪夢に他ならない。ましてや倭国の苦境を救うために渡海して、兵を動かすことなど考えられない。

司馬懿の意を受けた帯方郡太守の王頎は、塞曹掾史《さいそうえんし》の張政を倭国に派遣した。張政は魏の皇帝の詔書およびこの権威を象徴する黄幢《おうどう》（垂旗）を難升米に授けて、倭国を「為レ檄告諭」した。

張政の肩書「塞曹掾史」については先学の諸論があるが、「塞」は要塞、「曹」は武官、「掾史」はそれを補佐する役人の意で、帯方郡太守の軍事補佐官といったところか。魏朝の権威を示すためにも、倭国ごときに高位高官を派遣する必要などないと考えたのかもしれない。

王頎が張政に物々しい護衛をつけた気配は、「魏志倭人伝」からは伝わってこない。「為檄」は文書による命令伝達の意だが、黄幢をともなう「檄」は、まさに魏の皇帝の権威を背負った勅命となる。しかし当時の皇帝は「少帝」の斎王芳ゆえ、実権を握っていたのは司馬懿である。

倭国が狗奴国と争うことを戒める檄文を示し、「告諭」つまり言い聞かせたという表記からは、和睦工作の意図が窺える。倭国に援軍を派遣して狗奴国を制圧する気配など感じられない。魏朝は狗奴国とも通じていたとさえ思える。周囲の建言に耳を傾けず、この「告諭」を受け容れなかった老巫女王の卑弥呼は、孤立を深めたのではないだろうか。

「為檄告諭」に「之」一字を挿んで続くのは「卑弥呼以死」の記述である。二千字ほどの「魏志倭人伝」最古の版本で、南宋の初期、日本の平安時代末期にあたる紹興年間（一一三一〜一一六二）に刊行されたいわゆる「紹興本」には、冒頭の「倭人在帯方東南大海之中依山島為国邑旧百余国漢時」から「難升米為檄告諭之卑弥呼以死大作冢径百余歩徇葬者奴婢百余人」を経て末尾まで、改行、章節区分の類いなどいっさいないし、むろん句読点もない。「倭人伝」という見出しすらない。掲げた図版は一九三六年（昭和十一）に刊行された前出の「百衲本《ひゃくのう》」の影印だが、「難升米為檄告諭之卑弥呼以死」のくだりを『新訂　魏志倭人伝・後漢書倭伝・宋書倭国伝・隋書倭国伝　中国正史日本伝（1）』（石原道博編訳　岩波文庫　一九八五）より引用しておく。

難升米爲檄告喩之卑彌呼以死

百衲本の影印

現在の日本の刊行物では、読みやすいように「難升米為檄告諭之　卑弥呼以死」と一字あけるなどしている。そういった後世の編纂者による恣意的な文節の区切りや改行などは、諸説紛々を招いた。たとえば、張政が倭国に来て難升米に「告諭」した時、すでに卑弥呼は死んでいたとも解釈される。また狗奴国との戦いで死んだとも自死とも、寿命が尽きたとも説かれている。

以下はあくまでも私の想像である。

卑弥呼の死は、隣の狗奴国との紛争中の出来事であった。黄幢を掲げ、詔書を抱えた張政の派遣は、むろん帯方郡の意向などではなく、魏朝の勅命であった。ゆえに「為檄告諭」の内容は峻烈であった。檄文の内容は紛争の張本人、卑弥呼に直接向けられたものであった。魏朝の勅命により、卑弥呼は死を賜ることになった。「以死」である。

一方、難升米ら倭国当局が魏朝の檄文を受け容れた背景には、もはや卑弥呼の呪力では政権維持もままならないという認識の共有があった。すでに鋭利な鉄器を手にし、凄惨な武力抗争に直面していた倭国にとって、老いた巫女王の神託にすがるなどという選択肢はなかった。海峡を隔てた朝鮮半島からは、司馬懿軍に虐殺され、山積みとなった公孫淵軍兵士の「京観」が伝えられていた。帯方郡の新任太守の王頎もまた、高句麗での大虐殺を誇っていた。

張政から魏朝の勅命の内容を知った難升米らは、自分たちの手で卑弥呼を殺めることを覚悟した。魏朝の勅命に応えた難升米に残された仕事は、せめて倭国女王としての権威を内外に示し得る儀式で、卑弥呼を葬る許可を求めることであった。もし薄葬で済ませたなら、倭国の共同体を支える信仰の根本が崩れ、巫女王卑弥呼を共立した連合政権の威厳も地に落ちてしまう……。百余人の奴婢を「徇葬」つまり殉葬させたのは、前例なき儀式の挙行で卑弥呼の荒魂を鎮めるとともに、民心を慰撫するためでもあったと私は思うのである。

生前に神人《しんじん》、現人神と崇められた王も、老いて死ぬことは避けられなかった。古代エジプトは、死んだ王の霊威を保つためにミイラを創出したが、老衰で害《そこな》われる前に、魂を後継者に転移させなければならなかった。

このような考察は、人類学者のジェームス・フレーザー（一八五四〜一九四一）が『金枝篇』の「神聖な王の弑殺《しいさつ》」の項で語ったものである。引用してみよう（『金枝篇（二）』永橋卓介訳　岩波文庫一九八二）。

「神人を老衰や疫病のために死んで行くに委《まか》せずして弑殺してしまう利益は、未開人にとっては疑問の余地のないものなのである」

「カンボジアの火と水の神秘的な王は、自然死をとげることを許されない。それで病気が重くて到底回復は覚束ないと思われる場合には、長老たちが彼を刺し殺すのである」

さらに古代ギリシャでは、一人の王の統治が八年に限られていたとフレーザーは言う。八年という周期は、清新かつ瑞々しい神託を憑依し得る後継者に交代すべき、新たな聖化の時の到来を信仰したためだとフレーザーは述べている。

前述のとおり倭国には「持衰《じさい》」と呼ばれる祈禱師がいた。貴人の船に同乗して航海中の安全を祈ったシャーマンだが、荒れ狂う波など危難に遭えば殺されてしまう存在であった。年老いた卑弥呼の祈禱では、天意を動かすことができなくなっていた。ゆえに卑弥呼も死ぬしかなかった。

卑弥呼の死後、倭国連合は男王を擁立するも統治できなかった。血で血を洗う王位の争奪戦が始まったのである。魏朝の遣使である張政は、倭国の政治体制が未だ古代の呪術的信仰に拠る現実を見て、卑弥呼の巫女集団のなかでも図抜けた霊威を示す十三歳の「宗女」台与の擁立に加担せざるを得なかった。再びの女王共立で倭国の大乱は収束し、張政は台与にも「以檄告諭」、皇帝の勅命を説き聞かせた。夫のない卑弥呼に子はない。「宗女」とあることから、台与は卑弥呼を長とした巫女集団より選ばれたと考えられるが、すでに倭国当局のロボットと化していたのではないか。

一連の「檄」の「告諭」は、塞曹掾史の張政が長期間にわたって倭国に滞留し、執行したものである。この「魏志倭人伝」の記述からも、邪馬台国は北九州にあったと考えられる。張政が長期間、帯方郡から遠く離れた畿内ヤマトで、護衛軍もなく「告諭」を執行したとすれば、身辺の安全が覚束ない。やはり、いつでも帯方郡に連絡することができる北九州に邪馬台国があったからこそ、魏朝の圧力は有効だったし、張政も安心して倭国連合への「為檄告諭」「以檄告諭」を果たせたと私は考えるのである。

新女王の台与は率善中郎将の掖邪狗《えきやく》ら二十人に命じ、張政を帯方郡まで送らせている。その時も倭の女王は、男女の生口三十人を献上した。「親魏倭王」の冊封は台与に引き継がれたのである。

狗奴国の動静については、張政が無事に帰国したことから推測できよう。軍事力を背景に邪馬台国を従わせた魏朝の勢威を目の当たりにして、狗奴国は沈黙するしかなかったのではないだろうか。

当時の魏を顧みれば、西暦二五一年に司馬懿は死んだが、一族の地位は揺るがなかった。子の司馬昭《しょう》（二一一～二六五）、孫の司馬炎（二三六～二九〇）が、三代にわたる無力な「少帝」を補佐しつつ、これを傀儡化していた。権謀術策を弄して宮廷闘争を勝ち抜いただけではなく、司馬昭、炎の親子二代の間に蜀、呉も滅ぼされた。

二六五年五月に三人目の「少帝」曹奐《そうかん》（二四六～三〇二）は詔勅を発し、相国つまり宰相で晋王の位にある司馬昭を次のように褒め称えた（「魏書・三少帝紀」『三国志Ⅰ　世界古典文学全集』今鷹真、井波律子訳）。

「相国晋王は広く神のごとき思慮をほどこし、仁徳は四海の果てまでもゆきわたっている。武功をふるい輝かせては、威光がはるかに未開の地をもおおいつくし」

曹奐は晋王に、「天子の旗をたてて出入りのさいにふれる先ばらいと通行禁止の措置をとり〔中略〕音楽には八佾《はちいつ》の舞楽を演じ」るよう命じた。

「八佾の舞」とは、八人ずつ八列に並んで演ずる、天子にのみ許された楽舞である。日本では、蘇我蝦夷《えみし》（～六四五）が葛城《かつらぎ》に祖廟を建てた時に奉納した八佾《やつら》の舞として知られる。中大兄皇子に、皇統を乱す蘇我氏を討つ決意をさせた舞である。

曹奐の詔勅からまもなく、司馬昭は没した。父を継いだ司馬炎は魏の禅譲を受け、晋朝を創始し、即位して武帝となった。祖父の司馬懿は始祖王として「宣帝」と諡された。魏朝から禅譲されるまで、司馬氏は辛抱強く三代にわたり仕えてみせた。武力だけで伸し上がった覇王と言われることを嫌ったのである。

その政変にも倭国は素早く対応した。『晋書』の「武帝紀」の泰始二年（二六六）条には「倭人、来たりて方物《ほうぶつ》を献ず」（鳥越憲三郎『中国正史　倭人・倭国伝全釈』）とある。さらに「晋起居注」には、朝貢したのは「倭女王」で、「訳を重ねて貢献せり」とある。『日本書紀』の「神功皇后六十六年」に小文字の注で、「晋武帝泰初二年。晋起居注云、武帝泰初二年十月、倭女王遣重訳貢献」と記されていることは前述したが、この「倭女王」が台与なのか、あるいは近畿地方で建国されたヤマト王朝の女帝なのか、中国の史書からは読み取れない。

二つの「建国」

晋に朝貢した「倭女王」は台与とされるが、しかし魏が倭国と狗奴国の紛争に介入した西暦二四七年からは、すでに十九年経っている。その魏王朝も晋に禅譲し、消滅している。この間、九州の倭国連合は台与を共立し、王朝を形成しつつあった、否、邪馬台国は東遷しており、近畿奈良盆地に建てられた王朝の遣使だなどと、諸説で学界は紛糾する。女王台与は九州に留まったのか。ヤマトに東遷したのか。あるいは、もとからヤマトにいたのか。不明のままである。

近畿に「ヤマト」という地名はなかった。「ヤマト」は九州の邪馬台国が近畿に持ち込んだ地名だというのが、東遷説の主な根拠となっている。また前出の奥野正男は考古学の視点から北九州出土の漢鏡群を分析し、邪馬台国の東遷を立論した。ヤマトでも夥しい数の三角縁神獣鏡が出土しているが、それに先行する前漢鏡をはじめ、卑弥呼在世の弥生後期に間断なく輸入された北九州の大王墓に見られる後漢鏡への崇拝こそ、邪馬台国九州説の絶対的根拠だと奥野は主張した。四世紀以後の日本でしか見られない「笠松形」文様の三角縁神獣鏡を物証に、鏡を信仰した王朝が東遷し、近畿ヤマトに国を建てたと奥野は論じたのである（『邪馬台国の東遷』）。

対して邪馬台国畿内説を主張したのが、同じ考古学の白石太一郎（一九三八〜）である。白石の『古墳とヤマト政権　古代国家はいかに形成されたか』（文春新書　一九九九）によれば、ヤマト王朝は奈良盆地の纏向《まきむく》で胎生、発展し、史上初の巨大古墳群を築造するほどの権力を確立した。以後、東海、関東、北陸まで勢力を拡大、山陽、出雲を支配下に収め、さらに進んで九州をも征服し、国を建てたと。

白石は前方後円墳定型化の最初を箸墓古墳と見た。白石によれば、箸墓の型が纏向地方から南部桜井へと広がり、奈良県北部に移って佐紀盾列《さきたてなみ》古墳群が形成された。五世紀には大和川の水運を利用して西へ進み、河内平野の古市《ふるいち》古墳群では四二〇メートルの誉田御廟山《こんだごびょうやま》古墳が、百舌鳥《もず》古墳群では五二五メートルの、日本最大の大仙陵古墳が造営された。どの王墓もヤマト発祥の前方後円墳の型を受け継ぎ、纏向の箸墓を起点に日本各地へと分布していることから、白石は邪馬台国畿内説を掲げたのである。白石は次のように類推している。

「共通のイデオロギーと共通の約束事にもとづく古墳の造営からもうかがわれるように、彼ら首長層の間には、おそらく祖先を共通にするという同族意識が形成されていた」

さらに白石は、九州勢力のヤマト東遷について、考古学上未だ証拠は見つかっていないと述べた。ゆえに箸墓の埋葬者を卑弥呼とする蓋然性も乏しいとは言えず、この前方後円墳の造営は巫女王の後継者によると断じた。

また、戦後の邪馬台国論争の火元は、第1章と第2章で触れた江上波夫の騎馬民族国家説にあった。日本の古代史における江上の革命的な提案ほど、学界を震撼させた論はない。

昭和二十三年（一九四八）、戦中の言論統制の呪縛を解かれた古代史の研究者たちが、東京の小さな喫茶店で日本国家の起源を話し合う機会をもった。江上は民族学の岡正雄（一八九八～一九八二）、考古学の八幡《やわた》一郎（一九〇二～一九八七）、文化人類学の石田英一郎（一九〇三～一九六八）に「騎馬民族征服王朝説」を語った。つまり日本の天皇家の出自は、朝鮮半島南部の任那（加羅）を拠点とする東北アジア系の騎馬民族で、海を渡って九州に上陸し、四世紀にヤマトを征服したと。その対話の記録が翌年、「日本民族＝文化の源流と日本国家の形成」として季刊誌「民族學研究」（第十三巻　第三号）に掲載されるや、古代史研究者はもちろん、万世一系の皇国史観から抜け切れなかった当時の人々に衝撃を与えた。

征服王朝出現の最初について、考古学上の新発見や文献史学の進歩を踏まえ、四世紀から二、三世紀に自説を修正し、昭和四十二年（一九六七）に江上がまとめたのが『騎馬民族国家　日本古代史へのアプローチ』である。先にも触れたとおり、江上は朝鮮半島南部の三韓を移動した辰王《しんのう》を崇神天皇に想定している。

第十代崇神天皇について江上は、初代神武とともに始祖王を意味する「ハツクニシラススメラミコト」の宮号《みやごう》をもち、また「ミマキ」の諡号《しごう》が、記紀における古代倭国の朝鮮半島南部の「官家《みやけ》」、つまり天皇の直轄領「任那」に関連している点を挙げた。この「任那」から「皇祖」が海を渡り、九州に上陸したのが「天孫降臨」で、江上は「第一次の建国」と見た。さらに弥生文化と融合した鏡の埋葬という独特の儀礼を「皇孫」が生み出し、のちにヤマトへ東進して、前期前方後円墳を築くに至ったと述べたのである。

そして江上はヤマトへの東進という「第二次の建国」を、四世紀の十五代応神天皇の河内征服王朝と見た。神功皇后の子である応神の王朝は、前期古墳から一変し、騎馬民族特有の馬具甲冑が出土する巨大な後期古墳を築いた。その軍事的王権の説話が「神武東征」に反映していると江上は説いた。漢風諡号についても、記紀における神武、神功の「神」は架空のもので、崇神、応神の「神」だけが建国を成し遂げた征服者たる「ハツクニシラススメラミコト」で、天孫系の皇統だと論じたのである。

三王朝交代説

四世紀末から五世紀にかけて百済、新羅への侵略を繰り返した倭軍を、高句麗が攻めて任那、加羅に敗走させた記録が、広開土王碑に刻まれていることは先にも触れた。

好太王九年（三九九）、倭兵に国境を脅かされた新羅が、高句麗に援軍を求めてきた。翌年、好太王は歩騎五万を進め、新羅の首都に溢れる倭軍を討ったが、拠点の任那、加羅に逃げ果せた兵もいた。朝鮮半島の金石文で、倭国が支配したという「任那」の表記を見出すことができる唯一の史料である。

また好太王十四年（四〇四）、倭の遠征軍が帯方郡に侵入し、高句麗軍と衝突した。倭軍は多数の戦死者を出し、敗走している。当時、倭兵がたびたび朝鮮半島中央部へ侵出していたことがわかるが、しかし渡海し、半島を攻め得た軍事力を、日本列島のどのような王権が統率したのか。

これらの倭軍を、水野祐は昭和四十二年（一九六七）刊行の前掲書『日本古代の国家形成』で、卑弥呼の邪馬台国と抗争した南九州の狗奴国の末裔と見た。なお水野は「狗奴国」を「くぬこく」と読んでいる。また「ヤマト」は「大和」と書いており、水野関連の文脈ではその表記に従う。

水野は伝承されてきた神話から、日本の起源は大和国以外ないと主張した。もし邪馬台国九州説に従うのなら、銅鐸や銅矛など青銅器文化を共有した大和地方の状況について、総合的な考察をすべきだと。水野は根拠として奈良盆地における弥生時代の水稲耕作の遺跡、唐古・鍵で発掘された土器を挙げた。唐古・鍵遺跡で発掘されたものは、北九州の遠賀川河床で見つかった最も古い土器の様式と酷似しており、同じ弥生前期に水稲耕作が奈良盆地でも営まれていたと。

水野の説によれば、日本最初の王権は、中国大陸や朝鮮半島とは無縁の、熊野を後背地に吉野を拠点とした崇神天皇が築いた。三世紀初頭、崇神が奈良盆地に侵入し、のちの朝廷の基になる原大和王権を築いた。そして、この大和を侵略し、崇神王権を倒したのが、狗奴国＝応神天皇だと水野は見たのである。

南九州出身の海洋民族や、騎馬民族も混じる狗奴国が北上し、邪馬台国を征服した。九州を統一した応神は、大和や飛鳥には目もくれず、いきなり難波に王都を建てた。それを引き継いだのが仁徳とされるが、この王朝は応神のもので、自身の権力を正当化するため、人民愛に溢れる仁徳天皇の創出が必要になったと水野は述べている。そしてその王朝こそ、高句麗と戦った倭国だと水野は断じた。五世紀前後の伝説上の応神天皇を、仁徳天皇の事蹟に吸収させた水野が説く大和は、海上交通に有利な難波に高殿《たかどの》を建設し、王都を営んだ。この王朝は間断なく朝鮮半島へ侵出し、騎馬軍団としての機能を充実させたという。さらに六世紀、応神五世の孫を名乗る北陸の継体《けいたい》天皇によって、再び大和は簒奪されたと水野は述べている。崇神、仁徳、継体の三王朝交代説である。

狗奴国の東遷という水野の説から、神武天皇がヤマトを征服し、ゆとりを得た一日のことを私は思い出す。七人の乙女が列をなし、野遊びをしている光景に神武が遭遇したという『古事記』の逸話である。神武の供をしていた大久米命《おおくめのみこと》が〈あの女たちの誰と枕をともにしたいですか〉と問うた。神武は先頭の女がいいと応じた。彼女に大久米命が近づき、神武の意向を伝えた。するとその女、イスケヨリヒメは歌で答えた。

「胡鷰子鶺鴒《あめつつ》千鳥《ちどり》ま鵐《しとと》など黥《さ》ける利目《とめ》」

岩波版の『古事記』中巻《なかつまき》の校注によれば、難読の漢字で記された歌詞の倭音がわからず、窮したことを本居宣長《もとおりのりなが》（一七三〇～一八〇一）も『古事記伝』で告白している。この本居宣長の訓読をさらに拙訳する。

〈入墨をした貴方の目は、まるで鶺鴒《せきれい》や千鳥のようにとても鮮やかです〉

ヤマトでは珍しい大久米命の、目の入墨を気に入ったイスケヨリヒメは、神武の求愛に応じ、一夜をともにした。「魏志倭人伝」も、倭人の男は大人子供の区別なく「黥面文身《げいめんぶんしん》」の風習があると記している。体にも文身＝入墨をし、漁の邪魔になる大魚や水鳥を脅したという。大久米命の目の入墨は、九州の海士族の風習だと考えられる。九州日向族による奈良盆地の征服を裏づける物語だと私には思える。三輪山が聳える内陸の出身のイスケヨリヒメは、「黥ける利目」の男を従えた異郷の占領者、神武の求愛を拒むことなどできなかった。被支配者側の豪族の娘を娶ることで、侵略王は鎮撫政策を行った。その緊張関係を、『古事記』は牧歌的な情景に置き換えたのではないか。

「黥面」の大久米命は、天皇の身辺を警護した久米部《べ》の首領である。軍事を司った久米部の出自について、狗奴国と断定する確証はないが、彼らが伝えた歌詞を、私は未だに忘れないでいる。少年の日に口ずさんだ久米歌である。

みつみつし　久米の子等が　垣下《かきもと》に植ゑし椒《はじかみ》　口ひひく　吾は忘れじ　撃ちてし止まむ

〈勇敢な久米の兵《つわもの》たちよ。垣根に植えたハジカミ（山椒《さんしょう》）を噛むとひりひりするだろう。俺たちは忘れない。戦で負った傷のひりつく痛みを。敵を撃ち倒すまで、戦いは止めないぞ……〉

「みつみつし久米の子ら」という歌い出しから、儀礼化した形式を読み取ることができる。東征中に兄の五瀬命《いつせのみこと》が戦死した痛憤を、神武が久米の兵士らに歌い聴かせたものだという。天皇即位時の大嘗祭《だいじょうさい》などで奏される久米舞の楽師が歌うということは、戦後知った。

日比谷日本劇場の「撃ちてし止まむ」の大垂幕（映画『スパイ・ゾルゲ』2003）

「撃ちてし止まむ」を唱和して、私たち
皇国少年は鬼畜米英と戦った。

第5章　倭の五王

武と雄略とワカタケル

西暦四一三年。洛陽から現在の南京、建康に遷都した東晋への、倭国朝貢の記録が再び中国の史書『晋書』に現れる。二六六年の倭女王による西晋への朝貢以来の記録である。倭が高句麗とともに、東晋の安帝に朝貢したという。しかし、この時の倭国王の名を『晋書』は記していない。

東晋は長く続かず、将軍の劉裕《りゅうゆう》（三六三〜四二二）が王権を簒奪して宋を建国すると、中国風の姓を名乗る倭国王たちが次々と冊封を求めて朝貢した。東晋の安帝へも含め、倭国王の朝貢は五代にわたった。四八八年成立の沈約《しんやく》（四四一〜五一三）著『宋書』の「倭国伝」は、朝貢した倭の五王の名を記している。中国側の皇帝名と西暦をあわせ、まとめると次のとおりになる。

讃《さん》　東晋　安帝　四一三年
珍《ちん》　宋　文帝　四三八年

済《さい》　宋　文帝　四四三年
興《こう》　宋　孝武帝　四六二年
武《ぶ》　宋　順帝　四七七年

『宋書』以降の中国の史書によれば、倭の五王は兄弟あるいは親子で、五世紀の日本には同族の統一王朝が存在していたことになる。しかし記紀に倭の五王の名を見出すことはできず、彼らがヤマトの第十代崇神朝の直系か否かは不明である。記紀の天皇に比定すると、倭王讃は十五代の応神、十六代の仁徳、十七代の履中《りちゅう》のいずれか、また珍は十八代の反正《はんぜい》、済は十九代の允恭《いんぎょう》、興は二十代の安康《あんこう》とされる。五番目の武は、四七八年に安東大将軍として宋に冊封された記録があるから、五世紀後半のヤマトの、二十一代の雄略《ゆうりゃく》天皇とするのが定説になっている。では倭の五王について、『宋書』『梁書』および記紀における系譜を見ておこう。

『宋書』の系譜

讃　珍

済
興　武

『梁書』の系譜

賛　彌（珍か）―済
興　武

記紀の系譜

15応神―16仁徳
17履中　18反正　19允恭
20安康　21雄略

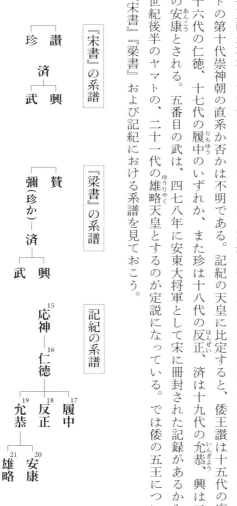

五世紀の倭国については、空前の土木事業で史上最大の前方後円墳群を河内平野に築造した王朝が想定される。応神陵とされる大阪府羽曳野市の誉田御廟山古墳、仁徳陵とされる同堺市の大仙陵古墳の遺構から、倭の五王は河内王朝に比定し得る。

その根拠として稲荷山《いなりやま》鉄剣のことに触れておかなければなるまい。埼玉県行田《ぎょうだ》市に集中する埼《さき》玉《たま》古墳群の一つに、径一二〇メートルの稲荷山古墳がある。この後円部頂上の礫槨《れきかく》で昭和四十三年（一九六八）、一口《ひとふり》の鉄剣が出土した。刀身の表裏には百十五字の銘文が金象嵌されていた。錆を落とすのに時間と技術を要し、発掘から十年後の昭和五十三年（一九七八）、「獲加多支鹵大王《わかたけるのおおきみ》」などの文字が解読された。日本で初めて、金石文の大王名が『万葉集』を含む史書に一致したのではと、学界は色めき立った。

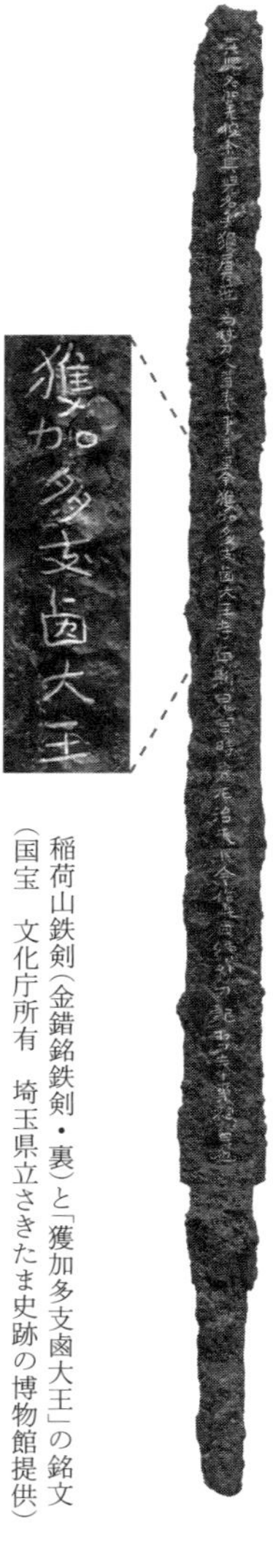
稲荷山鉄剣（金錯銘鉄剣・裏）と「獲加多支鹵大王」の銘文
（国宝　文化庁所有　埼玉県立さきたま史跡の博物館提供）

鉄剣は国立奈良文化財研究所に持ち込まれ、古代史の岸俊男（一九二〇～一九八七）に解読が委託された。まず「乎獲居臣《おわけのおみ》」という鉄剣を造らせた埋葬者の名が確定し、奉納日は「辛亥《しんがい》年七月中」と判読された。七支刀とは異なり、倭人あるいは亡命百済人が漢字で記したと思われる最初の金石文の出土であった。「乎獲居臣」は先祖より自らの代に至る家系だけではなく、仕えた大王の名や、受け継いできた官職まで明記させていた。あくまでも表記は「大王」で、まだ「天皇」は使われていない。記紀の原史料「帝紀」「旧辞」を彷彿とさせる金石文が、埼玉県の古墳で見つかったのである。

稲荷山鉄剣を鍛造させた「乎獲居臣」が「辛亥年」に仕えた大王の名は「獲加多支鹵」である。「斯鬼宮《しきのみや》」での「獲加多支鹵大王」の治世、「乎獲居臣」の一族は代々「杖刀人首《じょうとうじんのかしら》」として仕えたと金象嵌されていた。杖刀人とは大王の護衛官のことか。辛亥年とはいつの干支なのか。ワカタケルとはヤマト王朝のどの天皇なのか。シキノミヤはどこなのか。

ワカタケルは『日本書紀』が記す、泊瀬《はつせ》に都を定めた大泊瀬幼武《おおはつせのわかたける》の諱《いみな》をもつ雄略天皇とされる。なお雄略天皇の諱について『古事記』は「大長谷若建」と記している。「幼武」に冠せられた「大泊瀬」とは、在位中の都の地名である。もちろん「泊瀬」と「斯鬼」は異なるという反論も出た。雄略天皇の都「泊瀬＝長谷」は、三輪山山麓の南東部、現在の奈良県桜井市初瀬《はせ》を指し、ワカタケル大王の「斯鬼」は、奈良盆地東部の天理市や田原本町《たわらもとちょう》を抱える磯城《しき》郡ではないのかと。とはいえ、もともと磯城は初瀬川が流れる広域を指す。初瀬＝泊瀬＝長谷も磯城が包括していることから、ワカタケル大王＝雄略天皇、辛亥年＝西暦四七一年とする説が文献学上、定まった。

『宋書』の倭王武は、順帝《じゅんてい》（四六九〜四七九）の昇明二年（四七八）の上表で、百済を含む朝鮮半島における自国の領土の確定、承認を求めていた。形式を整えた正格漢文ゆえか、長文にもかかわらず『宋書』はその国書をそっくり掲載している。冒頭部分を次に記す。

「封国偏遠、作二藩于外一。自レ昔祖禰、躬擐二甲冑一、跋二渉山川一、不レ遑二寧処一。東征二毛人一五十五国、西服二衆夷一六十六国、渡平二海北一九十五国」（鳥越憲三郎『中国正史　倭人・倭国伝全釈』）

　要約すれば、〈冊封された我が国は遠く辺境にあり、先祖は昔から甲冑を着けて山川を踏破し、休む遑《いとま》もなかった。東は五十五国、西は六十六国の戎夷を征服し、さらに海を渡って北の九十五国を平定した〉となる。「渡りて海北を平らぐる」という「海北」とは、朝鮮半島を指すのだろうか。いずれにせよ順帝はこの国書を受けて、倭王武が主張する領土の大半を認め、官位として「使持節都督倭・新羅・任那・加羅・秦韓・慕韓六国諸軍事、安東大将軍、倭王」を与えた。百済を除く朝鮮半島南部の大半を、倭王武は領有したことになる。ところが、その倭王武の成功譚を『日本書紀』の雄略天皇紀は一行も記さない。

　ワカタケル大王に仕えた乎獲居臣は、先祖として「意富比垝《オオヒコ》」の名を挙げている。オオヒコについては、『日本書紀』の「崇神天皇十年」に「大彦命《おおびこのみこと》」が北陸の制圧を命じられ、派遣されたという記録が見出せる。ヤマトの磯城に君臨する崇神天皇は東海、丹波、西道、北陸の四地方に将軍を派遣し、王朝の領土を拡大したという。四道《しどう》将軍の派遣で、「大彦命」は北陸を征圧したのである。もし稲荷山鉄剣に刻まれた「意富比垝」が「大彦命」ならば、ヤマトトトビモモソヒメなど神話的記述が混じる記紀の崇神紀の土台には、史実とするに足る史料があったという論議が湧き起こった。記紀の崇神紀を史実として見直すべきだと。稲荷山鉄剣の銘文は、空白の四世紀を埋める史料として、衝撃的な発見だったのである。

大悪天皇

河内平野に巨大古墳を築いた五世紀の倭の王たちも、権力維持や後継者の問題に直面したはずである。王権はまず土着の豪族など有力者と姻戚関係を結ぶことで人心の収攬《しゅうらん》を図った。結果、宮廷は異母兄弟姉妹で溢れ、後継者をめぐる親族間の争いは避けられなくなった。大王の血統維持のために同母兄弟姉妹から選ぶか、有力豪族に近縁の異なる妃が産んだ王子王女を擁立するか、政変が頻発した。たとえ長男でも、王位継承の保証はなかった。より剛毅な次男三男が、長男から王権を奪った例には事欠かない。この非情な権力抗争を『日本書紀』は容赦なく描いている。雄略天皇も例外ではなかった。

雄略ことワカタケルは亡き允恭天皇の第五子で、王位継承の順位は低かった。ワカタケルに皇位が舞い込んだきっかけは、予期せぬ出来事であった。すでに皇位に就いていた長兄の安康が、昼間から高楼で酒を飲み、酔った勢いで皇后に呟いた。

〈愛しき妻よ。私は我が子、眉輪王《まゆわのおおきみ》を警戒している〉

安康天皇がそのまま寝入ってしまった楼の下には、眉輪王がいた。眉輪王の実父は讒言《ざんげん》で安康に殺されていた。実母は安康の皇后にされていた。眉輪王は継子という自らの立場の危うさを悟り、熟睡していた継父の安康天皇を刺殺した。眉輪王はまだ七歳であった。

天皇刺殺の報せを安康の近習の舎人《とねり》より受けたワカタケルは驚き、後継をめぐる親族間の陰謀を疑った。ワカタケルはまず同母兄の八釣白彦皇子《やつりのしろひこ》を斬殺した。ワカタケルの凶暴さに慄いた次兄の坂合黒彦皇子《さかあいのくろひこ》は、眉輪王を連れて圓大臣《つぶらのおおおみ》の邸へ逃げ込んだ。ワカタケルは兵を集め、邸を包囲し、火をかけて皆殺しにした。さらにワカタケルは、後継者候補の一人だった従兄の市邊押磐皇子《いちべのおしわ》も射殺した。ライバルたちを抹殺し、クーデターを成就させたワカタケルは、雄略天皇となった。

西暦四五七年から四七九年と推定される雄略天皇の在位中も、悪評は絶えなかった。雄略は自分が最も賢いと思い込み、身勝手に振る舞った。人を殺すことも多々あり、大悪天皇と評されたという。しかし『万葉集』の巻頭を飾る雄略天皇の御製から受ける印象は、「大悪」とは重ならない。

籠《こ》もよ　み籠《こも》持ち　掘串《ふくし》もよ　み掘串《ぶ》持ち　この岳《おか》に　菜採《なつ》ます児
家聞《いえき》かな　名告《なの》らさね　虚《そら》みつ　大和《やまと》の国は　おしなべて　吾こそ居《お》れ
しきなべて　吾こそ座《ま》せ……（巻一・一）

中西進の『万葉集　全訳注　原文付（一）』から引用したが、「大和の国」の原本の表記は「山跡《やまと》乃国」である。歌の意味は〈皆で籠を背負い、掘串を手に野で山菜を摘む少女たちよ。お前たちの家はどこか。名は何と言うのか。私はヤマトの国の王。その私が今ここにいる……〉といったところか。『万葉集』の編者は、詠み人知らずで流布していた求愛歌謡の古拙《アルカイック》な韻律を、雄略に結びつけて「大悪」のイメージを削ぎ、天皇に備わる「無垢」を強調したのではないだろうか。そのような雄略の無邪気さについては『日本書紀』も書き残している。

ある時、物部目大連《もののべのめのおおむらじ》より、女が雄略の子を出産したと聞かされた。しかし雄略は、たった一夜しか契っていない、自分の子ではないと言い張り、認知を拒んだ。大連は〈女は終夜ご一緒したと言っておりますが、何回なされたのでしょうか〉と問うた。雄略は〈七回した〉と答えた。結局、雄略はこの女を潔く妃に迎え入れ、生まれた娘も皇女にしたという。泊瀬の宮廷人は、そのような雄略のアンビヴァレンスに、大王の器を見たのかもしれない。

『宋書』の西暦四七八年の倭王武による上表は、高句麗が周辺国を軽侮し、掠奪や殺戮を繰り返した「無道」を強く非難している。倭王武による朝鮮半島への政治介入は困難を極めていた。一方『日本書紀』の雄略天皇紀には、朝鮮半島干渉の記述はあるが、倭王武が示したような義憤は見出せない。

『日本書紀』の「雄略天皇八年」には、新羅からの朝貢がないので、高句麗に牽制させたが、日本の武威は無視されたとの記述がある。この紛争に翻弄された朝鮮半島の「日本府《やまとのみこともち》」は始末をつけるため、任那王の膳臣斑鳩《かしわでのおみいかるが》らに出兵を命じたとある。なお当時の倭は「日本」という国号を用いていない。かつて任那にあった領地を、八世紀の『日本書紀』編纂時に書き改めたものではないか。

「雄略天皇九年」には、新羅討伐への自らの出陣を請うも「神」に止められたとある。紀小弓《きのおゆみ》、蘇我韓子《からこ》、大伴談《かたり》ら派遣された将軍は苦戦を強いられた。彼らは戦死あるいは戦病死して、倭軍は敗走したと記されている。

そして『日本書紀』「雄略天皇二十年」は、現存しない「百済記」を引用して記す。高句麗が百済を攻め、首都の漢城が陥落し、蓋鹵王《がいろおう》（～四七五）を筆頭に王族が殺戮されたと。雄略天皇は百済の首都を倭国領の熊川《こむなり》（熊津《ゆうしん》）に移させ、その守備を蓋鹵王の叔父、汶洲王《もんすおう》（～四七七）に命じ、傍観を貫いた。『日本書紀』の雄略天皇紀のこのような記述から窺えるのは、朝鮮半島における倭国領維持の困難である。

半島争乱の間、戦禍を逃れて多くの難民が倭国に渡来した。漢人系とされる秦氏の一族を雄略天皇は受け入れ、土地を与えた。秦氏には酒造や機織の技術があった。秦氏は雄略の厚遇に応え、朝廷の庭に高価な絹織物を山のように積み上げた。その光景は「ウズモリマサ」と囃され、秦氏には「禹豆麻佐《うつまさ》」という姓が与えられた。現在では映画の撮影所が集まる京都洛北の太秦《うずまさ》に名残をとどめている。厩戸皇子《うまやどのおうじ》＝聖徳太子（五七四～六二二）の在世時に秦河勝《はたのかわかつ》が建立した広隆寺や、蚕《かいこ》ノ社《やしろ》などが現存する太秦には、五世紀の渡来人の伝承が色濃く残されている。

二十一代の雄略天皇の死後、悪名を継いだのは二十五代の武烈であった。雄略の皇女を母にもつ武烈の凶悪ぶりについては『日本書紀』が記している。武烈の暴戻な所業の数々は、殷の紂《ちゅう》王にヒントを得た創作とも言われ、誇張が甚だしい。『日本書紀』は公式の史書だが、歴代天皇でこれほどまでに筆誅が加えられた例はない。「一《ひとつ》も善《よきこと》を修めたまはず、凡《おおよ》そ諸《もろもろ》の酷刑《からきのり》、親《みずか》ら覧《みそな》はさずということ無し」とか、「人をして樹に昇らしめて、弓を以て射墜《いおと》して咲《わら》ふ」など、評価は散々である。なかでも「武烈天皇八年」春の記述は凄まじい。女を裸にして板の上に座らせ、目の前で馬を交尾させてから女の陰部を観察し、潤っている者は殺したという。武烈はその年の十二月に死んだ。十八歳とも五十七歳とも言われるが、いずれも不明である。

この武烈の凶悪ぶりで「方《まさ》に今絶えて継嗣《みつぎ》無し」という事態になった。ヤマト朝廷の重臣らは窮余の策として、皇統に連なる北陸の男大迹王《おおどのおおきみ》を迎えた。二十六代の継体天皇である。

継体の出自と皇統の分立

継体とは途切れそうな皇位を繋いだという、文字どおりの諡号《しごう》である。しかし応神五世の孫と伝えられる継体の出自は、皇統からは遠く、その継承には無理が目立つ。ヤマトでは反対勢力もいたはずである。

男大迹王を継体天皇に推戴する前、大連の大伴金村《かなむら》は、丹波国桑田郡在住の、仲哀五世の孫と伝えられる倭彦王《やまとひこのおおきみ》の即位を請願していた。倭彦王は、大伴金村の武装した使節団が隊列を組み、大臣、大連らを従えた天皇専用の輿で迎えに行くと、この物々しさに恐れをなし、逃げてしまった。一方、越前三国《みくに》の男大迹王は泰然自若として受け入れた。そのような逸話といい、武烈の非道といい、『日本書紀』に記された継体即位をめぐる混乱は、六世紀の日本に「万世一系」の皇統の原理などなかったことを暴露するものである。

四世紀から五世紀にかけて倭の五王が君臨した国も、後継問題などに絡む殺し合いで権力の空白を生じさせていた。もはや卑弥呼の如き呪術に頼る統治は、遠い過去のものでしかなかった。皇位継承者には政治力だけでなく経済の才も求められ、日本海や琵琶湖の水運事業を保有し、北陸に強い基盤を築いていた男大迹王が選ばれた。三世紀の倭国が卑弥呼を共立したように、皇統の正嫡ではなく、皇統とはほとんど無縁とすら思われる男大迹王の勢威に頼り、ヤマト朝廷は権力の維持を図ったのである。

男大迹は北陸を出て河内国交野《かたの》郡の樟葉宮《くすはのみや》で即位したが、京師《けいし》つまり都がなかなか定まらなかった。近畿周辺を巡り、現在の奈良県桜井市、ヤマトの磐余《いわれ》に宮廷を構えるまで二十年を要したという。このことからも、北陸という男大迹の出自に対するヤマト朝廷中枢の保守派の異論が想像される。即位時、継体はすでに五十七歳だったという。ヤマトの磐余が都に定まるまでの二十年というモラトリアムは、皇祖神アマテラスの権威との縁遠さを示している。

『古事記』によれば、継体の祖先とされる応神は、皇太子の時、武内宿祢の同行で敦賀《つるが》の気比《けひ》神宮を参拝し、その祭神に名前の交換をしたいと言われた。翌朝、海岸は傷ついた鼻から血を流すイルカの大群で埋め尽くされた。皇太子は名前を交換して、神から食物を賜ったことに礼を述べた。このような奇妙な伝承も、応神の外来性を払拭し、ヤマト王権の正嫡にこじつける削偽定実ではなかったか。

大連の大伴金村がヤマトを代表して王権の継承を委ねた時、継体は真意を疑い、すぐには答えなかった。継体は秘かに、知友の河内馬飼首荒籠《かわちのうまかいのおびとあらこ》に王朝内部の情報を集めさせていた。荒籠の出自は、大陸より流浪し、ヤマトに定着した騎馬民族だと考えられる。名前のとおり、馬を飼育する牧場の経営者を指すのであろう。男大迹王の版図が北陸から近畿にまで及んでいたことを裏づける人脈と言えよう。

継体は、雄略天皇の皇女を母にもつ手白香皇女《たしらかのひめみこ》を皇后とし、ヤマト王朝の血統は維持された。手白香は皇后として、のちの二十九代欽明《きんめい》天皇（〜五七一）を産んだ。

継体天皇紀の政治事件で際立つのは、磐井《いわい》の乱である。ヤマト政権が朝鮮半島で支配力を弱めるなか、出兵に多大な負担を強いられてきた北九州の王や民衆の不満を背負い、筑紫国造磐井が叛乱を起こした。磐井の背後には新羅の影がちらついており、乱は拡大した。継体は物部大連麁鹿火《あらかひ》

（～五三五）を征討将軍に任じ、自らの手で「斧鉞《まさかり》」を与えて告げた。

〈長門より東は朕が統御する。筑紫より西は汝が統御せよ〉

斧鉞を与えるという儀礼は、兵馬の指揮を任せることを意味し、覇王としての中国の皇帝の専権である。後世でも後鳥羽《ごとば》上皇（一一八〇～一二三九）、後醍醐《ごだいご》天皇（一二八八～一三三九）が戦陣に身を置いたことはあったが、兵馬の指揮を執ったことはなかった。絶対神聖な天皇は、血の穢れにまみれた戎衣《じゅうい》つまり軍服を遠ざけてきたはずである。その禁忌は、明治憲法で天皇が陸海軍を統率する大元帥になるまで破られることはなかった。斧鉞を授けられた物部大連麁鹿火は磐井を斬り殺し、大乱を鎮圧した。この斧鉞を与えたことからも、継体の出自にまつわる異形が窺える。

『日本書紀』によれば、二十六代継体天皇は在位二十五年で崩御したという。八十二歳。皇位は子の二十七代安閑《あんかん》、二十八代宣化《せんか》、そして二十九代欽明へと順当に引き継がれたとあるが、実は継体死後に即位したのは欽明で、当時のヤマト王朝は安閑・宣化の系統とは分立していたという異説が、学界で囁かれてきた。

『日本書紀』の継体天皇二十五年二月。継体が崩御し、埋葬するまでを記した末尾には、「或本に曰く」と、異様な注釈が付されている。要約すれば次のようになる。

〈実際の継体崩御は「二十八年」で、『日本書紀』の辛亥年（五三一）「二十五年春二月」は「百済本記」による〉

そして次のように続く。

〈「百済本記」の辛亥年では、三月に高句麗の安蔵王《あんぞうおう》が殺されており、日本でも天皇とその世継ぎ

が死んだとの噂を記している〉

継体の死後、皇太子が即位反対派のクーデターにでも遭ったというのだろうか。継体崩御年の誤差、事変の真偽について、『日本書紀』は後世史家の考証に委ねると結んでいる。

戦前の歴史学の泰斗、喜田貞吉《きたさだきち》（一八七一〜一九三九）は、欽明の即位元年が、平安時代の十一世紀半ばまでには集大成していたとされる『上宮《じょうぐう》聖徳法王帝説』の、継体崩御年の辛亥と一致することを確認し、安閑・宣化の系統との並立期があったと見た。そして両朝の統一は宣化崩御を以てなされたと推量した。つまり、欽明の系統が皇位を継いだというのである。なお『上宮聖徳法王帝説』は、写本が現存する聖徳太子の最古の伝記とされている。

この喜田の説を引き継いだのが、昭和、平成期の歴史学者、林屋辰三郎《はやしやたつさぶろう》（一九一四〜一九九八）である。岩波版『日本書紀』の「補注17－二一」、「継体・欽明朝の紀年」によれば、林屋は次のように解釈した。継体の死後、王権の支配力は衰えた。ヤマト朝廷では、有力な豪族として蘇我稲目《いなめ》（〜五七〇）が伸し上がった。稲目が、継体の第四子で皇后の手白香を母にもつ欽明を擁立し、異母兄の安閑・宣化の系統と分裂した。さらに林屋は、朝鮮経営に失敗し、磐井の乱鎮圧でも人民を苦しめた継体について、天皇および皇太子らの連続死という風聞が流れてもおかしくないと述べた。

蘇我稲目は娘の堅塩媛《きたしひめ》を欽明の皇妃とした。堅塩媛はのちの三十一代用明《ようめい》天皇（〜五八七）、三十三代推古天皇（五五四〜六二八）を産み、蘇我氏の隆盛期を現出させることになる。その頂点を極めたのが稲目の長子、蘇我馬子で、堅塩媛の弟にあたる。

ヤマト朝廷は推古天皇の在位時（五九二〜六二八）、蘇我氏の地盤、飛鳥に遷都した。飛鳥朝廷の時代が幕を開けたのである。以後、二十六代継体より千五百年、何度も危機に瀕しながら、ヤマト朝廷の系統は途切れることなく、現在の天皇家に引き継がれている。

第6章　蘇我氏と飛鳥王朝

タリシヒコとは誰か

西暦五五二年。『日本書紀』によれば、二十六代継体の子、二十九代欽明天皇の十三年、百済の聖明王《せいめい》（〜五五四）から釈迦仏像と経論が献上され、日本にも仏教が伝来した。インドに起こった仏教はユーラシア大陸を南北に分かれて東進した。中国や朝鮮に普及したのが北伝《ほくでん》仏教で、東南アジア方面に普及した南伝《なんでん》仏教はさらに分派し、現世利益を象徴する黄金の仏塔を林立させた上座部《じょうざぶ》仏教がタイやミャンマーなどで信仰されている。上座部仏教の基本は、出家することで自己の救済を求めるというものである。東南アジアの仏教国では、大多数が少年期に仏門に入り、修行することが義務化している。寺院で修行し、仏陀に祈ることで現世利益が得られるという教義による。

北伝仏教がチベット経由で中国に及んだのは紀元前後とされる。北伝仏教は、出家以外を軽視する南伝仏教の教義を否定した。釈迦牟尼の初心に帰り、仏法を民に伝える努力を怠らず、あくまでも利他を修行の目的とする大乗《だいじょう》の教義を確立したのである。大乗とは大きな乗り物の意である。北

右：衣裳に襞が刻まれたギリシャ風容貌をもつ1～2世紀のガンダーラの仏像（東京国立博物館蔵）
左：雲崗石窟群の第20窟、全長17メートルの釈迦牟尼大仏（日本中国文化交流協会提供）

伝仏教は、パキスタン北西部のガンダーラで、人間の肉体、容貌を模し、彫刻や絵画で神々の姿を表現したギリシャ文化＝ヘレニズムと交わり、釈迦牟尼信仰の高揚もあって、造像に目覚めた。仏教芸術の誕生である。

北伝仏教はヘレニズムだけではなく、異文化との交配をさらに重ねた。インド人を父に、シルクロードの亀茲《きじ》国王の妹を母にもつ混血僧、鳩摩《くま》羅什《らじゅう》が仏典を漢訳し、中国大陸での布教を加速させた。異説もあるが、鳩摩羅什の生年は西暦三四四年、没年は四一三年とされる。

漢字文化との交配で経典の解釈も多様化した。自己を菩薩と見なし、利他に徹する大乗の教義が生まれ、厳しい修行や瞑想が求められるようになった。宗論と造像の流行が結びつき、大乗仏教は南北朝時代の北魏に広まった。北魏の首都、平城（山西省大同市）の西郊では、壮大な石仏を岩窟に刻み込んだ雲崗石窟《うんこうせっくつ》寺院が現れた。西暦四六〇年頃に開削が始まり、五三〇年頃まで造営された未完の石窟寺院である。この北魏仏教が朝鮮半島で百済仏教となり、ヤマトに伝えられたのである。

信仰の始まりに日付はない。大陸や半島の人々が渡来し、持ち込んだ仏教は、すでに日本でも信仰されていたはずである。ただ『日本書紀』の欽明天皇十三年（五五二）に「公伝」したとされる。百済の聖明王から釈迦仏像と経論が献上されたのである。その『日本書紀』の公伝以外には、『上宮聖徳法王帝説』や『元興寺縁起《がんごうじ》』の五三八年説もあるが、ともあれ仏像が放つ神秘さは、ヤマト王朝の貴人の心奥を揺さぶることになった。自然崇拝より、人間と一体になった未知なる仏教の世界へ、好奇の目は向けられた。漢字に変換された仏の名号《みょうごう》を唱え、祈禱する荘厳さを味わった人々の興奮が、日本全土に広がったのである。

一方で神々を祭祀する物部氏や中臣氏が猛反発し、国論が二分されようとしていたこの時期に、百済が倭国に仏像を献上した目的は他にあったと思われる。朝鮮半島の北部は高句麗が、南西部は百済が覇権を握っていたが、東部では新羅が勢力を伸ばしつつあった。その新羅が伽耶《かや》に侵攻し、隣接する百済は倭軍の援護を必要としていた。伽耶地方と言えば任那、倭国の領土がある。

倭国の任那領有は事実ではないと、北朝鮮と韓国の史家に否定されてきた。しかし、前述のとおり広開土王碑は任那、加羅が倭軍の拠点だったことを暗示している。また『宋書』の「倭国伝」も倭王の済と武による新羅、任那、加羅の領有を認めている。

任那にあった半島南東端の金海《きんかい》は洛東江流域に位置する。洛東江の河口は朝鮮海峡に面した港湾

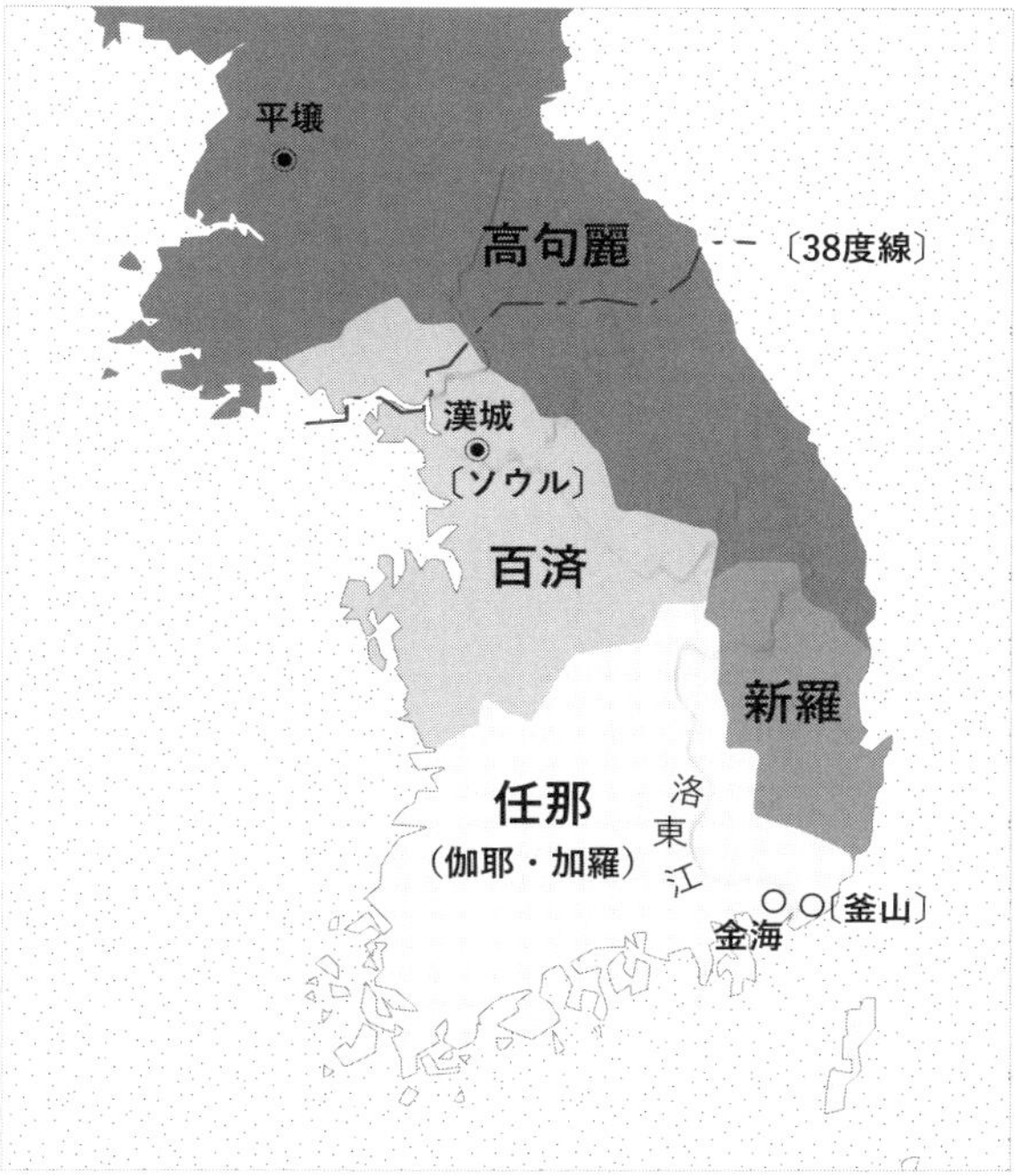

4～6世紀前半の朝鮮半島

都市の釜山にある。この重要な水路をめぐり、新羅との紛争は絶えることがなかったであろう。とはいえ、四世紀から六世紀に存在したとされる伽耶については、三韓分立の抗争で国境が定まらず、ゆえに任那の位置も朝鮮史の謎の一つとなっている。

仏教の伝来を軸に、西暦とあわせ日本と朝鮮半島の関係を『日本書紀』で整理しておく。

欽明天皇十三年＝五五二年。百済の聖明王が倭に釈迦仏像と経論を献上した。

欽明天皇十五年＝五五四年。新羅を攻めた百済が敗北、聖明王は捕えられ、斬首された。

欽明天皇二十三年＝五六二年。任那における天皇の直轄領「官家《みやけ》」が新羅に奪われた。朝鮮半島の倭の領土は完全に失われた。

欽明天皇三十二年＝五七一年。欽明の病は重く、任那を失ったことに煩悶していた。欽明は皇太子だったのちの第三十代敏達を呼び寄せ、新羅討伐と任那復興を遺言し、崩御した。

その間、中国大陸では南朝の宋が失墜、斉、梁、陳と転変した。北魏も分裂を重ね、北斉と北周になった。北周の武将だった楊堅《ようけん》（五四一～六〇四）が禅譲され即位、西暦五八九年、南朝の陳を滅ぼして中国を統一した。楊堅は隋を建国し、長安に都を定めた。なお楊堅の諡号は文帝である。

そして西暦六〇〇年。倭国王が隋に朝貢した。遣隋使として知られる。『隋書』の「倭国伝」は記す。倭国王の姓名を問うた隋初代皇帝の文帝に、遣使が答えた。姓は「阿毎《あま》」、名は「多利思比孤《たりしひこ》」で、「阿輩雞弥《あはけみ》」つまり「オオキミ」とも称すると（鳥越憲三郎『中国正史　倭人・倭国伝全釈』）。

西暦六〇〇年は、推古天皇八年の飛鳥朝廷に該当する。先に触れたとおり、三十三代推古は蘇我稲目の娘の堅塩媛と欽明の間に生まれた。この豊御食炊屋姫《とよみけかしきやひめ》が、日本最初の女帝として即位したのである。

西暦六〇〇年の遣隋使について、『日本書紀』の推古天皇紀は何も記していない。ヤマトの南部、飛鳥川の流域に営まれた朝廷の摂政は、推古の甥で皇太子の厩戸皇子、いわゆる聖徳太子である。大臣は推古の伯父、蘇我馬子であった。飛鳥の王権は蘇我氏の血族で占められていた。

しかし推古女帝即位までの間、王権は劇的な政変に直面していた。

西暦五八五年、第三十代敏達天皇が四十八歳の生涯を終えた。その殯宮《もがりのみや》で喪に服す皇后の豊御食炊屋つまり推古を、欽明の皇子の穴穂部《あなほべ》が犯そうとするも、三輪君逆《みわのきみさかう》に遮られた。穴穂部は三輪君逆を恨み、大連の物部守屋に討たせた。

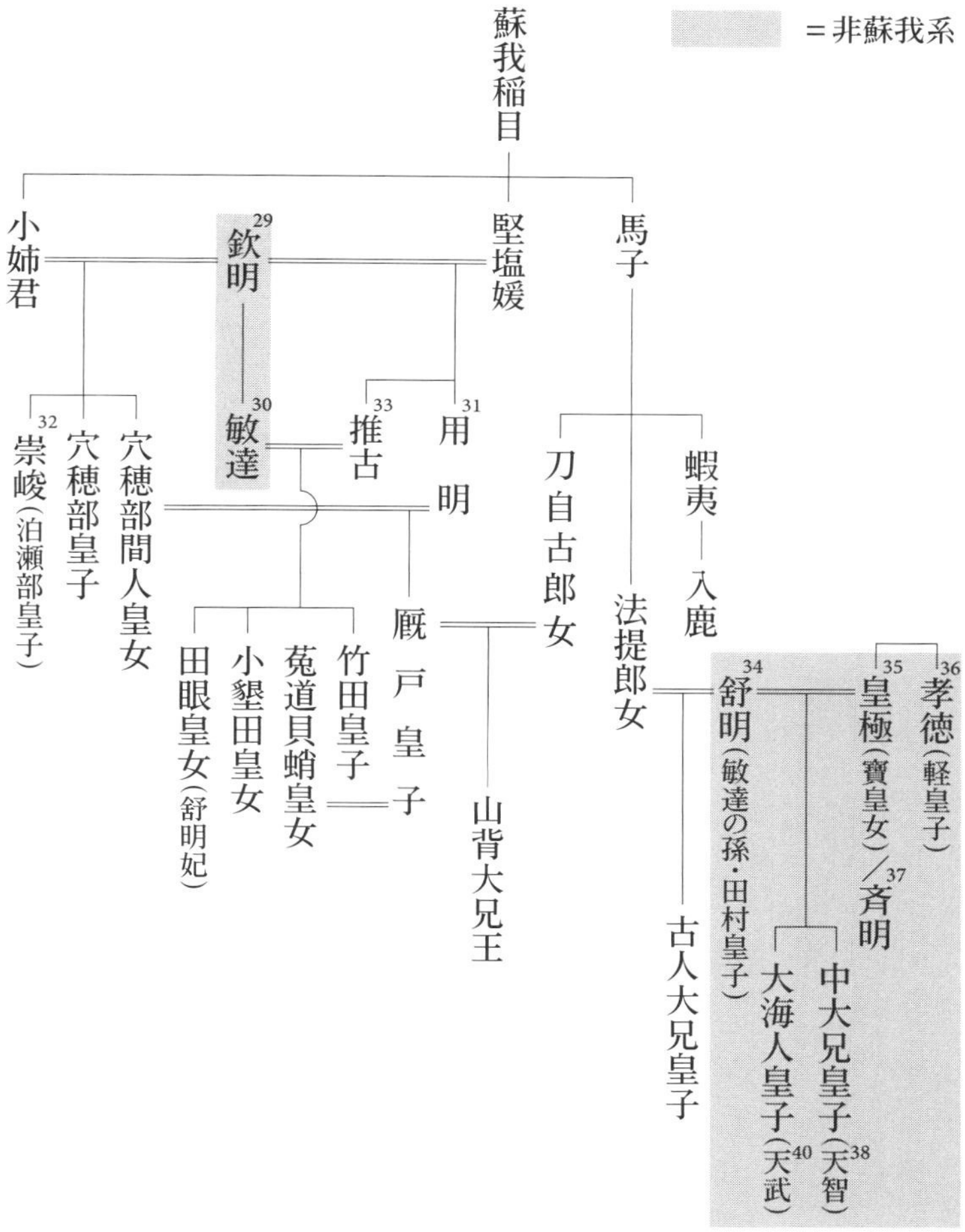
＝非蘇我系
蘇我稲目
小姉君
29 欽明
堅塩媛
馬子
32 崇峻（泊瀬部皇子）
穴穂部皇子
穴穂部間人皇女
30 敏達
33 推古
31 用明
刀自古郎女
蝦夷
入鹿
田眼皇女（舒明妃）
小墾田皇女
菟道貝蛸皇女
竹田皇子
厩戸皇子
山背大兄王
法提郎女
34 舒明（敏達の孫・田村皇子）
35 皇極（寶皇女）／37 斉明
36 孝徳（軽皇子）
古人大兄皇子
中大兄皇子（38 天智）
大海人皇子（40 天武）
蘇我氏と天皇家の系図

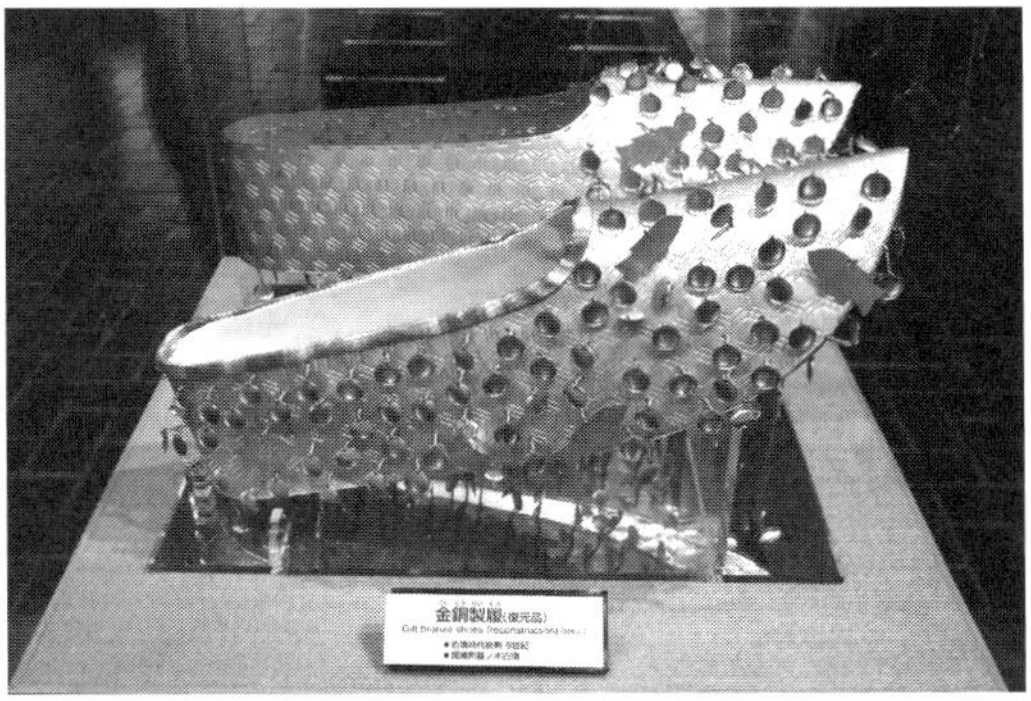

藤ノ木古墳出土の金銅製履の復元品（橿原考古学研究所蔵）

ールで見るたびに、私は思う。鎮魂の限りを尽くさなければ、怨霊になり祟るという、それは恐怖のレガシーではなかったか。

そして皇位は、同じく蘇我氏の血を引く推古女帝が継いだ。崇峻天皇弑逆《しいぎゃく》という大事件があったにもかかわらず、朝廷ではいかなる反動も起きなかった。馬子は飛鳥京で、元興寺とも飛鳥寺《あすかでら》とも呼ばれる法興寺《ほうこうじ》の建立を本格化させた。法興寺には三つの金堂と五重塔が聳えた。

『隋書』で「オオキミ」と呼ばれた「タリシヒコ」が男だとすれば、摂政の厩戸皇子か飛鳥朝廷の実力者、蘇我馬子を指す以外にない。「王の妻は雞弥《けみ》と号し、後宮には女六、七百人がいる」（鳥越憲三郎『中国正史　倭人・倭国伝全釈』）との記述からは、「タリシヒコ」が推古女帝とは到底思えない。『隋書』と記紀の相違は、現在も日本の史家を悩ませている。

日出ずる処の天子

『隋書』「倭国伝」の大業《たいぎょう》三年（六〇七）。隋に再び倭が朝貢した。「菩薩天子」と仰がれる皇帝の国で学ぼうと、大使節団は数十人の僧まで帯同していた。『隋書』は二代煬帝《ようだい》（五六九～六一八）に対する倭の国書を採録している。この上表における次の文言が、煬帝の逆鱗に触れた（鳥越憲三郎『中国正史　倭人・倭国伝全釈』）。

日出処天子致二書日没処天子一、無レ恙

「日出ずる処の天子、書を日没する処の天子に致す、恙《つつが》なきや」

煬帝は倭国の使者を二度と取り次がぬよう命じた。大陸に君臨する自らと同じ「天子」を名乗るなど論外であった。煬帝の世に二人の天子は存在し得ない。

しかし注目すべきは、長く冊封を求めてきた倭国が、あたかも中国からの独立を宣言するかのような文書を提出した点である。後漢光武帝の西暦五七年より倭国は中国に朝貢し、王権が交代するごとに冊封を求めてきた。「日出ずる処」という書き出しを中国の「天子」がどう捉えるか、覚悟しての上表だったに違いない。

ではなぜ倭国は、そのような態度に出たのか。大業三年つまり西暦六〇七年は『日本書紀』の推古天皇十五年に該当し、小野妹子《おののいもこ》を中国に派遣したことが記され、『隋書』の内容とも合致する。中国史と日本史が「西暦六〇七年」でようやくシンクロしたのである。

しかし煬帝を怒らせた国書については、『日本書紀』は記していない。しかも派遣先の国名は「大唐《もろこし》」で、「隋」の表記ではない。『隋書』は唐の時代の西暦六五六年には完成しており、七二〇年成立の『日本書紀』の編纂者が見逃すはずはない。

思うに『日本書紀』の編纂者は、『隋書』「倭国伝」の内容に、「帝紀」推古朝における遣隋使の記述との合致を見つけた。しかし彼らは、たった三代で滅んだ隋王朝（五八一～六一九）を、正式な国家として認めたくなかった。短命だった隋王朝に、倭の天子が臣下の礼を尽くしたとか、煬帝の叱責を浴びたなどとは、書きたくなかったのではないか。中国に対する七世紀初頭の倭国の政権の卑屈さや、虚勢を張っているかのような記述を、ありのまま後世に残すわけにはいかなかったのではないか。

国書に「日出ずる処の天子」と記した西暦六〇七年の倭国には、ナショナリズムの萌芽があり、アマテラス神話が裏打ちしたイデオロギーによると私は見る。つまり、太陽神アマテラスがニニギに命じた「天孫降臨」という日本国起源の観念が、当時の支配層で醸成されつつあったと考えるのである。しかし倭国におけるナショナリズムの萌芽は、煬帝の怒りに摘み取られた。蟷螂《とうろう》の斧ではないが、大国の隋と対等な関係を結ぼうとした小国の倭の壮図《そうと》は、あえなく潰えたかに見えた。ところが、二度と倭の使節に会わないと言ったはずの煬帝は、外交を継続させたのである。

『隋書』によれば、六〇七年の倭の朝貢時、一度は激怒した煬帝も、帰国する使節団代表の蘇因高《そいんこう》に、文林郎《ぶんりんろう》つまり文部官の裴清《はいせい》を随行させている。蘇因高とは小野妹子の漢音表記である。なお裴清は、『日本書紀』では「裴世清《はいせいせい》」の名で記されている。

『隋書』における文部官裴清の倭国報告は、七世紀初頭の飛鳥政権の内実を伝える貴重な史料となっている。曰く、使節団が倭国に上陸すると、数百人の儀仗《ぎじょう》兵が出迎えた。都に入ると、倭王「タリシヒコ」が裴清らを引見した。タリシヒコは非常に喜び、〈我が国は辺境にあって礼義知らずゆえ、しばらく滞在していただき、先進大国の隋から学びたい〉と語ったという。煬帝を激怒させた国書での態度は、すっかり影を潜めている。また「タリシヒコ」に推古女帝の気配も窺えない。女帝だったなら、裴清の好奇心が見過ごすはずがない。

この謁見に先立ち、『日本書紀』は奇妙な事件を報告している。帰国途上の小野妹子が百済を通過したさい、煬帝の親書が百済人に盗まれた。天皇に復命できないという失態を、小野妹子は犯してしまった。群臣は小野妹子を糾弾し、流罪を決めるが、推古は不問に付したという。

「日没する処の天子」に激怒した煬帝の親書には当初、冊封した倭国を見下すような文言が記されていたのではないだろうか。国交の正常化で合意に達し得た倭と隋の官僚らが、ともに煬帝の周辺に働きかけて、もとの親書を廃棄し、内容を変更させることに成功したと私は想像するのである。

なぜなら大国の隋にも、倭国の役割に期待するところがあったからである。その隋の期待について、古代史の吉田孝（一九三三〜二〇一六）は『日本の誕生』（岩波新書　一九九七）で次のように指摘している。

「隋は高句麗と戦争状態にあったので、敵対する高句麗の背後に倭があることを重視したのだろう。かつての三国時代の魏と倭の関係と同じように、ここにも国際情勢と地理的環境が大きく影響している」

隋も朝鮮半島の政情に緊張を強いられていた。その隙を衝いて、倭は新羅に奪われた任那を奪還しようと、九州の筑紫に大軍を送り込み圧力をかけていた。朝鮮半島の背後で強勢を誇る倭の存在が、隋の視野にも入っていた。倭を安東大将軍の冊封国家として見下す態度は放棄するという意思を、隋の官僚が小野妹子ら使節団に示したのではないかと、吉田は説いたのである。

加えて煬帝には悪評もあった。兄の皇太子を不行跡に乗じて廃嫡させ、父の文帝を殺害したともいう。皇帝となってからの独裁も国内に不安をもたらしてきた。華北と江南を繋ぐ大運河一七九四キロの開削で、煬帝が人民に過酷な負担を強いたことは有名である。

倭国は隋の弱みを見逃さなかった。タリシヒコも意識的に自ら天子を名乗り、隋帝国と互恵平等の外交関係を結んで、東アジアにおける地位の向上を図ったのではないだろうか。とすれば、タリシヒコあるいは飛鳥朝の重臣らは、高度な政治感覚の持ち主だったと言える。この老獪な政治力は、仏教に深く帰依し、のちに聖徳太子として神聖化された摂政の厩戸皇子ではなく、蘇我馬子のものではなかったか。馬子の老獪さは、隋の使節団に対する「おもてなし」でも発揮されたはずである。

隋の使節団が上陸した難波津《なにわのつ》が、古代の地形と異なる現在の大阪湾のどこかは確定できていない。数百人の儀仗兵が出迎えたことはすでに述べた。『日本書紀』の記述に従えば、裴世清ら隋の使節団は、難波津の鴻臚館《こうろかん》を出発し、現在の奈良県桜井市金屋、ヤマトの海石榴市《つばきち》に到着した。鴻臚館とは迎賓館のことである。海石榴市では飾り立てた騎馬七十五頭の出迎えを受け、列を成して飛鳥京に入ったという。

現在の大阪市にあったと言われる難波津の迎賓館での一ヶ月余の滞在中、隋の使節団は南の方角に聳える大仙陵古墳の偉容を目撃したに違いない。大仙陵古墳は仁徳天皇陵と伝えられる。また、大和川の河口から舟で遡り、道中で応神天皇陵と伝えられる前方後円墳をはじめ、壮大な古市古墳群を目撃することになる。途中、生駒の山中を、舟を担いで越えなければならない場所もあり、渡海してヤマトを征服する困難を隋の使節団は体験させられたに違いない。秦始皇帝の万里の長城や陵墓を知る隋の使節団が、前方後円墳の大きさに驚くことはなかったろうが、しかし辺境の島国としか認識していなかった倭が、想像を超える強国だと理解するのに時間はかからなかったと思われる。

三輪山の山麓南西にある海石榴市は、大和川の上流部である初瀬《はせ》川の水運港で、難波津とヤマトを繋ぐ物流の拠点として賑わっていた。『万葉集』で歌われた、男女が出会う歌垣《うたがき》の開催地とも伝えられている。

中国と対等の外交を展開した飛鳥政権を、『日本書紀』の編纂者が評価しないはずがない。大国の隋が小国の倭に融和政策を提示したことは、裴世清が上表した国書からも読み取れる。『日本書紀』は記す。

「皇帝《きみ》、倭皇《やまとのすめらみこと》を問ふ。使人《つかい》長吏《ちょうり》大禮《だいらい》蘇因高《そいんこう》等《たち》、至《もう》でて懐《おもい》を具《つぶさ》にす」

〈中国の皇帝が倭国の天皇のことを問うと、高官の蘇因高らを派遣してきて、国情を詳しく教えてくれた〉という言葉からも、先に述べた親書改訂の情景が窺えるのではないだろうか。やはり私は、倭と隋の官僚が協力し、事前に和解の文書を作成したことを想像せざるを得ない。

さらに隋の国書は続ける。要約すれば次のとおりで、倭王を天皇として評価している。

〈朕は天命で皇帝になったが、民衆を慰撫し、国内を安定させている海の向こうの天皇の思慮深さが誠だと知り、喜ばしい〉

その国書は、大門《みかど》の机の上に置かれたという。大門が推古女帝なのか、摂政の厩戸皇子なのかはわからない。倭国側の返書も『日本書紀』は記す。

「東《やまと》の天皇、敬《つつし》みて西《もろこし》の皇帝に白《もう》す」

つまり「日出ずる処の天子」を改め、隋側は「皇帝」、安東大将軍倭王は「天皇」と記し、両国の面子を立て、互いを称揚することに落ち着いたのである。

長く冊封の制度を常識としてきた倭国が、大国の隋と対等に折衝した史実は、百年後の『日本書紀』の編纂者に、外交の重要性を認識させたに違いない。と同時に、隋の国号を大唐と書き換え、中国の正史における年代を、倭国初の正史に合致させる自信をも育ませたと私は推理したい。

しかし、両者の外交努力も空しく、隋二代皇帝の煬帝は高句麗征討で消耗し、国内の叛乱を招き寄せ、挙句の果て臣下に殺された。隋は三十八年という短命の帝国であった。そして次に倭国が向き合ったのは、隋の禅譲を受けた李淵《りえん》（五六五〜六三五）の大唐帝国であった。

『日本書紀』「推古天皇二十八年」（六二〇）は記している。唐の建国を追うように、厩戸皇子と蘇我馬子が「議《はか》」って「天皇記《すめらみことのふみ》」「国記《くにつふみ》」など正史に関する史料を「録《しる》」したと。

また「推古天皇三十二年」（六二四）は、女帝と馬子のやりとりを記している。馬子は姪の推古に申し入れた。

〈天皇家直轄の葛城縣《かつらぎのあがた》は、もとは蘇我氏の土地。願わくば我らの封土にしたい〉

推古は答えた。

〈私の出自は蘇我氏で、大臣は伯父の貴方です。どんなことでも直ちに聞き入れたいと思っています。でも、私の治世に天皇家の領地を失ってしまったら、後世の人は何と言うでしょう。「愚かで浅はかな女の判断で葛城縣を失った」と言われるのではないでしょうか。私だけでなく、大臣まで悪名を残すことになりましょう〉

推古は「葛城縣」の下賜を拒んだわけだが、馬子は二年後の推古天皇三十四年（六二六）に死んでいる。さらに二年後の推古天皇三十六年（六二八）には女帝も崩御した。七十五歳であった。結局タリシヒコが誰なのかは不明のままである。

蘇我氏の権力は馬子の息子の蝦夷（～六四五）が引き継いだ。厩戸はすでに推古天皇三十年（六二二）に死んでいた。推古は継嗣を決めておらず、候補には厩戸皇子の子の山背大兄王《やましろのおおえ》（～六四三）と敏達天皇の孫の田村皇子の名が挙がり、朝廷を二分した。蝦夷は蘇我氏の血を引く山背大兄王を嫌い、無縁の田村皇子を推挙した。三十四代舒明天皇である。蝦夷は英名より傀儡を選んだと噂された。

日本という国号

舒明天皇二年（六三〇）八月。飛鳥政権は犬上君《いぬかみのきみ》御田耜《みたすき》、薬師《くすし》恵日《えにち》を使者に立て、唐に派遣することを決定した。第一次遣唐使である。以後、二世紀にわたり遣唐使は続けられた。

翌年、唐の貞観《じょうがん》五年（六三一）。来朝した飛鳥政権の使節団を、唐の第二代皇帝の太宗《たいそう》（五九八～六四九）が歓待した。太宗は廟号で姓名は李世民《せいみん》、前述した李淵の次男である。西暦九四五年成立の『旧唐書《くとうじょ》』は、この時の飛鳥政権の使節団の発言に基づき、意外なことを記している。倭国と日本国を区別しているのである。以下、原文も訓読も同じく鳥越憲三郎の『中国正史　倭人・倭国伝全釈』によるが、「列伝一四九東夷」の「倭国伝・日本伝」には次のような記述がある。

「倭国者、古倭奴国也」

　つまり「倭国は古《いにしえ》の倭の奴国なり」と。まず「倭国」については、後漢の光武帝より金印を授与された「倭奴国」の末裔と認識している。そして「日本国は倭国の別種なり。その国は日の辺《あたり》に在るを以て、故に日本を以て名となす」と続く。日が昇る地にある国だから「日本」を称したと。また「倭」を卑字と知り、国号を「日本」に改めたとも記している。この原文の書き出しは「或曰、倭国自悪二其名不一レ雅、改為二日本一」で、次のように訓読されている。

「或はいわく、倭国は自らその名の雅《ただ》しからざるを悪《にく》み、改めて日本となすと。或は云う、日本は旧《もと》小国、倭国の地を併《あわ》すと」

『旧唐書』の成立は西暦九四五年ゆえ、編纂者は宮廷所蔵の六三〇年代の倭国伝だけでなく、六六三年の白村江の戦いから十世紀に至る日本の実情も把握していたはずである。同時代の書には臨場感があり、史料価値が高いとされるが、年月を経ることで新たな発見や解釈も生まれる。当然、誤伝も引き継がれる。たとえば昭和二十年（一九四五）の、敗戦直後の日本の現実を目撃した記録についても、時の経過による新史料の発見やタブーからの解放で多様な史観が喚起され、多様な視点による新たな解釈、訂正が加えられてきたのである。つまり『旧唐書』も蓄積された史料を検証し、六三〇年代の日本について、倭国とは系統が異なる別の国だと解釈した。また、かつての小国が倭国を併合し、大国になったとも解釈した。この『旧唐書』の解釈から、倭国を九州王朝、日本を内陸のヤマト王朝とする説が浮上した。ヤマトが九州を攻め、統一国家を建てたという史観が形成されたのである。

その日本の使節団については、『旧唐書』は不快感も露わにしている。

「入朝者、多自矜大《きょうだい》、不二以レ実対一、故中国疑焉」

〈入朝者の多くは尊大で誠実な応対をしない。本当に正式な国使なのかと中国側は疑った〉。『旧唐書』が記す日本の使節団の振る舞いが事実なら、中国による冊封を栄誉としてきた倭人の卑屈さが、もはや消え去っていたことになる。

「日本」という国号からは、まぎれもなくアマテラスの光芒が放射されている。尊大な態度をとった遣唐使の心底には、自らを神国の民とする信念が芽生えていたことが窺える。自らの起源を追求、確認しようという気運が高まり、国号「日本」を宣明したのではなかったか。

とはいえ大半の「日本人」にとって、国号など関知するところではなかったはずである。最初の遣唐使から自らの国史『古事記』『日本書紀』の編纂を始める西暦六八一年まで、半世紀を要したのである。

律令の黎明

古代中国で王になる資格の第一は有徳であった。しかし、高潔で人倫を維持できる君主が常にいるとは限らない。皇帝、大王といえども生身の人間である。易姓革命の大義は裏切られ、数多の流血と収奪を目の当たりにし、民心は休まることがなかった。

このジレンマを克服するために、王権は冠位や氏姓の制度を設けた。皇帝を最上位に、人間を厳格に差別化することで権威と秩序を保とうとしたのである。にもかかわらず、暴力の嵐は絶えなかった。王朝はたびたび危機に曝された。儒教や仏教にもすがった。北伝仏教を受容した北魏・六朝《りくちょう》の時代になると、巨大な石窟寺院や堂塔を全土に林立させた。日本でも飛鳥時代になると、利他の仏が造像された。王法仏法の両輪で統治が進められたのである。

しかし、それでも王権の安定が長く保たれることはなかった。宗教の訓戒だけではなく、法律で国を治める制度の創始はいつのことだったか。

中国ではすでに紀元前四世紀、戦国時代の秦朝で法治の思想が生まれていた。この発案者として、司馬遷の『史記』は商鞅《しょうおう》（〜前三三八）の名を挙げている（「秦本紀」『史記1　本紀』）。秦王の孝公《こうこう》（前三八一〜前三三八）に仕えた商鞅は、刑罰を定めるなど改革を断行した。民には耕作を奨励し、軍人には賞罰を明示した。法治国家の基礎を築くことで昇進した商鞅は、一方で政敵も増やして讒訴に遭い、ついに自らが定めた刑法で車裂きに処された。

次いで戦国の動乱を勝ち抜いた秦王の政《せい》（前二五九〜前二一〇）は、大陸初の中央集権体制を確立し、始皇帝の名をほしいままにした。しかし始皇帝は、広大な国土を維持する困難にも直面した。『史記』の「始皇本紀」（『史記1　本紀』）によれば、各地に諸侯を置いて統治するのが上策かと始皇帝は群臣に問うた。廷尉《ていい》つまり司法官の李斯《りし》（〜前二一〇）が献策した。『史記1　本紀』の記述を整理して以下に掲げる。

〈周の文王、武王の父子は、子弟や同族を多数封じて王としました。しかし後世になると皆、皇室と疎遠になり、攻撃すること仇敵の如く、また諸侯同士も互いに誅伐して、周の天子はそれを抑えられませんでした。今、海内《かいだい》は陛下の御稜威《みいつ》によって一統し、皆、郡県となりました。諸公子や功臣は、国家の賦税で厚く待遇すれば充分で、制禦しやすいのです〉

李斯の献策を聞き入れた始皇帝は、国土を三十六郡に分け、各郡に諸侯ではなく軍事行政官を任命した。天下が戦争に苦しみ、休まる時がないのは諸侯のせいだと。李斯は法家の一人で、国を治めるのは儒学の仁義礼ではないと説いていた。法学を政治に適用した李斯は、最高官の丞相に任命された。

さらに李斯は、種樹《しゅじゅ》、卜筮《ぼくぜい》、医薬以外の書籍をことごとく郡庁に提出させ、焼却すべきだと進言し、実行した。また、口先の論理で政治を愚弄し、非難ばかりする詩や書画などの文人、学者の公開処刑も進言し、数百人が生き埋めにされたという。始皇帝の焚書坑儒《ふんしょこうじゅ》とされる建言である。

このような古代中国における政治の横暴から脱することを試み、法律による中央集権体制を建てたのは隋の文帝である。西暦五八一年、文帝は「開皇律令《かいおうりつりょう》」を発布し、人民に土地を分配する均田制や、租庸調などの税制の確立を図った。やがて李淵が唐朝を創始すると、皇帝の権威にも匹敵し得る「武徳律令」が六二四年に制定された。唐は律＝刑法と令＝行政を制度化した法治国家の、アジアにおける先駆となったのである。

その李淵を継いだ李世民つまり太宗の、律令制度による政治の先進性を、倭国の遣唐使も目撃したはずである。太宗がもたらした泰平の世は「貞観の治《ち》」と呼ばれる。この治世に刺激され、蘇我氏専横の後進性からの脱却を志す者が、飛鳥朝でも生まれた。歴史の必然である。学問僧として入《にっ》唐《とう》した南淵請安《みなぶちのしょうあん》ら帰国者を囲んで、大陸の最新情報を学ぼうとする飛鳥の宮廷人のエコールが開設された。その群れのなかに、三十四代舒明天皇の第二皇子、中大兄がいた。のちの三十八代天智天皇である。弟でのちの四十代天武天皇、大海人皇子とともに、蘇我氏とは血の繋がりはない。

第7章　中大兄皇子

蘇我氏と渡来人の関係

西暦六四一年、中大兄と大海人の父である三十四代舒明天皇が、百済宮で崩御した。舒明の殯宮《もがりのみや》は御所の北に設けられ、「百済の大殯《おおもがり》」と呼ばれた。誄《しのびごと》（弔辞）を奉ったのは、十六歳だった東宮の開別皇子《ひらかすわけのみこ》で、のちの中大兄である。

生前、舒明は王宮を百済川の西側に造営した。百済川とは現在の曾我川を指すのであろうか。東側の畔には百済大寺を建て、未曾有の九層の仏塔まで築いた。舒明の御所は百済大宮と称されたが、まるで飛鳥王朝が、百済王家と同根の血脈をもつかのような光景である。

この飛鳥王朝の実権を握っていた蘇我氏の血統は武内宿祢に発するとしながら、朝鮮半島からの渡来人ではないかとも推測されてきた。父祖にも韓子《からこ》、高麗《こま》といった名が見出せる。蘇我韓子は二十一代雄略天皇の治世に新羅討伐の大将軍となったが、味方の裏切りで殺されている。なお『日本書紀』の継体天皇二十四年条の本文の注によれば、「韓子」は母が韓人の場合に命名されるという。

朝鮮半島や中国大陸からの本格的な渡来人の最初は、記紀では十五代応神の世に遡る。半島経由で大陸から弓月君《ゆづきのきみ》が「百二十県《ももあまりはたちのこおり》」の「人夫《たみ》」を率いて来朝したという。「百二十県」が数の誇張なのかどうかはわからないが、弓月君の末裔は二十一代雄略の時代になると、京都太秦に入植し、養蚕や機織、酒造で勢力を蓄え、秦氏を名乗った。秦氏のことは第5章で触れた。

同じく十五代応神の時代、百済と接する加羅地方の安羅より、阿知使主《あちのおみ》の一族が渡来した。異説では帯方郡出身で倭に帰化した漢人ゆえ、倭漢＝東漢（やまとのあや）を名乗ったとされる。また、呉から筑紫に入った漢人とも『日本書紀』は伝えている。戦乱が続く大陸や半島から亡命した、先進技術をもつ渡来人の総称を東漢氏とする説もある。

その東漢氏と、蘇我氏は親密な関係を築いた。東漢氏は法興寺（飛鳥寺）などの建造ばかりか、文筆や財務、経理にも手腕を発揮した。蘇我氏は東漢氏の技能を高く評価し、現在の奈良県高市郡明日香村の檜前《ひのくま》に定住させ、飛鳥京の造営にあたらせた。ちなみに蘇我馬子の命で崇峻天皇を暗殺したのは、東漢直駒《あたいこま》である。

石舞台古墳の西方に隣接する島庄《しまのしょう》遺跡は馬子の邸宅跡とされ、大きな人工池があったという。この池のなかに築いた島が多くの人を魅了し、馬子は「嶋大臣《しまのおおおみ》」と呼ばれた。当時としては想像を絶するスケールの庭だったのであろう。

日本最初の寺院である前記の法興寺や馬子の甘樫丘《あまかしのおか》の邸宅、また板蓋宮《いたぶきのみや》の造営など、蘇我氏という権力の周辺には、渡来系の技能集団が蝟集していたに違いない。飛鳥大仏を鋳造し、法隆寺の釈迦三尊も手がけた鞍作止利《くらつくりのとり》の祖父の司馬鞍作達等《しばのくらづくりのたつと》も、二十六代継体朝の西暦五二二年に百済より渡来したとされる。司馬達等は騎馬の装具である鞍の製作や、冶金の技能集団の長だったという。孫の止利は仏教を支持する蘇我馬子に重用され、北魏系の造像に才能を発揮した。つまり「鞍作」は、当時の最先端技術者の職称であった。馬子の孫の入鹿《いるか》（〜六四五）が「鞍作」と呼ばれた背景も窺えるのである。蘇我氏と仏教文化をもたらした百済の関係の親密さは、疑う余地がない。『日本書紀』の「崇峻天皇元年」（五八八）の記述によれば、馬子が建てた法興寺の大屋根を葺《ふ》くさい、百済は四人の瓦博士《かわらのはかせ》を献上したという。博士は技術者を指す。御所ですら「板蓋（葺）宮」と呼ばれた当時のことゆえ、瓦の製造には高度な技術を要したのである。

もともと百済は、鞍作の名が象徴するように、紀元前より中国大陸の東北部から朝鮮半島の北部にかけて活躍した騎馬民族の扶余を起源にもつ。百済人は扶余から分かれた部族なのである。同じ出自をもつ高句麗の侵略から逃れて、半島の南西部に移動し、百済を創始したとされる。

一方、蘇我氏の出自については、渡来系ではなくヤマト土着の豪族ゆえに、百済が伝えた仏教に心を奪われたという説があり、私は迷っている。いずれにせよ、大陸や半島で亡国の憂き目に遭ったボートピープルを東漢氏として飛鳥の檜前に定住させ、職を与えた蘇我氏は、まぎれもなく飛鳥文化の演出者であった。

舒明崩御を受けて、皇位は皇后の寶皇女《たからのひめみこ》が継いだ。三十五代皇極天皇である。推古に次ぐ女帝の即位は、もちろん馬子の子の蝦夷の主導によるが、皇極にその血は流れていない。馬子の孫で舒明の第一子の古人大兄皇子《ふるひとのおおえ》（〜六四五）を即位させるまで、御しやすい女帝を立てておくという時間稼ぎであった。

鎌足の初出

皇極天皇元年（六四二）。大臣の蘇我蝦夷は葛城に祖廟を建て、八佾《やつら》の舞を演じさせた。八佾は八列の意で、第4章でも触れたように、中国では天子のみに許された儀礼である。一列に八人、八列六十四人が揃う豪華な演舞である。また葛城は、蝦夷の父の馬子が推古女帝に領有を求めるも、拒まれた地である。中大兄の危機感は深まるばかりであった。

皇極天皇二年（六四三）。蝦夷の子の入鹿が、厩戸皇子の嫡子で皇位継承の有力候補だった山背大兄王を斑鳩に攻め、一族を皆殺しにした。父の蝦夷まで「極甚《はなは》だ愚痴《おろか》にして、専行暴悪《たくめあしきわざ》す。你《い》が身命《いのち》、亦殆《またあやう》からずや」つまり〈何と愚かな。自分の命まで危うくするぞ〉と嘆いた。

そのような蘇我氏の横暴に戦慄した、もう一人の皇子がいる。皇極の同母弟、軽皇子《かるのみこ》（〜六五四）である。中大兄の叔父にあたり、やはり蘇我氏とは無縁だが、皇位継承の資格はもっていた。

皇極天皇三年（六四四）。『日本書紀』に「中臣鎌子連《かまこむらじ》」の名が登場する。藤原鎌足（六一四〜六六九）の初出だが、異例の記述になっている。

鎌子こと鎌足は、任命された神祇伯の職を固辞し、地場の摂津三嶋、現在の大阪府摂津市辺りを動かなかったが、南に隣接する和泉国の自邸を離れない軽皇子の見舞いには出かけた。軽皇子は足を患っていた。

時を置かず、鎌足は蹴鞠《けまり》見物に出かけた。法興寺の槻《つき》の樹の下で貴人らが蹴鞠に興じるなか、中大兄が沓《くつ》を飛ばした。この沓を拾い、鎌足が中大兄に捧げた。鎌足が政局に参入した第一歩である。

鎌足はすでに中大兄の不安と野心を読み取っていたのだ。鎌足は中大兄に進言した。

〈大計を立てるには協力者が必要です。蘇我倉山田麻呂《くらのやまだのまろ》の長女、遠智媛《おちのひめ》を皇妃にお迎えください〉

蘇我氏打倒のため、その一族の者と姻戚関係を結び、油断させせろとの進言である。馬子の孫の倉山田麻呂（〜六四九）は、従兄弟の入鹿とは不和であった。

皇極天皇四年（六四五）六月八日。中大兄は秘かに倉山田麻呂に声をかけ、「三韓の調《みつぎ》」進上の日は表文を読んでほしいと頼み、入鹿暗殺の計画を告白した。倉山田麻呂は承諾した。

そして六月十二日。皇極天皇が板蓋宮の大極殿に出御すると、入鹿暗殺の幕は切って落とされた。『日本書紀』の記述は以降、まるで映画のシナリオのようにセリフとト書きに分けられ、登場人物の行動や心理をリアルに表現する。この正史とは思えない記述を、現代語訳でシナリオ化してみる。


飛鳥板蓋宮、大極殿。

玉座に皇極天皇。

古人大兄皇子が陪席している。

蘇我入鹿が入廷する。

俳優《わざおぎ》が現れ、身振りを交えて佩刀《はいとう》を外すよう促す。

俳優の戯れに警戒心を解き、笑いながら入鹿は佩刀を外す。

三韓の朝貢使の前に進み出て、表文を読み上げる倉山田麻呂。

宮廷の十二の門が閉ざされる。

宮殿の柱の陰に、長槍を手にした中大兄。

弓を手にする鎌足ら。

表文が終わりに近づく。

だが、動きはない。

柱の陰で佐伯子麻呂《さえきのこまろ》らが飯を水で掻き込むが吐いてしまう。

表文を読む倉山田麻呂の額には、緊張で汗が滴り、声も乱れ戦《おのの》く。

不審に思う入鹿。

入鹿「なぜ震えるのか」

倉山田麻呂「陛下の面前ゆえ畏れ多くて……」

瞬間、中大兄らが乱入し、入鹿に迫る。

入鹿を前に、たじろぐ子麻呂ら。

走り出る中大兄。「咄嗟《ヤアー》」と叫び、入鹿に斬りつける。

子麻呂が入鹿の脚を斬る。

転倒し、玉座のほうへ這っていく入鹿。

入鹿「なぜ臣は殺されるのですか！　天子」

皇極の面前で斬り殺され、息絶える入鹿。

何事かと中大兄に問う皇極。

中大兄「鞍作は日位《ひつぎのくらい》を簒奪し、天皇家を滅ぼそうとしました。天孫の皇統を鞍作のものとするわけにはいきません」

玉座から無言で立ち去る皇極。

沛然《はいぜん》と降り出した雨が、入鹿の骸《むくろ》を叩く。

現場より自邸に戻るや、古人大兄皇子は〈韓人《からひと》が鞍作臣を殺した。心が痛む〉と嘆いた。「鞍作臣」はむろん入鹿を指す。だが「韓人」とは誰なのか。中大兄を指すのか。あるいは入鹿の暗殺は、朝鮮半島の三国の遣使の何者かと組んだ陰謀なのか。「韓人」の謎をめぐる論議は今も絶えない。

蘇我氏直系の古人大兄も、のちに謀叛の罪を着せられ、中大兄に殺される。

蘇我入鹿暗殺事件を、戦前の歴史学は「大化《たいか》改新」と定義した。大逆の蘇我氏を打倒した中大兄と鎌足の義挙を、皇統を守った英雄譚として語り継いだ。しかし近年では、事件時の干支に因み「乙巳《いっし》の変《へん》」と改め、「大化改新」の政治改革とは切り離して扱うようになった。

その「乙巳の変」を目撃したはずの三韓使節団の反応について、『日本書紀』はまったく触れていない。朝鮮半島最古の正史『三国史記』にも入鹿暗殺をめぐる記述は見出せない。このような扱いに疑念を抱いたのが、古代史の遠山美都男《みつお》（一九五七〜）である。遠山は『大化改新』（中公新書一九九三）で次のように考察した。

当時の朝鮮半島の政治情勢では、高句麗が敵対する百済、新羅と組んで日本へ遣使を送ることなど考えられない。仮にそのようなことがあったとしても、偶然、三韓の使節が揃ったためで、急遽、倭国側で儀礼の打ち合わせをする必要が生じ、内々の関係者が集められた。飛鳥の板蓋宮で皇極女帝の面前に集められたのは、古人大兄皇子、蘇我倉山田麻呂、蘇我入鹿だけで、中大兄らテロ決行者は大殿の柱などに身を隠していた。古人大兄が叫んだという入鹿殺しの「韓人」については、蘇我氏の先祖に「韓子」の名があることから、韓人を自認していた倉山田麻呂を指す。「倉」の字を名にもつ倉山田麻呂は、物品の調達や経理に長け、供応などで半島人とも交流を重ねた存在である。王朝の進展によって飛鳥がロビー活動の拠点となるや、蘇我氏の周辺には半島の渡来人が集まった。両者の交流が親密化し、蘇我氏も自ら「韓人」を名乗るようになった。

さらに遠山は、入鹿により蘇我本宗家から外されていた倉山田麻呂の立場を、中臣鎌足が利用したと推理している。入鹿―古人大兄派を打倒し、倉山田麻呂派の軽皇子を天皇に推すと言って「乙巳の変」に誘ったのではないかと推理したのである。事件前、軽皇子が病と称し、籠っていた和泉の邸に、鎌足が見舞ったことはすでに述べた。

俳優起用のアイディア

蘇我入鹿暗殺については演劇史上、見逃せない場面がある。入鹿が三韓使節の儀礼で板蓋宮に参内した時、一人の「俳優《わざおぎ》」が近づき、何かを告げて「咲《わら》」わせた。そして日頃は用心深い入鹿が、刀を外した。この『日本書紀』の描写から、入鹿に刀を外させた俳優は、滑稽劇を得意とする伎楽《ぎがく》系の芸能者と考えられる。伎楽とは日本最初の外来楽舞で、滑稽かつ野卑な無言の仮面劇を指す。『日本書紀』によれば、推古天皇二十年（六一二）に百済人の味摩之《みまし》が伝えたとされる。

七世紀の日本では、公式の芸能制度はまだ確立していなかった。宮廷楽人の管理や教習などを司る雅楽寮《ががくりょう》の設置は、「大宝律令《たいほうりつりょう》」が制定された西暦七〇一年以降のことである。

古代中国における民間の楽舞が、唐代に軽業や奇術、滑稽、物真似などを加えて散楽《さんがく》と呼ばれるようになった。そういった芸能が仏教伝来を機にヤマトにも流入し、のち猿楽《さるがく》に転訛し、申楽《さるがく》、能楽へと変容した。この過程で、滑稽劇として残ったのが狂言である。

入鹿に刀を外させた俳優は、おそらく半島や大陸から渡来した芸能者で、物真似や即興に熟達していたに違いない。また、古人大兄に〈韓人が鞍作臣を殺した〉と叫ばせたのは、テロ決行者に渡来系の韓人が混ざっていたことも暗示している。道化師起用のアイディアも、渡来人と親密だった蘇我倉山田麻呂によるものかもしれない。

しかし、三韓使節の儀礼という公式の場で、正装の佩刀を外させることなどできたのか。あるいは、律令や格式が未整備の飛鳥の宮廷では、天子臨席のさいは佩刀を外すというドレスコードがあったのか。

『日本書紀』には、宮廷での佩刀に関するゴシップが一例だけある。天然痘を患い、西暦五八五年に崩御した敏達の殯宮で、蘇我馬子と物部守屋が誄の奏上時に鉢合わせた。太刀を佩《は》いた馬子の姿を見て、守屋は〈大きな矢で射られた雀のようだ〉と嘲った。一方、守屋が誄を奏上する段になると、緊張のあまり手足が震えた。馬子は〈鈴をつけたら鳴るだろうよ〉と嘲笑した。そのトラブルがきっかけとなり、蘇我と物部の間に遺恨が生じたと『日本書紀』の敏達天皇紀は記している。とはいえ、宮廷の祭祀を本来の役務とした物部守屋が、誄の奏上で緊張するなど考えられない。馬子と守屋のトラブルは、蘇我と物部の失脚後に作為されたゴシップのようだが、得意気に佩刀した豪族たちが宮廷儀礼に参加する光景は目に浮かぶ。誅など公式行事での佩刀の必須が、通達されたばかりの頃だったのではないだろうか。

「韓人」については『日本書紀』も持て余し、「韓政《からひとのまつりごと》に因《よ》りて誅《つみ》せらるる」という謎めいた分注を付している。繰り返すが、『日本書紀』の成立は西暦七二〇年で、「乙巳の変」からは七十五年が経過している。入鹿暗殺という重大な事件を、人々が忘れ去る時間の経過としては微妙なところではある。三韓使節の儀礼自体が、閉ざされた宮廷内部の大極殿で執り行われており、『日本書紀』の編纂者は、中大兄らの密室殺人を、公式行事中に起きた正義の戦いとして、フレームアップできると考えたのかもしれない。なお飛鳥の板蓋宮には、まだ大極殿はなかったという説もある。

入鹿暗殺後、中大兄の軍勢が向かったのは、父親の蘇我蝦夷の本拠、豊浦《とゆら》の甘樫丘であった。蘇我氏護衛のため武装していた東漢氏も説得され、離散した。実力者だった入鹿亡きあとの飛鳥宮廷の大勢が決したことを、渡来人の彼らも悟ったのであろう。

「乙巳の変」で見落とせないのは、蘇我蝦夷が最期を知るや「天皇記」「国記」を火中に投げ込んだことである。居合わせた船史恵尺《ふねのふひとえさか》が、焼け残った「国記」を持ち出し、のちに中大兄に献上した逸話が『日本書紀』には記されている。船史恵尺は百済系の史官と思われる。

「天皇記」「国記」は、推古天皇二十八年（六二〇）に蝦夷の父の馬子が厩戸皇子と合議、作成したものである。なぜ蝦夷は、史料を焼却しようとしたのか。焼失した「天皇記」は、記紀の編纂史料である「帝紀」と内容が違うのか。「天皇記」だけ焼失したという記述にも、作為が感じられる。

改新之詔

蘇我入鹿が殺されると、中大兄の実母である三十五代皇極天皇はすぐに退位した。中大兄は皇極の同母弟、叔父の軽皇子を即位させて三十六代孝徳《こうとく》天皇とし、飛鳥朝は元号を「大化」と定めた。西暦六四五年のことである。入鹿暗殺が政治体制の改革とされ、「大化」は本邦初の公式元号となった。孝徳朝は飛鳥から難波へ遷都し、政治改革に着手する。政治の実権を握る内臣《うちつおみ》には中臣鎌足が任命された。なお元号について付言すれば、「大化」は六年（六五〇）で改元となり、次いで「白雉《はくち》」が孝徳の没する五年（六五四）まで続いたが、以降、西暦六八六年に「朱鳥《あかみとり》」が、第四十代天武天皇晩年の在位時および没後を含む二ヶ月ほど用いられただけで、七〇一年の四十二代文武《もんむ》天皇（六八三〜七〇七）在位時の「大宝」まで途絶している。

『日本書紀』は、改革の当事者たる中大兄が皇位を軽皇子に譲ったのは、鎌足の進言によると記している。中大兄は皇太子として、実父の三十四代舒明天皇の崩御時（六四一）には誄を奏上し、天智天皇七年（六六八）に即位するまでの二十七年間、何度も皇位に就く機会はあった。中大兄が皇位を避けてきた理由については、さまざまな見解がある。

まず入鹿暗殺時の、母の皇極天皇に訴えた〈天孫の皇統を鞍作のものとするわけにはいきません〉というセリフから読み取れる。王権は祖神アマテラスの血統に連なる天皇家のみが受け継ぐ。この権威を絶対化する法典、つまり律令の制定という大きな目標が、中大兄にはあったのではないだろうか。飛鳥宮廷人のエコールで、南淵請安から唐の律令制度を学んだことに起因するテーゼであろう。中大兄は、皇統の基礎を天孫降臨神話だけに負わせず、国法で固定するという信念の同志として、中臣鎌足を見出したのではなかったか。国家の支柱たる律令を制定することで、万世一系が保証されるのだと。

しかし、蘇我入鹿を排除したものの、宮廷を取り巻く古代豪族の勢威はそのまま維持された。法による統治という未体験の律令制度を無血で理解、受容させるには、想像以上の障害が待ち受けていたはずである。神聖なる皇統維持の名のもとに、蘇我氏の専横を打破したことが大化改新だと歴史上認識されてきたが、律令制度を実現し、大唐帝国のような先進国家を目指すという中大兄や中臣鎌足らの意図には、容易ならざる壁が立ちはだかっていたのである。今日の視点で捉えればロシア革命にも匹敵する難題で、古代豪族らの既得権益に切り込み、この難局を克服するまでは到底、中大兄は即位どころではなかったであろう。

孝徳天皇二年つまり大化二年（六四六）正月に発せられた「改新之詔《あたらしきにあらたむるみことのり》」の冒頭は過激である。天皇家や豪族は自らの直轄領の民、収穫物を召し上げてきたが、今後はすべての私有を停止するというのである。そのような公地公民の理想を実現するために、班田収授法《はんでんしゅうじゅのほう》の制定が命じられた。天皇の権威下での、万民のための国家を目指したのである。戸籍をもつ人民には田や桑畑を与え、イネ、絹糸などを作らせる一方、納税の義務も課すというのが班田収受法だが、規定の周到さから、『日本書紀』における「改新之詔」の記述は、後年の書き足しともされる。

この「改新之詔」渙発のための情熱が、「乙巳の変」後の中大兄のマキャベリズムの凄まじさを呼び込んだのではないだろうか。まず政敵に対する粛清が峻烈であった。味方に引き入れた倉山田麻呂を、いったんは孝徳朝の右大臣に昇進させるが、大化五年（六四九）三月には、同族の蘇我日《ひ》向《むか》の讒訴を受け、謀叛の嫌疑をかけている。無罪を信じる孝徳天皇の助命嘆願を退けた中大兄は、倉山田麻呂が創建した山田寺の仏殿にその一族を包囲し、もろとも自殺に追い込んだ。父の倉山田麻呂らの悲惨な最期に衝撃を受けた娘の遠智媛も、嘆きの余り死んでしまう。遠智媛は中大兄の妻として大田皇女《おおたのひめみこ》、鸕野讃良《うののさらら》の二女を産んでいたが、夫は容赦しなかった。鸕野讃良はのちの四十一代持統天皇である。鎌足が中大兄に倉山田麻呂の長女、遠智媛を皇妃に迎えるよう進言したことは先に触れたが、中大兄は蘇我族滅に対する恐怖心につけ込み、生き残りを図る日向に讒訴させ、倉山田麻呂を葬った。政治的な意図が露わなこの粛清事件の影にも、鎌足がいたことは否めまい。

事件後、倉山田麻呂の資財を没収したところ、重宝には皇太子つまり中大兄の所有物と記されていた。倉山田麻呂の無実を知った中大兄は後悔したというが、そこにも作為が感じられる。事件後の中大兄の酷薄さに対する非難が、宮廷ばかりか人民にも及んだため、これをなだめる虚構創作の必要が『日本書紀』にはあったと思われる。

庇護者を失った三十六代孝徳天皇は難波宮で孤立し、在位九年で崩御した。翌西暦六五五年、先代の皇極が重祚《ちょうそ》し、三十七代斉明天皇となった。再び女帝の時代になったのである。

第8章　白村江の戦い

斉明女帝の呪性

日本が蘇我本宗家の滅亡という波乱に直面している間、朝鮮半島では百済、新羅、高句麗三国の対立抗争が激化していた。高句麗は国境を接する隋とも衝突していたが、煬帝の大軍を三度打ち破り、隋滅亡の要因となるほどの戦力を誇っていた。その高句麗に拮抗する力を蓄えてきたのが新羅である。任那を制圧し、百済まで視野に入れる強国へと新羅を押し上げた原動力は、大唐帝国を相手に発揮された、王子の金春秋《こんしゅんじゅう》（六〇三〜六六一）の外交手腕である。

『三国史記』の「新羅本紀」によれば、真徳王二年（六四八）、使節として唐の長安にいた金春秋は、優れた容姿と詩文の造詣から、二代皇帝の太宗に目をつけられた。一日《いちじつ》、秘かに太宗に呼び出され、心の内を明かせと命じられた金春秋は、次のように訴えた。

〈百済は悪賢く、強敵で、しばしば我が領土を侵します。天子拝謁の機会さえも奪います。凶悪な百済を攻めるために、天兵をお貸しください〉

太宗は金春秋の深慮に感服し、出兵を約束した。唐と同盟を結んだことで、新羅は百済攻撃の好機を摑んだ。この同盟は中国得意の遠交近攻策だが、太宗の意図を読み、唐から軍事援助の約束を取り付けた金春秋の才覚も見過ごせまい。新羅と唐の同盟に追い詰められた百済は、日本側に援軍を要請したが、時すでに遅しであった（「新羅本紀」『三国史記1』金富軾編　井上秀雄訳注　平凡社東洋文庫　一九八〇）。

西暦六六〇年、百済の義慈王《ぎじ》（～六六〇）が唐と新羅の連合軍に大敗、降伏した。前掲書『三国史記2』の「百済本紀」によれば、義慈王は家族、大臣、将軍ら八十八人、百姓一万二千八百七人とともに長安に拉致され、事実上、百済は滅亡した。

一方、百済の残党には鬼室福信《きしつふくしん》（～六六三）がいた。鬼室福信はあらためて日本側に援軍を要請した。と同時に、先に日本側の人質となっていた王子の余豊璋《よほうしょう》の復位と百済の再興も願い出た。『日本書紀』の「斉明天皇七年」（六六一）一月、中大兄皇子は百済救援の出兵を決意し、瀬戸内海に船団を浮かべ、筑紫へと向かった。斉明女帝をはじめ、自身の妃も乗船させていた。弟の大海人皇子の妃まで乗船させていた。そのような光景に、新羅討伐の征西軍を思い描くのは難しい。

難波から瀬戸内海に入った斉明女帝の征西軍は、大伯海《おおくのうみ》にさしかかった。大伯海は現在の岡山県瀬戸内市邑久《おく》町付近の海とされる。この大伯海で、大海人の妃である大田皇女が女子を出産した。誕生地に因み、大伯《おおくの》（大来）皇女《ひめみこ》（六六一～七〇一）と名づけられた。前述のとおり大田は中大兄の皇女である。中大兄は大田、鸕野讃良、大江（～六九九）、新田部《にいたべ》（～六九九）の皇女四人を弟の大海人に嫁がせていた。

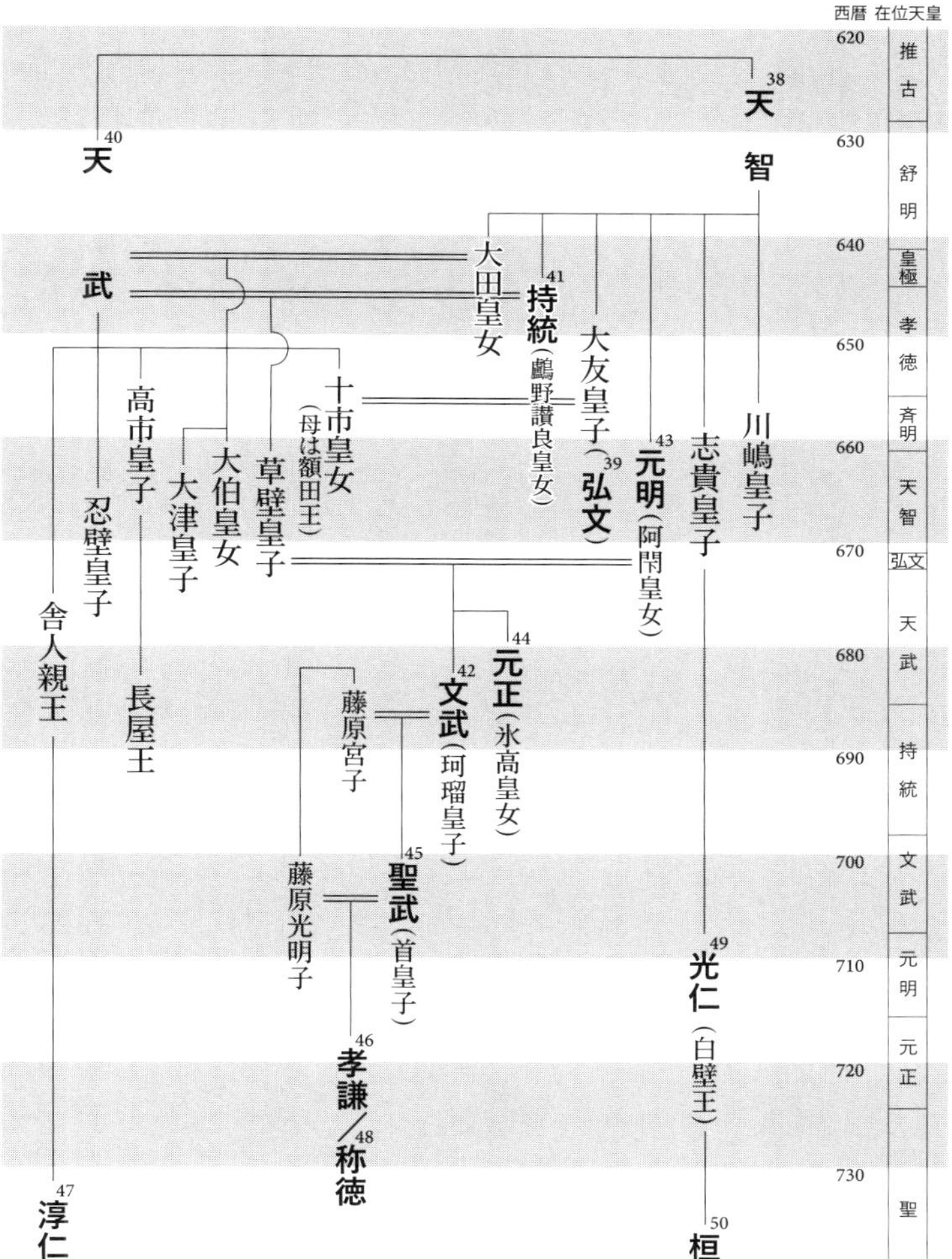

天智（中大兄）と天武（大海人）を中心とする主な皇子皇女の系図
（配置は横軸の西暦における生年の目安による）

中大兄と大海人をめぐる姻戚関係は、近親婚というタブーに触れるのではないかと長年、学界を困惑させてきた。後述するが、まず中大兄と大海人を実の兄弟と見なすことに疑念が生じた。また百済救援の征西軍に、なぜ斉明女帝や妃らがいたのかも未解明のままである。

斉明女帝の征西軍は同月、伊予の熟田津《にぎたつ》の石湯行宮《いわゆあんぐう》に着き、潮待ちをすることになった。その熟田津で額田王が詠んだ歌が、八世紀には成立していたとされる『万葉集』のハイライトになった（中西進『万葉集　全訳注　原文付（一）』）。

熟田津に船乗りせむと月待てば潮もかなひぬ今は漕ぎいでな（巻一・八）

熟田津とは温泉が湧く港の意である。『伊予国風土記』逸文は、現在の愛媛県松山市にある道後温泉に、景行天皇と皇后、仲哀天皇と神功皇后、また厩戸皇子＝聖徳太子らが湯治に訪れたと記すが、真偽はわからない。道後温泉の古名が熟田津で、いにしえの大王家が湯治に訪れる行宮があったことは想像できる。行宮とは天皇の行幸先に設けた仮の住まいである。

『万葉集』の熟田津の歌の左注には、現存しない歌集『類聚歌林《るいじゅうかりん》』の名が見える。左注は、『類聚歌林』の編纂者とされる山上憶良が、熟田津の歌の詠み人について異論を述べたことを記している。山上憶良の異論とは、寶皇女《たからのひめみこ》だった斉明が、夫の舒明天皇とこの行宮に逗留した昔を偲ぶうち、感傷的になって詠んだ歌だというものであった。つまり額田王の歌ではなく、斉明女帝の御製だというのである。

三十七代の斉明女帝は再婚である。寶皇女だった頃の最初の夫は、三十一代用明天皇の孫、出自未詳の高向王《たかむこのおおきみ》で、二人の間には漢皇子《あやのみこ》が生まれたとされる。寶皇女はよほど魅力的だったのか、夫の死後も三十四代舒明天皇の皇后に迎えられ、中大兄と大海人を産んでいる。なお記紀に再婚と記録された皇后は斉明だけである。

その斉明の、皇極天皇時代のエピソードを紹介しておきたい。斉明が三十五代皇極天皇として即位した西暦六四二年の夏は、大旱魃であった。群臣が日照りの惨状を訴えた。

〈村々では祝部《いわいべ》の教えのまま牛馬を殺し、神社や川の神に祈願していますが、雨は一向に降りません〉

群臣の訴えを聞いていた蘇我蝦夷は、百済大寺に数多の僧を集め、雨乞いの大雲経を読ませたが、微雨が降るのみであった。

一方、皇極女帝は飛鳥川沿いの南淵《みなぶち》に行幸した。跪《ひざまず》いて四方を拝み、天を仰ぐと、たちまち雷鳴が轟き、豪雨になったという。雨は五日間降り続き、渇ききった大地を潤した。百姓たちは万歳を叫んで、口々に皇極の有徳を称えた。女帝の霊威は卑弥呼の鬼道を思わせる。三十五代の皇極女帝のカリスマ性は、重祚して三十七代斉明天皇になっても消えることはなかった。

『日本書紀』の「斉明天皇二年」(六五六)に、この女帝の世界観の異様さが記されている。ある時期から斉明は、道教に因むと思われる、「天宮《あまつみや》」と名づけた高楼の築造にのめり込んだ。まず治水工を動員し、巨大な溝を掘らせて、香久山《かぐやま》と石上神宮《いそのかみ》を繋いだ。そして舟二百隻で石上山の石を運ばせ、神宮の東に巨大な障壁を築いた。時の人は「狂心《たぶれごころ》の渠《みぞ》」と嘲った。あのような石垣を築いても、その重みで自壊すると。

近年、奈良県の明日香村では人工の巨石群が発掘されている。須弥山石《しゅみせんいし》、酒船石《さかふねいし》、亀形石など巨大な石材を切り出し、刻み、積み上げて何を築こうとしたのか、未だにわかっていない。斉明天皇の宮殿の噴水庭園や水時計、また祭祀のための聖域ともされるが、すべて水路で繋がり、一体化した構造だと、考古学の黒崎直《ただし》（一九四六〜）は『飛鳥の宮と寺』（山川出版社　二〇〇七）で説いている。

この斉明の言霊《ことだま》として、山上憶良は『万葉集』の熟田津の歌を捉えた。「熟田津に船乗りせむと月待てば」は、百済救援の征西軍が纜《ともづな》を解いた時、前途の幸を祈願して斉明が詠んだ歌で、額田王の作ではないと。

額田王は『万葉集』を代表する歌人として、主に文学的な視点で捉えられてきた。しかし額田王や山上憶良が生きた七世紀後半から八世紀前半は、宮廷女性の作歌一つ一つが、卑弥呼の鬼道と同様、霊性を帯びるものと信じられていたのではないだろうか。

後述するが、天武の皇位を継ぐはずだった草壁皇子《くさかべ》（六六二〜六八九）の死に際し、奏上された挽歌に柿本人麻呂《かきのもとのひとまろ》の作がある。神話を引用した、儀礼的な形容句が連なる絶唱であった。

一方、文学作品として扱われてきた女性歌人のものは、同時代では巫女的な呪術性が感受されたと私は思う。山上憶良が額田王の作とされる歌を、斉明天皇の御製とわざわざ訂正したのも、女帝のカリスマ性が幸運を招くと信じられていたからではなかったか。

中大兄や大海人の妃らに囲まれ、舳《へさき》に立つ孤閨《こけい》の女帝斉明の姿は、邪馬台国の高楼で千人の女に奉仕された卑弥呼を彷彿とさせる。勝利のために強い呪性を期待し、中大兄は母の斉明を乗船させたのではなかったか。額田王が『万葉集』を代表する歌人として名を残したのも、斉明女帝の側近くにあって、その呪性を受け継いだからではなかったか。

斉明女帝を頂点に、中大兄や大海人の妃らが百済救援の征西軍の船に同乗した光景は、第3章で述べた「陣頭巫女」に通底する。この呪術集団の祈禱の力で、中大兄は征西軍の必勝を願ったのではないかと、私は想像するのである。

斉明天皇七年（六六一）一月の出航から二ヶ月が過ぎ、女帝の征西軍は三月に現在の福岡市南区、九州の娜大津《なのおおつ》へ上陸した。さらに南下して五月、現在の福岡県朝倉市山田、筑紫平野の朝倉に行宮を設けた。七月、その行宮で斉明女帝が崩御した。六十八歳での九州遠征は、極度に心身を疲労させたことであろう。しかし朝倉の民たちは、行宮設営のさいに地主神の木を伐り倒した祟りだと囁いた。

急遽、皇太子の中大兄は「素服《あさものみそ》」で喪に入り、「称制《しようせい》」を行うことになった。「素服」とは白麻の御衣のことで、朝鮮半島の葬制に倣ったものだという。「称制」とは、天皇崩御で皇位に空白が生じたさい、即位せずに政務を代行することである。この期間の中大兄の事績は、天智称制として記録される。

天智は朝鮮半島の戦乱に対処するため、朝倉の行宮を出て、前線の娜大津に移った。百済王子の余豊璋を半島へ送り出し、督戦に努めた。天智が斉明の棺に従い、飛鳥京に戻ったのは十月で、翌月には葬礼を済ませ、筑紫に引き返している。

翌西暦六六二年、その娜大津の陣中で、大海人の妃鸕野讃良が草壁皇子を産んだ。さらに翌六六三年の夏、同じ陣中で、今度は姉の大田皇女が男子を産んだ。二年前の一月に産んだ大伯皇女と同様、誕生地に因む名の大津《おおつ》皇子（六六三～六八六）である。この間、父の大海人皇子の消息はいっさい不明である。斉明征西の間、留守役として飛鳥京を動けなかったのか。あるいは、斉明の崩御で飛鳥京に戻ったのか。『日本書紀』は何も記していない。

近親婚というタブー

天智称制は後継者に不安を抱えていた。中臣鎌足という有能な同志がいても、帝位を継ぐべき大友皇子《おおとものおうじ》（六四八～六七二）はまだ若く、権力抗争には耐えられないであろう。また大友の母は、身分の低い伊賀出身の采女《うねめ》、つまり後宮の女官にすぎない。

確かに大友の若さも、その母親の出自も不安材料だったが、しかし何よりも天智が脅威に感じていたのは、弟の大海人皇子であった。いつ頃から天智が大海人の存在に脅威を抱いたのかはわからない。王族内で皇位を争うという古代より続く悲劇を避けるためにも、天智は四人の娘を弟の大海人に嫁がせ、離反を防ごうとしたのではなかったか。

一方の大海人にしてみれば、自身の姪を、しかも姉妹で押しつけられたことになる。露骨な融和策ゆえに、いつ兄に排除されるかという猜疑心は消えることがなかったであろう。

いずれにせよ、天智と大海人の兄弟をめぐる姻戚関係の複雑さは、やはり異常としか言いようがない。作家の井沢元彦（一九五四～）は『逆説の日本史2　古代怨霊編』（小学館文庫　一九九四）で、妻が姪の四人姉妹という異常さについてアカデミズムは論評を避けていると非難し、天智と大海人は兄弟ではないと説いた。二人を実の兄弟と見なすことに『日本書紀』がこだわるのは、大海人の出自が皇統とは無縁だったからだと井沢は解釈した。のちに天武天皇を「正統」として即位させるために、大海人の素性を隠す必要があったというのである。『日本書紀』の編纂自体が天武の意向で始められ、その皇子の舎人《とねり》親王（六七六〜七三五）が完成させたことから、大海人の素性が不明朗にされたと。素性の不明朗さからも、大海人は天智とは系譜を異にすると井沢は断じたのである。

学界は、天智と天武を同母兄弟と捉える『日本書紀』の記述を覆す確たる史料はないと言うが、斉明＝皇極＝寶皇女と前夫の高向王の間に生まれた漢皇子を、天武と見る異父説もある。また『日本書紀』の年代を精査すると、天智の年齢が弟の天武より若いことがわかるとの指摘もある。

民俗学の谷川健一による天智と天武の関係論は興味深い。谷川は『古代学への招待』（日経ビジネス人文庫　二〇一〇）で、歴史学の洞富雄《ほらとみお》（一九〇六〜二〇〇〇）が作成した天皇家の婚姻図を参考に、二十九代欽明から四十一代持統に至る、歴代皇后のことごとくが異母妹や姪であることを突き止めた。古代王家の、純血を守るための理想的な結婚は同母兄妹によるものだが、タブーに触れるため異母兄妹、伯父または叔父と姪による結婚が次善の形態になったという。この異母兄妹および伯父または叔父と姪による結婚について、主なところを整理しておく。

皇后が天皇の異母姉妹というケースが、第三十代敏達、三十一代用明。

天皇と皇后が伯父または叔父と姪の関係にあるケースが、二十九代欽明、三十四代舒明、三十六代孝徳、そして三十八代天智、四十代天武。

近親婚ばかりか、身分や出自の差別もタブーとした儒教の規範が根強い朝鮮半島でも、たとえば七世紀の新羅王の金春秋などは無視している。前述のとおり、唐の太宗を口説き落として同盟を結んだ金春秋は、大化四年（六四七）に人質として来日し、笑みを絶やさぬ美貌や巧みな話術で注目された。金春秋の肩書は新羅の朝貢使だが、臣従の誠意を示すために「人質」という身分を甘受したと考えられる。唐に同盟を持ちかけるのは翌西暦六四八年で、まさに東奔西走の活躍であった。

その金春秋を援助したのが、将軍の金庾信《こんゆしん》（五九五〜六七三）である。金春秋の妃は金庾信の妹の文明夫人《ぶんめいふじん》で、二人の間には法敏《ほうびん》（六二六〜六八一）と照熙《しょうき》が生まれている。新羅で王になるには、両親に王家の血筋が求められる。王家の血統ではない金庾信に、金春秋はためらうことなく娘の照熙を嫁がせた。照熙の母の文明夫人は自身の妹ゆえ、金庾信は王家の血筋をもつ姪を妻にすることで、この一族に加わった。金春秋の太子の法敏も、母方の伯父が王の血族となったことで、継嗣の資格を得たのである。

血で結ばれた金春秋と金庾信のコンビは唐と連合し、西暦六六〇年の百済との戦争に大勝した。百済の事実上の滅亡を見届けた金春秋は翌六六一年、世を去った。太子の法敏は即位し、文武王《ぶんぶおう》となった。六五四年に即位していた金春秋には死後、太祖の廟号が贈られ、武烈王と諡《おくりな》された（金両基『物語韓国史』中公新書　一九八九）。半島のケースを鑑みるに、当時としては、天智と天武の姻戚関係も異常ではなかったのかもしれない。

天智称制は朝鮮半島の戦乱に向き合った。百済に帰った余豊璋は王の器量に欠け、臣下の鬼室福信も暴戻の風評があり、二人が折り合うことはなかったという。余豊璋は鬼室福信を斬殺し、百済再興の前途には暗雲が垂れ込めた。その危機を見過ごせば、天智は半島での覇権を失ってしまう。天智は唐と新羅の連合軍を討つ決断を下した。渡海し、白村江で会戦した。白村江は水源を現在の全羅北道長水郡に発し、黄海に入る錦江《クムガン》の河口付近とされる。この間、『日本書紀』は、内臣《うちつおみ》という要職にあったはずの中臣鎌足や、大海人皇子の動向をいっさい記していない。

西暦六六三年の白村江の戦いの結果は、周知のことであろう。『旧唐書』によれば、唐の劉仁軌《りゅうじんき》（六〇二〜六八五）将軍が指揮する新羅との連合軍は、白村江で四戦して全勝、倭船四百艘を炎上させた。その炎は天を覆い、海を赤く染めたという。

昭和天皇の「長い記憶」

平成二十六年（二〇一四）一月十日の「毎日新聞」は、かねて宮内庁が編集作業を進めていた『昭和天皇実録』が年内に完成し、今上天皇（一九三三〜）に奉呈後、公刊されることを報じた。大正天皇（一八七九〜一九二六）の崩御後、昭和二年（一九二七）から十二年（一九三七）にかけて編纂され、平成十四年（二〇〇二）から二十三年（二〇一一）にかけて公開された『大正天皇実録』には、約三パーセントの黒塗りが見られたが、『昭和天皇実録』にはまったくないという。『昭和天皇実録』はさしずめ中国皇帝の「起居注」に相当する。

同じ紙面で近現代史の加藤陽子（一九六〇〜）が、ポツダム宣言を受諾し、連合軍に降伏した時の昭和天皇の心境に触れていた。某日、昭和天皇は敗戦時の首相だった鈴木貫太郎（一八六七〜一九四八）や吉田茂（一八七八〜一九六七）を茶話会に呼んだ。陪席した侍従次長の記録から、加藤は昭和天皇の発言を引用していた。この昭和天皇の発言の大筋は次のとおりである。〈敗戦については誠に申し訳なく思っているが、日本が負けたのは今度ばかりではない。六六三年の白村江の戦いでも唐と新羅の連合軍に敗れたが、その後の改革の努力が実を結び、日本文化発展の転機となった〉

加藤は、戦前の主権者たる昭和天皇の「長い記憶」の作法を、戦後の主権者たる国民も共有しなければならないと訴えていた。つまり約千三百年も昔の、白村江での教訓を身に刻んでいた敗戦時の昭和天皇の姿勢を挙げながら、歴史を忘れ、かつ学ぼうとしない現代人の危うさを警告したのである。

白村江での敗戦は、天智称制に屈辱を強いた。九州より慌ただしく飛鳥に帰朝した天智は、戦乱のさなかにもかかわらず、「大皇弟《ひつぎのみこ》」の大海人に命じて冠位を増やし、階級および俸禄の細目を定め、組織の強化を図った。征西で有力豪族に多大な出費と徴兵を課した天智は、敗戦の責任を負うべき立場にあり、王権は危機に直面していた。危機回避のために、天智は大海人に官位の任命という最高の権力を与えた。「大皇弟」という聞きなれない称号は、天智が大海人を皇嗣として認めたことを意味する。この人事で、天智の嫡子の大友は皇位継承の優先権を失うことになった。弟の大海人に人望が集まるとどうなるか、天智の不安は尽きることがなかったと思われる。

内政ばかりではなく、対外問題も逼迫していた。機に乗じた唐の大軍がいつ襲来するかわからない。対馬、壱岐はもちろん、本土防衛の拠点たる筑紫大宰府を死守しなければ、王権の存亡に関わる。防衛施設の構築にも莫大なヒトとカネを要する。

天智天皇三年（六六四）五月。百済を占領した唐が、戦後処理のため郭務悰《かくむそう》なる官僚を九州筑紫に派遣し、謁見を求めてきた。飛鳥朝廷はその使節団の入京を拒み、郭務悰らを筑紫で足止めにした。

ここでようやく内臣の中臣鎌足が登場する。交渉が始まり、飛鳥朝廷の恭順を確認してか、唐の使節団は七ヶ月に及ぶ筑紫滞在を切り上げ、いったん帰国した。その時の唐使のミッションは、百済の領有権の通告と、日本の政情視察だったとされる。

天智天皇四年（六六五）。唐は圧力を緩めることなく、再び郭務悰とともに劉徳高《りゆうとくこう》なる使節を派遣してきた。総勢二百五十四人の使節団で、今度は朝廷側も入京を認めた。唐の使節団は七月二十八日に対馬に至り、九月二十日に筑紫、十月十一日にようやく菟道《うじ》に着いた。菟道は現在の京都府宇治市で、朝廷側はここで唐の使節団を迎え、閲兵を見せつけた。唐の使節団が帰国したのは十二月も半ば過ぎであった。

筑紫から瀬戸内の潮待ち、風待ちの航路を経てヤマトに達した唐の使節団は、日本列島の内陸へと攻め込む困難を悟ったことであろう。百済は滅ぼしたが、高句麗との抗争はまだ終わっていない。白村江で勝利したとはいえ、厖大な戦費を要する長途の日本遠征など現実的ではなかったはずである。そんな唐の弱みを、鎌足は見逃さなかったのではないか。

すでに対馬、壱岐、筑紫には防人《さきもり》を駐留させていた。また筑紫では堅固な土塁を築き、内側に水を蓄える長大な水城《みずき》の造営を急がせていた。この水城を唐の使節団に目撃させ、さらに菟道では軍の威勢を誇示した。敗戦処理を有利に運ぼうとするそのような鎌足の工作が、『日本書紀』の記述からは読み取れるのである。

注目すべき記録はまだある。白村江での敗戦の十年前、唐との友好関係を保っていた孝徳天皇の白雉《はくち》四年（六五三）の条項である。鎌足の長男の定恵《じょうえ》が留学僧として、十歳の若さで唐に渡っている。定恵は他の留学僧とともに、先の唐の使節、劉徳高と同じ船に乗り、十二年ぶりに帰国した。この定恵帰国の記録が、「伊吉博徳書《いきのはかとこのふみ》」に残されていたという。なお定恵の生年は西暦六四三年、没年は六六六年とされるが、異説もある。

「伊吉博徳書」の原本は失われている。白村江での敗戦以降、唐との交渉役や通訳として重用された伊吉博徳（伊岐博得）は、渡来漢人の末裔と思われる。斉明天皇五年（六五九）の第四次遣唐使に加わり、その折に綴った記録が「伊吉博徳書」とされ、『日本書紀』が断片的に引用している。この記述からは、伊吉博徳が鎌足に頼まれ、定恵の面倒を見ていたことが窺える。伊吉博徳は大陸や半島の事情に精通していることと、語学力が買われ、以降、政変を乗り切った。

鎌足は、唐はもちろん三韓諸国の政情まで、伊吉博徳や息子の定恵から情報を得ていたのではないだろうか。また入唐《にっとう》時十歳という年齢を見るに、定恵は白村江戦以前から人質として送り込まれていたのかもしれない。しかしその定恵は、帰国後まもなく二十三歳で早世している。

天智天皇六年（六六七）三月。天智称制は飛鳥より近江大津に遷都した。『日本書紀』の天智称制批判は手厳しい。

「是の時に、天下《あめのした》の百姓《おおみたから》、都遷《うつ》すことを願はずして、諷《そ》へ諫《あざむ》く者多し。童謡《わざうた》亦衆《またおお》し。日日夜夜《ひるよる》、失火《みずながれ》の処多し」

兵役に加え、莫大な費用を要する遷都でも負担を強いられた民衆の反抗が、放火にまで及んだ光景を『日本書紀』は伝えている。斉明女帝の「狂心《たぶれごころ》の渠《みぞ》」といい、天智称制の近江遷都といい、両者の治世に対する民心の離反怨嗟を『日本書紀』の編纂者は容赦なく採録している。

百済滅亡後、朝鮮半島では新羅と高句麗の領土争いが激化していた。先にも述べたが、七世紀の朝鮮戦争に巻き込まれた大唐帝国に、日本を攻める余裕などなかったはずである。

天智暗殺疑惑と額田王の挽歌

天智天皇七年（六六八）正月。『日本書紀』は、皇太子が七年に及んだ称制を止め、近江で即位したと記す。朝鮮半島の高句麗では、行政と軍事の実権を掌握してきた淵蓋蘇文《えんがいそぶん》（〜六六五）が没し、その相続をめぐる内紛が息子たちの間に生じていた。強固な組織力を誇る高句麗の亀裂を見逃さなかった唐の高宗《こうそう》（六二八〜六八三）は、新羅と同盟を結んで腹背から攻勢をかけた。そして、天智即位と同じ年に首都の平壌が陥落し、紀元前後の建国とされる高句麗は七百年の歴史を閉じることになった。

中臣鎌足の寿命も尽きつつあった。翌天智天皇八年（六六九）の冬。天智は鎌足を見舞った。さらに天智は大皇弟の大海人を遣り、大織冠《だいしきのこうぶり》と大臣の位、また藤原の姓も与えたが、この翌日に鎌足は死んだ。

その頃、唐が郭務悰ら二千人の使節団を日本に派遣すると伝えてきた。

天智天皇十年（六七一）十月。天智も病を得、大海人を呼び、政権を託した。この提言を額面どおり受ければ謀反を疑われると考えた大海人は〈大友皇子にすべての政治をお任せしてください。私は天皇のために出家し、修行を積みたく思います〉と固辞した。大海人はその足で内裏の仏殿に行き、剃髪して僧形となった。そして都を出て、吉野に隠棲した。近江大津の宮廷では「虎着レ翼放」、「虎に翼を着けて放てり」という噂が広まった。

翌十一月。対馬より、唐の軍勢二千人余を乗せた船四十七隻が、日本に向けて航行中との飛報がもたらされた。筑紫の大宰府が確かめると、唐側より攻撃が目的ではないと通告されたという。すでに宿敵だった高句麗を滅ぼしており、唐側の課題は日本との和平をいかに結ぶかであった。日本は、唐軍二千人余の上陸を受け入れる覚悟が求められた。

近江朝廷では、大友皇子が太政大臣に就任し、国政に臨んでいた。唐の軍勢による筑紫駐留が続く十二月三日、近江で天智天皇が崩御した。

翌西暦六七二年の三月。近江朝廷は筑紫に滞在中の郭務悰ら唐使に天智の崩御を伝えた。唐使らも喪服を着て、東方に拝礼したという。

同年五月。近江朝廷は郭務悰らに甲冑や弓矢、また絹織物千六百七十三匹、布二千八百五十二端、綿六百六十斤などを贈り、唐の使節団はようやく帰国の途に就いた。端数まで記録された贈答品の数々は、白村江で敗れた日本軍の捕虜や百済人亡命者の移送経費および賠償に対する唐の請求に応えたものだったと思われる。しかし、半年以上にわたる唐軍二千人余の九州在陣はさまざまな憶測を呼んだ。

井沢元彦は前掲書『逆説の日本史2　古代怨霊編』で、平安朝末期成立の史書『扶桑略記《ふそうりやつき》』を引用し、天智の死をめぐる疑惑を訴えている。井沢が引用し、意訳したこの『扶桑略記』の記述を以下に掲げる。

「十二月三日、天皇崩、同月五日、大友皇太子即為二帝位一生年廿五一云、駕馬幸二山階郷一、更無二還御一、永交二山林一、不レ知二崩所一、只以二履沓落処一為二其山陵一以往諸皇不レ知二因果一恒事二殺害一山陵山城国宇治郡山科郷北山、

〈意訳〉

十二月三日に（天智）天皇が亡くなり、五日に大友皇太子が即位した。二十五歳である。一説に言う「（天皇は）山階《やましな》（山科）の郷《さと》に遠乗りに出かけたまま、帰ってこなかった。山林の中に深く入ってしまい、どこで死んだかわからない。仕方がないので、その沓《くつ》の落ちていたところを陵《みささぎ》（墓）とした（以下十二文字意味不明）。その地は現在の山城国宇治郡山科郷（京都府山科区）北山である。」」

『扶桑略記』の小文字の注記は後代の書き込みとも言われるが、和風漢文に混乱があり、趣旨が正確に伝わってこない。井沢は、「意味不明」とした注記の「以往諸皇不知因果恒事殺害」の「十二文字」を、あえて「以往《のち》、諸皇因果《しょこういんが》を知らず、恒《つね》に殺害を事《こと》とす」と訓読し、天智の死は暗殺だと推定したのである。つまり『日本書紀』は病を得た天智が大海人に政権を託したと記しているが、『扶桑略記』は天智の病が偽りで、馬で「遠乗り」をするほど元気だったと言わんばかりである。この偽りを見抜き、大海人は吉野に隠棲して謀叛の罪から逃れたのか。そして天智急死の裏には何があったのか。唐が送り込んだ二千人余の軍勢のなかに天智暗殺の特殊部隊が潜んでいたのか。藤原鎌足没後の近江朝廷で天皇を弑逆し得る人物がいたとは到底思えない。井沢は天智暗殺を実行さ

せたのは大海人だと断じ、その推理過程は興味深く、説得力もあるが、本書で触れる余裕はない。

『万葉集』には、天智の山科御陵に集った大宮人《おおみやびと》が、葬礼を終えて立ち去る光景を詠んだという挽歌が採録されている。「山科御陵退散歌」で、作者は額田王である（上野誠「山科御陵退散歌再考」「国学院雑誌」第一一五巻・第十号 二〇一四）。

やすみしし　わご大君の　恐《かしこ》きや　御陵《みはか》仕ふる　山科の　鏡の山に　夜《よる》はも　夜《よ》のことごと

昼はも　日のことごと　音《ね》のみを　泣きつつありてや　ももしきの　大宮人は　行《ゆ》き別れなむ

（巻二・一五五）

天智の死で山科に御陵が造営された。御陵での葬礼は「壬申の乱」で中断されたという。大宮人たちは、弔意を表し終えると「退散」していった。額田王はこの光景を詠んだとされるが、国文学の上野誠（一九六〇〜）は、歌詞の「大宮人は　行き別れなむ」について、儀礼の中断による退散ではないと解釈した。殯宮《もがりのみや》の説もあるが、御陵では「近侍《きんじ》」「匍匐《ほふく》」「哭泣《こっきゅう》」の儀礼が執り行われる。儀礼のすべてが終われば、大宮人たちは立ち去るが、妻子ら近親者は以後も居残り、昼夜を分かたず「近侍」と「哭泣」を繰り返す。大勢の大宮人が立ち去った御陵は、すっかり寂しくなる。そして近親者だけになった御陵は、さらに寂しさを増すであろう。その光景を嘆いた天智の妻、額田王の、切々たる相聞歌ではないかと上野は解釈したのである。と同時に上野は、天智の葬礼に感じた物足りなさも表現していると付け加えた。

額田王はもともと大海人皇子の妃だったが、のちに天智に召されたという。額田王と大海人の間に生まれた十市皇女《とおちのひめみこ》（～六七八）は、大友皇子の正妃である。むろん大友は天智の子である。十市皇女にとって壬申の乱とは、夫が父に敗れ、自殺を余儀なくされたという複雑さをもつ。十市皇女の母の額田王は、天智と天武の相克の狭間で数奇な運命をたどったとされるが、この挽歌以後、どのように生涯を終えたかはまったく不明である。

第9章　壬申の乱

敗戦以前の歴史教育

西暦六七二年。吉野に隠棲していた大海人皇子は、兄の天智天皇が崩御するや挙兵し、その嫡子で太政大臣の大友皇子を攻め、自死に追い込んだ。大海人は都を近江大津から飛鳥に戻し、飛鳥浄《きよ》御《み》原《はら》宮《みや》で即位して天武天皇となった。壬申《みずのえのさる》の年に起きた政変は「壬申《じんしん》の乱」と呼ばれている。

私が受けた敗戦以前の歴史教育は「壬申の乱」を避けた。神武以来、万世一系の天皇家が、皇族同士で皇位を争い、血で血を洗うなど論外であった。アマテラスの神代から皇統が途絶えたことはないと教わった。万世一系の皇統ならば、天智崩御の直後に皇太子の大友が即位していなければならない。「壬申の乱」の真実を教えると、大海人が暴力で皇位を簒奪したスキャンダルが明らかになってしまう。

大日本帝国憲法は「天皇ハ神聖ニシテ侵スヘカラス」と定めていた。戦時下の教師にとって、万世一系の皇統を否定するなど許されぬことであった。歴史学者などは記紀を精読しており、むろん

「壬申の乱」を知っていたが、国民に皇統の現実を伝えようとはしなかった。

初代神武の皇統が二代綏靖《すいぜい》に受け継がれる時から、兄弟による血まみれの抗争はあった。第5章で述べたとおり、二十一代雄略の場合も同様であった。『日本書紀』は皇族による皇統の争奪を赤裸々に記すが、敗戦以前の歴史教育で教えられることはなかった。古代史は学界だけの知的所有物であった。歴史認識の可否はあくまでも権力が統制し、国民のものではなかった。「壬申の乱」は戦後ようやく、国民共有の歴史となったのである。

大友が継ぐべき皇位を簒奪した天武は、自らの汚名を消し去らねばならなかった。ゆえに自らの正統性を証明する「正史」が必要となった。記紀編纂の発注者は天武であり、歴史は常に権力の私物と化す。

勅命により史書編纂の検討が始められたのは天武天皇十年（六八一）のことだが、まず世人が『古事記』の存在を知るのは、平安、鎌倉、室町と過ぎ、江戸時代に入ってからである。尾張名古屋の真福寺に伝えられていた南北朝時代の写本三帖を偶然、藩士が見つけた。真福寺の僧、賢瑜《けんゆ》が西暦一三七一年から翌年にかけて書写した現存最古とされる『古事記』である。建国神話を記述した『古事記』こそ原本が保存されるべきだったが、成立直後から行方知れずとなり、南北朝時代の写本が最古のものとなってしまった。

この「真福寺本」の「序」によって、『古事記』成立の経緯が判明した。第1章でも触れたとおり、『古事記』の「序」は編纂者の太安萬侶が自ら記している。要約する。

〈従来、皇位継承の記録や神話伝承の検討は放置されていた。天皇家と関係が深かった有力氏族の伝承にも、恣意的な虚偽が加えられてきた。結果、国史に対する人々の姿勢が曖昧になった。偽を削り、実を定める「削偽定実」を施し、正史を編纂することを天武天皇は求められた〉

天武の勅命で二十八歳の稗田阿礼が起用された。稗田阿礼は「目に度《わた》れば口に誦《よ》み、耳に拂《ふ》るれば心に勒《しる》し」と称された舎人で、起用の理由も抜群の読解力と記憶力にあったという。その稗田阿礼には、皇位継承の記録「帝皇《すめろぎの》日《ひ》継《つぎ》」つまり「帝紀」と、王朝の起源、神話、また氏族の伝承などの記録「先代旧辞《さきつよのふるごと》」つまり「旧辞」の誦習が命じられたという。なお「旧辞」は歌謡などにより伝えられてきた記録でもある。

しかし天武は『古事記』の完成を見ることなく、朱鳥《あかみとり》元年（六八六）に崩御した。第四十代天武の勅命は、天智の皇女だった四十三代元明天皇に引き継がれた。

和銅四年（七一一）九月十八日、元明は太安萬侶にあらためて史書の完成を命じた。太安萬侶は稗田阿礼が誦習した「帝紀」「旧辞」を基に、四ヶ月余で『古事記』をまとめ、翌和銅五年（七一二）正月二十八日に元明に捧げた。この時、太安萬侶が元明を「皇帝陛下」と称したこと、また『古事記』の漢文に倭音が見られることから、編纂にあたって中国の史家の講読、評価を意識したのは明らかだとされている。もとより当時の日本は、漢文以外で文章を書く方法をもたなかった。後漢の光武帝による金印の授与以来、漢文に頼る以外、記録の手段はなかった。四世紀の七支刀や五世紀の稲荷山鉄剣の銘も漢文であった。

天武の勅命から三十年が過ぎ、『古事記』は完成した。すでに天武は没し、皇位は皇后だった四十一代持統、孫の四十二代文武《もんむ》（六八三〜七〇七）、その母の四十三代元明へと受け継がれていた。

編纂になぜ三十年かかったのかは不明で、しかも原本が失われていることから、『古事記』は後世の書とも疑われてきた。この謎は未解明のままである。

一方で『日本書紀』の編纂が国を挙げて進められており、『古事記』の事業を飛鳥の宮廷が軽視した節もある。しかし『古事記』が描いた神話や伝説の独創性、古層の豊かさは、現代にも響くものがある。古代史学、文化人類学、神話学だけではなく、文学の分野をも惹きつけた『古事記』は、現代まで読み継がれてきた。

史家の意見は一致していないが、『日本書紀』の編纂については、その「天武天皇十年」（六八一）の記述に窺える。天武は天智の子の川嶋《かわしま》皇子（六五七〜六九一）、自身の子の忍壁《おさかべ》皇子（〜七〇五）ら王族、中臣氏、平群《へぐり》氏ら有力者、豪族などを大極殿に集め、やはり「帝紀」や「上古諸事《いにしえのもろもろのこと》」を検証し、記録するよう命じている。「上古諸事」とは「旧辞」を指すのであろうか。いずれにせよ太安萬侶の名が見えないことから、この記述が『日本書紀』編纂事業の開始ともされている。と同時に、天武による『古事記』の編纂事業を否定する説の根拠にもなっている。

『日本書紀』三十巻奏上の日付、養老四年（七二〇）五月癸酉《みずのととり》（二十一日）については、延暦十六年（七九七）成立の『続日本紀《しよくにほんぎ》』の巻第八が記録している（『新日本古典文学大系　続日本紀　二』青木和夫、稲岡耕二、笹山晴生、白藤禮幸校注　岩波書店　一九九〇）。『日本書紀』は奈良朝、平安朝と読み継がれ、貴族たちは語句の解釈などをめぐって講書の会を何度も開いた。その注釈は写本され、平安朝の史家、多人長《おおのひとなが》の講書『弘仁私記』などで後世に受け継がれている。第1章でも述べたとおり、多人長は太安萬侶の末裔とされる。

一方『古事記』の撰上は、「序」が元明天皇の和銅五年（七一二）と記しているが、以後、江戸時代まで世間に取り上げられることはなかった。たとえば国学者の賀茂真淵《かものまぶち》（一六九七〜一七六九）は、太安萬侶の「序」の本格的な漢文と『古事記』本文の倭風漢文のずれについて、明和五年（一七六八）三月十三日の本居宣長あての手紙（本居宣長記念館蔵）に、自らの疑念を綴っている。

「惣《すべ》て古事記ハ、序文を以て安萬侶之記とすれとも、本文の文体を思ふに和銅なとよりもいと古かるへし、序ハ恐らくハ奈良朝の人之追て書し物かとおほゆ」

つまり賀茂真淵は、『古事記』本文の文体を和銅年間より古いものと見たが、「序」は後世の奈良朝の人による追記だと推測したのである。

一方、本居宣長は、『古事記』には古代の大和言葉が記されており、『日本書紀』よりも貴重な原史料と見て、この研究に没頭した。寛政《かんせい》二年（一七九〇）から文政《ぶんせい》五年（一八二二）にかけて全四十四巻が刊行された本居宣長の『古事記伝』は、現代に至るまで日本の文学、歴史学に大きな影響を与えることになった。

日本語学の森博達《ひろみち》（一九四九〜）は『古事記』が林なら『日本書紀』は森だ」と評した。森博達は、本居宣長が「林」に咲いた満開の桜花に魅せられ、雑然とした「森」に踏み込まなかったことを惜しんでいる（『日本書紀の謎を解く　述作者は誰か』中公新書　一九九九）。

天武天皇という異能の術者

『古事記』は上中下三巻だが、『日本書紀』は三十巻の大部である。『古事記』は、神々が誕生し、その末裔が天孫降臨で九州に現れ、初代神武が東征、ヤマトで即位して以降、途切れることのない皇位を継いだ三十三代推古までの神話や伝承を記す。一方『日本書紀』は、この編纂を命じた四十代天武はもちろん、四十一代持統の治世までを記す。たとえば天孫降臨については「一書曰《あるふみにいわく》」で八つもの異説を列記するなど、『日本書紀』は「正史」の形式を整えようとしている。結果、三十巻という大部になったが、なかでも天武天皇紀は異例の上下二巻（第二十八、第二十九）を占めている。

その冒頭は天武を次のように紹介している。

「壮《おとこざかり》に及《いた》りて雄抜《おお》しく神武《たけ》し。天文、遁甲《とんこう》に能《よ》し」

「天文」とは天体を観測して吉凶を占うことで、「遁甲」とは姿を隠して人を欺き、諜報活動を行うことである。つまり歴代天皇のなかでも、勇壮かつ異能の術者だったと紹介している。この『日本書紀』の記述を裏づけるように、吉野に身を隠していたとされる大海人皇子は、天智天皇の崩御を知るや好機を逃さず、近江朝廷軍と戦火を交える素早さを見せた。

大海人は坐して近江朝廷の処断に従う気など毛頭なかった。飛鳥を離れ、吉野に隠棲した時から、気脈を通ずる諸国の王や豪族たちとの連携を模索しており、危機回避のための情報も集めていた。う陵墓築造で動員された人夫らが武装し、自身を襲うという謀略の情報をいち早く得た。決して自らは仕掛けず、何よりも近江朝廷軍挙兵の確認を優先させた。そして、天智崩御にともな紀』は「何ぞ黙して身を亡《ほろぼ》さむや」と、大海人の正当性を強調している。

一方、大友皇子は自軍の背後を固めるため、反逆を恐れて吉備の豪族は殺害し、筑紫大宰府の栗《くる》隈王《くまのおおきみ》（〜六七六）には挙兵を求めた。しかし栗隈王は言を左右にして大友の説得には応じなかった。すでに大海人の調略は西国にまで達しており、大友は緒戦で敗れていたのである。天武が「遁甲」に長けると評された背景であろう。

「天文」に長けた説話もある。突然の挙兵で当初、大海人には味方が集まらなかった。その不安を抱えながら、大海人の軍が伊賀鈴鹿の山中を彷徨《さまよ》っていると、行く手の空を黒雲が覆った。大海人は陰陽道の用具を取り出して自ら占った。すると、天下は二つに割れているが、最後に君臨するのは大海人だという卦《け》が出た。吉兆に励まされた大海人の軍は、鈴鹿の山中から三重に兵を進めた。この時、大海人は南の伊勢に祀られているアマテラスを遥拝《ようはい》し、戦勝を祈願したという。

アマテラスの霊験か、連戦連勝した大海人の軍が美濃の不破《ふわ》の関に布陣すると、味方となった諸将が参集し、大友皇子の首が捧げられた。陣営近くの行宮《あんぐう》には、大海人の皇妃の鸕野讚良《うののさら》もいたはずである。繰り返すが、鸕野讚良と自殺した大友はともに天智の子で、異母姉弟であった。

天武天皇二年（六七三）。大海人は近江には入らず、飛鳥浄御原宮で即位して天武天皇となり、鸕野讚良は皇后となった。二人の間に生まれていた草壁皇子は皇太子となった。また天武は、やはり天智の子の大田皇女との間に生まれていた十二歳の大伯《おおく》皇女を、泊瀬斎宮《はつせのいつきのみや》で潔斎させ、伊勢のアマテラスに奉仕することを命じた。泊瀬《はせ》斎宮は現在の奈良県桜井市初瀬のあたりにあったのだろうか。とにかく天武は、近江朝を打倒し、即位できたのはアマテラスの加護によるものと考え、伊勢の地での祭祀を自らの手で荘厳化しようと試みたのである。

翌天武天皇三年（六七四）十月。大伯皇女は伊勢に向かった。大伯の母の大田はすでに没していたとされる。なお大伯の同母弟は大津皇子で、父天武の挙兵時は九歳だったが、真っ先に父のもとに参じている。

天武天皇四年（六七五）二月。さらに天武は、額田王との子である十市《とおち》皇女と、のちに元明天皇となる天智の子の阿閇《あへ》皇女を伊勢神宮に参拝させた。前述のとおり十市の夫は、父が自殺に追い込んだ大友皇子である。

平安末期成立の史書『扶桑略記』が作為の濃い所伝を残している。「壬申の乱」の前夜、秘かに十市が近江朝廷の情勢を、吉野に隠棲する父の大海人に報せていたというのである（『国史大系　第六巻　日本逸史　扶桑略記』経済雑誌社　一九〇一）。また、阿閇は鸕野讃良の異母妹だが、その子の草壁の皇妃でもある。つまり阿閇は甥と結婚していた。自身の子や姪を伊勢に参拝させた天武は、あらためてアマテラスを皇祖神とし、天皇の名代として皇女らを伊勢神宮に遣わす、斎宮・斎王の制度を創始したのである。

同じく天武天皇四年。天武は芸能や仏教の奨励にも積極的に関与した。歌唱に優れた国々の男女、滑稽を演ずる侏儒や俳優などを集めて、芸能を奨励した。飛鳥の川原寺では書生に一切経の書写を行わせた。

一方で天武は、罠や簗《やな》で鳥獣や魚を獲ることを禁じた。この殺生戒の勅命で、私の故郷岐阜の長良川でも、天武の治世に鵜飼が禁じられたという伝承がある。殺生戒はむろん仏法の教えである。

天武天皇九年（六八〇）。皇后の鸕野讃良が病を患い、天武は平癒祈願のために薬師寺の建立を思い立つ。そうした行動から、天武が開明な啓蒙君主で、殺生戒を発布する敬虔な仏教徒でもあったことが明らかになる。仏教伝来からすでに百年が経っていた。飛鳥や斑鳩、難波には法興寺（飛鳥寺）、法隆寺、四天王寺などの大寺が建立されていた。出家が輩出し、仏教が着実に国教化しつつあった。皇祖神としてアマテラスを手厚く奉斎する一方で、薬師寺を発願した天武の統治からも、天皇家に神仏習合の芽が生じていた様子が窺える。

天武天皇十年（六八一）。前述のとおり天武は、天智の遺児である川嶋皇子、また自身の子の忍壁皇子をはじめ、主だった王や重臣を集めて「帝紀」「上古諸事」の検証、記録を命じた。確かに太安萬侶の名は見えないが、この勅命が『古事記』の編纂事業を指すのか、あるいは『日本書紀』なのか、史家の意見は一致していない。

天武天皇十二年（六八三）。天武天皇と大田皇女の子である二十一歳になった大津皇子が、初めて「朝政《みかどのまつりごと》を聴く」機会をもった。「朝政を聴く」とは、天皇が早朝より大極殿に出御し、大臣以下、高位の者から政情を聴く制度のことである。すでに宮廷では、大津の資質は皇太子の草壁を凌ぐと噂されていた。草壁の母の鸕野讃良の心中は穏やかではなかったろう。夫の天武も、我が子の草壁より、姉の子の大津に期待を寄せているという疑念が生じたに違いない。草壁を差し置き、「朝政」に大津が出座したとなると、皇后鸕野讃良の疑念はさらに深まったはずである。

赤という色

天武天皇十三年（六八四）。天皇家との縁故の親疎で有力氏族らの階級を厳格に分ける「八色姓《やくさのかばね》」が定められた。八色姓は真人《まひと》、朝臣《あそみ》、宿祢《すくね》、忌寸《いみき》、通師《みちのし》、臣《おみ》、連《むらじ》、稲置《いなぎ》の八階より成る。いずれも役職名ではなく、出自の尊貴の順列で、任官の参考にされた。

真人は大日本帝国憲法で言う臣籍降下で、皇族を離れて一般国民となった身分の姓を指し、たとえば当麻広麻呂《たいまのひろまろ》（～六八五）に与えられている。朝臣は皇族に準ずる身分の姓で、たとえば大三輪《おおみわの》高市麻呂《たけちまろ》（～七〇六）に与えられている。宿祢は連姓をもっていた有力豪族の大伴氏などに見られる。忌寸は由緒ある渡来人らに与えられた姓を指す。

天皇は八色姓の上に君臨した。臣下の姓は天皇に与えられて初めて権威化した。勝手に要職に就いてきた豪族らの、朝廷での地位は制限された。天皇家が認めた身分で、役職の上下が決められるようになったのである。したがって極位にある天皇に姓はない。

五世紀の「倭王武」は「安東大将軍」など仰々しい官位を中国側から与えられることで権威化したが、現実はその冊封制度に組み込まれた、臣下の身分にすぎなかった。

一方、『隋書』「倭国伝」の大業三年（六〇七）に見られる七世紀初頭の倭王タリシヒコは、俗姓を超越した存在たる「天子」を名乗っていた。推古朝の権力者と思われるタリシヒコは、中国の皇帝に「日出ずる処の天子、書を日没する処の天子に致す」と上表した。タリシヒコは倭の五王とは異なり、中国の皇帝の冊封を受けず、また以後の王権も、朝貢はすれど同様に処した。

古代史の吉田孝《たかし》（一九三三～二〇一六）は、タリシヒコによる冊封の放棄で、日本列島の古代国家のあり方が決定づけられたと指摘した（『日本の誕生』岩波新書　一九九七）。さらに吉田は次のように述べた。

「大王（天皇）がみずからは姓をもたず、ウヂ名・カバネを民にあたえるという国制は、もし倭王が中国の皇帝から冊封を受けていたら、おそらく不可能であったろう。現在まで天皇が姓をもたないのは、ここにその淵源がある」

八色姓の制度化によって、天武はヒエラルキーを超え、俗姓をもたない天子＝現人神の領域に足を踏み入れた。天武は姓を授ける側に昇りつめ、「皇親政治」を掌中にしたのである。

八色姓の宿祢が大伴氏に与えられたことは先に触れたが、この一族に大伴連御行《みゆき》（〜七〇一）がいる。大伴馬来田《まくだ》（〜六八三）や吹負《ふけい》（〜六八三）らとともに、壬申の乱を大海人皇子方で戦った。その戦功で、大伴御行は連から宿祢に昇進し、天武崩御後も持統、文武に仕え、大納言となり、没するや右大臣が贈位された。八色姓の見本のような生涯であった。御行が遺した歌を、一族の大伴家持《やかもち》（〜七八五）が『万葉集』に採録している。壬申の乱で勝利した大海人、すなわち天武天皇を讃える歌である（中西進『万葉集　全訳注　原文付（四）』講談社文庫　一九八三）。

大君は神にし坐《ま》せば赤駒の匍匐《はらば》ふ田井《たい》を都となしつ（巻十九・四二六〇）

〈天皇は神ゆえ、暴れ馬も脚を取られてもがくような田圃を、立派な都にされました〉といった意味か。天皇を初めて「神」と詠んだ歌として知られる。

『日本書紀』は巻第二十八をまるごと「壬申の乱」に費やし、知略に富む果断なリーダーとして天武を英雄化した。伊賀鈴鹿の山で空に黒雲が沸き起こった時、天武が占い、吉兆が出たという前述の挿話は、天上より派遣された八咫烏《やたがらす》が、熊野で道に迷った神武東征軍を導く伝承に通ずるものがある。天武の業績を、まるで始祖王の神武に重ねるかのような挿話である。

また『古事記』は、武器に赤旗を付けた天武の兵が逆徒を瓦のように粉砕した挿話を、むろん本文ではなく「序」に記しているが、『日本書紀』は、天武が敵兵と区別するために赤い衣を羽織らせたと記している。この「赤」を『日本書紀』は強調し、勝者たるべき天武のカリスマを決定づけた。「赤」の伝承は明らかに漢の高祖、劉邦の名声に天武を重ねようとしたものである。なぜなら天下を掌中にした漢の劉邦は、「赤龍の子」と言い伝えられていた。遠山美都男も『壬申の乱　天皇誕生の神話と史実』（中公新書　一九九六）で次のように述べている。

「赤色は中国の漢王朝がもつといわれた火徳《かとく》を象徴する。大海人は明らかにみずからを漢王朝を開いた劉邦になぞらえようとしていた」

無頼漢から皇帝に伸し上がった劉邦は、世に出る前は酒色に溺れる日々であった。『史記』の「高祖本紀」によれば、酒亭で泥酔した劉邦が眠っていると、居合わせた客がその背にうずくまる龍を見た（『史記1　本紀』）。これが評判となって酒亭の客は倍増し、劉邦の借金は帳消しにされたという。その「龍」が『漢書』の「高帝紀」では「赤龍」となり、ゆえに劉邦の軍は「赤旗」を棹の先端に掲げたと記す（『漢書3　志　下』）。天武の「赤」好みの伝承も、中国の史書を踏まえた『日本書紀』の編纂者の曲筆から生まれたとされている。

天武天皇十四年（六八五）が終わり、翌年七月には、三十六代孝徳天皇の死から三十二年間途絶えていた元号を復活させ、「朱鳥」と定めた。元号まで「朱」に染め、『日本書紀』は天武を強大なカリスマへと仕立て上げていくのである。

別の血筋がもたらした姉弟の悲劇

「壬申の乱」に勝利し、即位したカリスマ天武の血筋は皇統ではなく、天智朝とは別の系譜の覇王だと言わんばかりの寺院が、京都にある。天皇家の菩提所とされる泉涌寺《せんにゅうじ》である。

京都山科にある泉涌寺参詣の体験は、私自身、衝撃であった。最初の参詣は昭和三十九年（一九六四）、京都での映画撮影の合間であった。維新期、廃仏毀釈の嵐が泉涌寺にも襲いかかるとの噂に、明治天皇（一八五二〜一九一二）が歴代の位牌を祀る仏殿を漆喰で塗り固めさせ、これを守ったという伝承の真偽を確かめるためであった。廃仏毀釈は、祭政一致を掲げた時の政府の、明治元年（一八六八）の神道国教化政策、神仏分離政策によって引き起こされた仏教排斥運動である。東大寺、法隆寺、薬師寺などが勅願で建立されたことは知っていても、天皇家が位牌まで持つ仏教徒だったという事実に私は無自覚であった。幕末、百二十一代の孝明天皇《こうめい》（一八三一〜一八六六）の大喪も泉涌寺で執行されている。孝明はもちろん明治天皇の父である。最初の参詣では案内人がおらず、漆喰で塗り固められた仏殿を確かめることはできなかった。

東山の山中で静かに佇む泉涌寺の景観に魅せられ、二度三度と通ううち、ようやく歴代天皇の位牌を祀る霊明殿内部の拝観に参加する機会を得た。「御寺《みてら》」と称される泉涌寺は、平安京を創始した第五十代の桓武《かんむ》天皇（七三七〜八〇六）の父で、四十九代の光仁《こうにん》（七〇九〜七八一）およびその祖父の三十八代天智から直系の歴代の御尊牌を奉祀している。ところが、第四十代天武、四十一代持統、四十二代文武、四十三代元明、四十四代元正《げんしょう》（六八〇〜七四八）、四十五代聖武《しょうむ》（七〇一〜七五六）、四十六代孝謙《こうけん》、重祚して四十八代称徳《しょうとく》（七一八〜七七〇）は祀られていない。ちなみに四十七代淳仁《じゅんにん》（七三三〜七六五）は廃帝となっている。案内の女性は口ごもることなく説明した。

「この御寺には、天武系の御位牌はありません」

つまり天武の血筋は、万世一系の皇統とは異なるということなのか。天武は天智の実の弟ではなく、皇統を簒奪した別の系譜の覇王だと「御寺」は認識しているようであった。

「御寺」が臭わせる皇統を簒奪した別の系譜の覇王、また『日本書紀』が持ち上げる強大なカリスマたる天武にも当然、死は訪れた。

天武天皇十五年（六八六）五月。天武は病に倒れた。翌月、病因を占うと「草薙剱《くさなぎのつるぎ》」に祟られたという。即日、宮中に祀っていた三種の神器の一つ「草薙剱」を、尾張の熱田社《あつたのやしろ》に遷座させた。天武は痛切に、飛鳥寺の衆僧に訴えている。

「近者《このごろ》、朕《わ》が身不和《やくさ》む。願《こ》ふ、三宝《さんぼう》の威《かしこきみたまのふゆ》に頼《よ》りて、身《み》体、安和《やすらか》なることを得むとす」と。訳せば〈近頃、朕は体調が悪い。仏の威光にすがって安らぎを得たい〉となろうか。アマテラス信仰が権威の源泉だったはずだが、天武にとって死にまつわる不安や恐怖を和らげることができるのは、仏教であった。

三ケ月後、天武は崩御した。天武に祟った「草薙剱」は、スサノオが出雲の八岐大蛇《やまたのおろち》の尾を割いて得た霊剣である。言わば出雲の神が、天武の命を奪ったことにもなる。

天武崩御後、皇后鸕野讃良による持統称制となった。皇太子の草壁は二十四歳の若さで、しかも病弱であった。国事多難な上に天武の殯宮《もがりのみや》儀礼が長引き、早期の即位は許されなかった。

カリスマ天武の葬送では、前例のない規模の儀礼が挙行された。御所の南庭に殯宮を設け、柩の前では「発哭《みねたてまつる》」が繰り返された。発哭とは、天智の葬礼の光景を詠んだ額田王の「山科御陵退散歌」のくだりでも触れている、貴人の死を悼み、声を三度発して泣く「哭泣《こっきゅう》」を指す。その哭泣の儀礼を、持統は何度も執行した。時には諸々の僧尼を集めて行わせた。「泣き女」という葬礼が現在も東アジアの各地に残っているが、僧尼による哭泣は、殯宮を悲劇的な響きで覆ったに違いない。

また、朝鮮半島の百済と高句麗はすでに滅んでいたわけだが、戦乱を逃れて渡来した多くの亡国難民も殯宮に参じ、天武の霊に哀悼の意を捧げたという。彼ら渡来人に、天武の遺志を継いだ持統は甲斐、下毛野《しもつけの》、常陸といった国々の田地を与えて保護した。

この間、大津皇子による異母兄の皇太子、草壁の暗殺計画が発覚した。大津は加担した三十余人とともに拘束された。ただ処刑は大津だけで、加担者の一部が流刑された他は無罪放免となった。

のちの四十六代孝謙天皇の治世、天平勝宝《てんぴょうしょうほう》三年（七五一）に成立した、日本における現存最古の漢詩集『懐風藻《かいふうそう》』が、大津の略伝を記している（『懐風藻』江口孝夫全訳注　講談社学術文庫　二〇〇〇）。大津の容姿は魁悟《かいご》、つまり堂々たる体軀で風格があり、幼年より文才に恵まれ、博覧強記で詩賦《しふ》に長けていたと。武勇の誉れも高かったが、しかし放蕩な性格で逆謀、つまり法度《はっと》を軽んじたことを『懐風藻』の略伝は惜しんでいる。持統にしてみれば、自身の子の草壁を天皇に即位させねばならない。ともに天武の子だが、姉の大田皇女の子の大津が、我が子の草壁より秀でているなどという世評は、許し難いことであった。

大津の処刑に示された持統の露骨な憎悪に、世人は慄然とした。夫の処刑を知った山邊皇女《やまのへのひめみこ》（〜六八六）は髪を振り乱し、裸足のまま奔り出て殉死したという。なお山邊皇女も天智の子である。

一ヶ月後。伊勢神祠《かみのまつり》に奉仕していた斎宮で、大津の姉の大伯皇女が都に帰ってきた。「神祠」という『日本書紀』の持統称制の表記からすると、まだ伊勢は本格的な社殿ではなく、仮宮だったのではないか。その伊勢の斎宮である姉を、不安に駆られた生前の大津は秘かに訪ねていた。人目を避けた夜明け前、立ち去る大津の後ろ姿が、今生の別れになるかもしれないと詠んだ大伯の歌が、『万葉集』に採録されている。

わが背子《せこ》を大和へ遣《や》るとさ夜深《ふ》けて暁露《あかときつゆ》にわが立ち濡れし（巻二・一〇五）

姉の大伯の予感は的中し、弟の大津は謀叛の罪で処刑された。大津の遺体はヤマトの西に聳える二上山の雄岳の頂に葬られた。大伯の挽歌は、『万葉集』のなかでも際立って心揺さぶる韻律を響かせ、後世に残った。

うつそみの人にあるわれや明日よりは二上山《ふたかみやま》を弟世《いろせ》とわが見む（巻二・一六五）

大伯と大津の姉弟の悲劇について、国文学の中西進は『万葉集　全訳注　原文付（一）』で、最終的に詞人《しじん》が歌物語として構成したと見ている。詞人とは題詞の編者を指すが、大津を詠んだ大伯の歌は、後世の創作だと暗示しているようにも受け取れる。

持統称制は王権を掌握したばかりである。いくら姉弟でも、大伯が罪人の大津を偲ぶ歌を、世間で大っぴらに披露したとは思えない。大伯と大津の悲劇を世の記憶に残そうと、名を伏せて代作した詞人の存在を想像することは許されよう。

義母の持統に謀叛の罪で処刑され、「憐れみのないおつかさま」と嘆いた大津の霊魂が、二上山の棺のなかで長い眠りから醒め、「した　した　した」と甦る様を描いたのが、折口信夫の幻想小説『死者の書』(青磁社　一九四三)である。

事実化された「詩」

草壁皇太子は短命であった。

『日本書紀』の持統天皇三年（六八九）。天武天皇の埋葬が終わって半年も経たずに、草壁は二十八歳で世を去った。母持統の悲しみは深かったに違いない。皇太子妃の阿閇《あへ》皇女には七歳の男子がいた。珂瑠皇子《かるのみこ》で、のちの四十二代文武天皇である。天武の血統の維持継承は、幼少のこの皇孫にかかっていた。祖母の持統の危機感は増すばかりだったはずである。

草壁皇太子の殯宮では、柿本人麻呂が荘重な挽歌を詠んだ（中西進『校訂　萬葉集』角川書店　一九九五）。

天地之《あめつちの》　初時《はじめのとき》　久堅之《ひさかたの》　天河原尒《あまのかわらに》　八百萬《やおよろず》　千萬神之《ちよろずがみの》　神集《かむつどい》　〻座而《つどいいまして》　神分《かむあがち》　〻之時尒《あがちしときに》　天《あま》
照《てらす》　日女《ひめ》之命《のみこと》（巻二・一七七）

歌い出しは『古事記』の冒頭「天地初発之時　於高天原成神」と同工異曲である。草壁の死亡時には未完成だった『古事記』の、高天ヶ原とアマテラスの神話が、すでに柿本人麻呂の挽歌に引用されていたことがわかる。『古事記』が天孫降臨神話と連動させて皇国の起源を語ったのと同様、草壁を聖なる日嗣《ひつぎ》と見た儀礼的な絶唱で、一個人の哀悼の域を超えている。持統称制による皇位継承の原理性を追求した『古事記』の使命が、柿本人麻呂の挽歌の背後にも見え隠れする。

太安萬侶による『古事記』の「序」では、稗田阿礼が誦習した「帝紀」や「旧辞」は漢文で書かれた史料だったとされる。つまり筆録者の太安萬侶は、稗田阿礼が声に出して読んだ人名や地名、歌謡などの倭音を、再び漢字音《かんじおん》に転換しなければならなかった。「一句の中に、音訓を交へ用ゐ」るなど「字に於きて即ち難《かた》し」と、古代倭人の発音を漢文で表記する苦労を、太安萬侶は告白している。

西暦五七年の金印授与や三世紀の卑弥呼の朝貢以来、倭国の遣使たちは漢や魏の皇帝に漢文で何度も上表したはずである。平成二十八年（二〇一六）九月二十八日の「毎日新聞」によれば、かつての伊都国とされる福岡県糸島市の後期弥生遺跡で、二個の硯《すずり》の破片が見つかっているが、以来、八世紀の記紀成立までの間に、中国の王朝との外交で漢文に練達した倭人史官が出ていてもおかしくはない。その間、稲荷山鉄剣の銘文があった。稗田阿礼が誦習した「帝紀」「旧辞」も、先人が書き留めてきた漢文だったはずである。漢文の史料に精通していたからこそ、太安萬侶も『古事記』の撰進者に起用されたのではなかったか。

実際に『古事記』を読むと、神々の複雑な名や由緒などが入り乱れており、一字一句、稗田阿礼が暗誦したなど人間業とは思えない。『古事記』上中下三巻は首尾一貫して日嗣神話を受け継いだ皇統を語っているわけだが、粗筋を言えば、まず混沌たる世界が天と地に分かれた。高天ヶ原という天上界に現れた神々の系譜からアマテラスが誕生した。この日神の子孫が地上に降臨し、国を建て、皇統を継いでいった。史実と言うよりフィクションで、まさに物語＝神話である。伝えられてきた数々の神話をすべて天皇家の起源に結びつけ、矛盾なく構成することが「削偽定実」で、『古事記』編纂の主眼であった。つまり天武が求めた「削偽定実」とは、混乱した歴代天皇の系譜から「異説」を排除し、祖神アマテラスの皇孫こそ統治者だと定義することであった。持統にとっても、日嗣たる草壁を失った時、珂瑠だけが天孫として皇位を継ぐべき唯一の存在であった。

すでに古代中国の史家たちは、倭人のコトバを漢字音で捉え、聞こえたとおりに記そうと努力していた。「魏志倭人伝」では対馬国、伊都国、邪馬台国、卑弥呼、難升米、都市牛利など地名や人名、また官名にまで万葉仮名の先行とも言える表記がなされていた。たとえば辺境守備の官名と思われる「夷守《ひなもり》」は「卑奴母離」と表記されていた。

『古事記』のなかでも出雲神話には、古代らしい大らかな万葉仮名が駆使されている。アマテラスに乱暴を働き、高天ヶ原から地上に追放されたスサノオは、出雲で八岐大蛇を退治し、その尾を割いて「草薙剱」を得た。そしてイケニエにされそうだった櫛名田比売《くしなだひめ》を救い、妻に迎えた。物語中、寝所をともにする家を得たスサノオの喜びを表す歌謡がある。この歌詞の発音を、一度聞けば決して忘れないという稗田阿礼が記憶し、太安萬侶が漢字に置き換えた。漢字を確定させる作業に太安萬侶は難儀したことであろう。

夜久毛多都　伊豆毛夜幣賀岐　都麻碁微爾　夜幣賀岐都久流　曾能夜幣賀岐袁

「八雲立つ　出雲八重垣　妻籠《つまご》みに　八重垣作る　その八重垣を」。このスサノオが詠んだ三十一文字こそ和歌の最初だと、紀貫之《きのつらゆき》は延喜《えんぎ》十三年（九一三）頃に成立した『古今和歌集』の「仮名序」で称えた。

『古事記』成立の礎となった稗田阿礼の誦習は、暗誦ではないと指摘したのが津田左右吉である。大正十三年（一九二四）に刊行された前掲の『古事記及日本書紀の研究』で津田は言う。天武が求めた「削偽定実」の大事業が、舎人の稗田阿礼一人の手によるわけがないと。そして「帝紀旧辞は書籍となつているものであるから、阿礼はその書籍を取扱つたのである」と述べた。漢音で記された「書籍」の文字をどのように誦み習い、解釈するかが稗田阿礼の役割だったと津田は指摘したのである。

先に津田は、大正八年（一九一九）刊行の『古事記及び日本書紀の新研究』（洛陽堂）で、記紀における八咫烏の神話を検証し、神武東征を史実として扱うことを拒んでいた。八咫烏の奇跡をめぐる津田の考察は独特である。

『古事記』に現れる八咫烏は、深い森が覆う熊野で、手強い国つ神の攻撃に曝された神武東征軍の前に飛来し、安全な場所へと導いた大烏を指し、高木神が遣わしたものとなっている。

しかし『日本書紀』になると物語の神秘化が進む。森を彷徨い、疲れ切った神武の夢のなかで、天照大神が告げる。〈今から八咫烏を遣わす。道案内になるであろう〉と。果たして大烏が現れ、神武は〈吉夢が叶った。我が御先祖の天照大神が建国をお助けくださる〉と、東征が神意に基づくことを力説した。神武東征軍の神秘化はさらに進む。熊野を抜け、ヤマトを望む宇陀の地へ出た神武に賊軍が襲いかかると、金色の鵄《とび》が飛来し、目も眩む光芒を放ってこれを圧倒した。神武の弓に止まった金鵄《きんし》の説話は『古事記』にはない。その相違から津田は金鵄の飛来について、八咫烏の説話にヒントを得た『日本書紀』の編纂者による創作だと断じた。天皇の存在を、目も眩む光輝を放つ現人神に昇華させるための神話であると。ちなみに明治の日清、日露から昭和の戦争まで、特別に軍功のあった兵士に授与された金鵄勲章は、この説話から生まれている。

記紀の字面を追えば、皇室の由来と国家の起源は説かれているが、民族の歴史は記されていないと述べ、津田は『古事記及び日本書紀の新研究』で次のように「結論」づけた（『津田左右吉全集』別巻第一　岩波書店　一九八九）。

「記紀の上代の物語は歴史では無くして寧ろ詩である。さうして詩は歴史よりも却つてよく国民の内生活を語るものである」

一九七二年（昭和四十七）、中国湖南《こなん》省長沙《ちょうさ》市東郊の前漢時代の墳墓、馬王堆《まおうたい》で重要な発見があった。長沙国の丞相を務め、紀元前一九三年に初代軑侯《たいこう》となった利蒼《りそう》（～前一八六）および妻子の埋葬遺体とともに、古代中国の世界観を表す、絹布に描かれた見事な帛画《はくが》が見つかったのである。帛画の最上部には日月の日、すなわち赤い太陽のなかに二本足の黒い鳥が描かれていた。この鳥が日本に伝わり、アマテラスの使者あるいは化身になったとの仮説が、文化人類学より提示されている。八咫烏飛来の神話は意外性が強い。なるほど神武東征軍を覆った熊野の深い森に、どんな妖怪が現れても不思議はない。しかし、この大烏は八咫烏で、太陽神アマテラスの化身だと言われても、それが熊野で胎生した信仰だとは思えない。大烏は『日本書紀』で金鵄にまで昇華させられ、建国神話を補強することになった。

そしていつの間にか、太陽神の象徴だった八咫烏は三本足になる。初出は延暦十六年（七九七）

馬王堆漢墓1号墓の内棺の蓋板を覆っていた帛画（中国湖南省博物館蔵）

成立の『続日本紀』巻第二の大宝元年（七〇一）正月である（『新日本古典文学大系　続日本紀　一』）。皇太子の珂瑠は文武天皇となっていた。この文武が、臣下の朝賀を受ける藤原宮の大極殿に臨御した時の描写で、正門に「烏形《うけい》の幢《はた》を樹《た》つ」とある。「烏形の幢」とは「烏形幢《うぎょうどう》」のことで、蓮華台に据えられた竿の先に、翼を広げた三本足の、金銅製の烏を装着した幢《はたほこ》を指す。神話に基づき国の起源を「史実化」した光景である。なお同年、法治国家としての新たな歴史を刻む「大宝律令」が発布されている。

昭和六年（一九三一）の六月。神武による皇国創生の栄誉にあやかり、大日本蹴球協会（現日本サッカー協会）が三本足の八咫烏をエンブレムに採用した。二十一世紀の現代でもサッカー日本代表のユニフォームの胸には、三本目の足でボールを掴む八咫烏のエンブレムが付けられている。古代神話の威力は衰えを知らない。

津田左右吉の以前以後

記紀の編纂者は「史実化」のために、アマテラスの末裔たる神武のヤマト平定、始祖王としての即位を、より古く神話の時代に重ね合わせなければならなかった。第2章で那珂通世の提言に触れたが、歴史的な変革は干支の辛酉《しんゆう》年に起こるという中国の讖緯《しんい》説に『日本書紀』は根拠を求めた。那珂の提言は明治期の古代史学に大きな影響を与えた。

讖緯説とは、古代中国で盛行した陰陽五行説に則り、天変地異から運命を予言する神秘思想を指す。しかし、有史とされる推古天皇の辛酉年にも、斉明天皇の辛酉年にも、国体が転覆するような革命的事件は起きていない。讖緯説の本場である古代中国でも、辛酉年の歴史的な変革は見当たらない。三世紀の晋の時代には、易姓革命など王権簒奪の正当化に口実を与えるものとして危険視され、讖緯説による予言は禁じられるようになったという（『広辞苑　第五版』新村出編　岩波書店　一九九八）。

一方、讖緯説に基づき、神武の即位を紀元前六六〇年に設定した八世紀成立の『日本書紀』は、世界史の年代との整合性を失うことになった。初代神武は百二十七歳、二代綏靖《すいぜい》は八十四歳、五代孝昭《こうしょう》は百十四歳、六代孝安は百三十七歳、七代孝霊《こうれい》は百二十八歳、八代孝元は百十六歳、九代開化は百十五歳、十代崇神は百二十歳と、古代天皇のあり得ない長命が『日本書紀』には記録された。にもかかわらず、日本における古代の「空白」は埋まらず、神功皇后も百歳まで生きねばならなかった。

天皇のそのような長命から、津田左右吉は、神武に続く綏靖、安寧《あんねい》、懿徳《いとく》、孝昭、孝安、孝霊、孝元、開化の八人について、記紀に物語が一つもないと述べ、存在自体を疑問視した。そして初代神武と十代崇神の間の天皇について、二代から九代を欠史と断じた。前掲書『古事記及び日本書紀の新研究』の「結論」のなかで、欠史八代の考えは万世一系の皇統におけるタブーを打ち破るものであった。

皇国史観の唱道者だった蓑田胸喜《みのだむねき》（一八九四〜一九四六）が、昭和十四年（一九三九）の論文「津田左右吉氏の大逆思想」で、津田の著作に対する凄まじいまでの憎悪を露わにしている。欠史八代を指摘した津田の前掲書は、さらに十代崇神から十四代仲哀までの物語についても史実とは認め難いと断じていた。

「かくの如き津田氏の神代上代史捏造論、即ち抹殺論は、その所論の正否に拘らず、掛けまくも畏き極みであるが、記紀の「作者」と申しまつりて「皇室」に対し奉りて極悪の不敬行為を敢てしたものなるは勿論、皇祖、皇宗より、仲哀天皇に及ぶまでの御歴代の御存在を否認しまつらむとしたものである」（国立国会図書館デジタルコレクション）

引用文中の傍点は蓑田自身によるものだが、この論文が発表された翌年の昭和十五年（一九四〇）は、皇紀二千六百年であった。日本人は英米など列強の近代科学主義に異を唱え、天孫降臨の末裔たる天皇を現人神と仰ぐ皇国史観に陶酔していた。そのような国民的機運に乗じ、政界や学界、言論界は、早稲田大学の教授だった津田の古代史研究の諸論文に非難の嵐を浴びせた。この圧力に屈し、早稲田大学は津田の職を解いた。政府は『神代史の研究』（岩波書店　一九二四）など著作四冊を発禁処分とした。さらに津田は、のちに時効成立で無罪にはなるが、皇室を冒瀆したとの謂いで、出版法違反で起訴もされた。

津田史学の評価が逆転したのは、むろん敗戦以後のことである。津田の不敬の罪は否定され、蓑田は自殺した。熱烈な支持が津田に集まった。その津田が昭和二十一年（一九四六）、岩波書店の「世界」第四号掲載の「建国の事情と万世一系の思想」で、あらためて自らの歴史観を述べた（『津田左右吉歴史論集』今井修編　岩波文庫　二〇〇六）。

「ともすれば戦争の起り易い異民族との接触がなく、すべての国家がみな同一民族であったがために、好戦的な殺伐な気風も養われなかった。小国家が概して小国家たるにとどまって、甚だしく強大な国家の現われなかったのも、勢力の強弱と領土の大小とを来たすべき戦争の少かったことを、示すものと解せられよう。キュウシュウ地方においてかのヤマト（邪馬台）が、附近の多くの小国を存続させながら、それらの上に勢力を及ぼしていたのも、戦勝国の態度ではなかったように見える。かなり後になっても、日本に城廓建築の行われなかったことも、またこのことについて参考せらるべきである」

「建国の事情と万世一系の思想」は二部構成となっているが、「一　上代における国家統一の情勢」でそう述べた津田は、「二　万世一系の皇室という観念の生じまた発達した歴史的事情」で次のように論を展開している。

「皇室が日本民族の外から来てこの民族を征服しそれによって君主の地位と権力とを得られたのではなく、民族の内から起って次第に周囲の諸小国を帰服させられたこと、また諸小国の帰服した状勢が上にいったようなものであったことの、自然のなりゆきとして、皇室に対して反抗的態度をとるものが生じなかった、ということである」

つまり「異民族との接触」がほとんどなく、内戦も少なかったがために、皇居に「城郭」を必要とせず、日本人は自発的に万世一系の思想を育んだと見た津田は、文末で次のように述べている。

「国民みずから国家のすべてを主宰すべき現代においては、皇室は国民の皇室であり、天皇は『われらの天皇』であられる。『われらの天皇』はわれらが愛さねばならぬ」

敗戦以後の津田が天皇制を否定しなかったことに、左翼や唯物論者らは失望したわけだが、なるほど大正二年（一九一三）の『神代史の新しい研究』（二松堂書店）に始まる津田の古代史論は、改訂が重ねられていた。大正八年（一九一九）刊行の前掲書『古事記及び日本書紀の新研究』は、大正十三年（一九二四）には改稿され、「及び」の「び」と「新研究」の「新」が消え、『古事記及日本書紀の研究』となった。さらに改訂は止まず、津田は再び加筆し、戦後、昭和二十三年（一九四八）には『日本古典の研究』上巻が、二十五年（一九五〇）には同下巻が岩波書店より刊行された。

ユーラシア大陸では、紀元前十六世紀頃から、鉄器文明や騎馬軍団による権力抗争の歴史が記録されていた。紀元前三世紀の漢など、東アジアの帝国の興亡の記録に触れた七世紀末の天武朝は、権威を示すために、大陸に劣らぬ自らの「歴史」を必要とした。フィクションか否かにこだわらず、とにかく皇室の由来が古いことを示さなければならなかった。ところが「帝紀」「旧辞」には、皇室の起源の古さを示す記録がなかったと津田は推理した。

津田は、皇位継承の史料である「帝紀」を漢文で編述できた最初は、六世紀中葉の欽明天皇の時代ではなかったかと考えた。この理由を津田は説明していないが、確かに欽明朝の西暦五五二年は、百済の聖明王より仏像や経論が贈られるなど、仏教公伝という新時代に突入していた。漢訳で仏典を味わった倭国の知識人は、世界の地理、歴史、宗教、また異民族の存在や習俗などを記述できる漢字文化の先進性に、感銘を受けたことであろう。また仏教を介して百済との関係が密になるにつれ、仏師や寺院建築の技術者など渡来人が増え、彼らとの交流でも倭人は大いに刺激を受けたことであろう。そして、朝鮮半島の争乱にも深く関与することになった。「帝紀」は欽明期に書かれたと津田が考えたのは、高句麗や新羅、百済などと同様、政治および歴史について「国」として自覚せざるを得ない、当時の日本の状況を想定したからではなかったか。

津田は、失われたまま放置されていた欽明以前の古代天皇の記憶に対し、天武朝の記紀編纂者が果たした役割を考察している（『日本古典の研究　上』『津田左右吉全集　第一巻』岩波書店　一九六三）。つまり天武朝になって、記紀の編纂者が「後の事実を上代に移して物語としたがため、実際行はれた時代には、それが空虚になつた」と。そして、この「空虚」を埋めるために、記紀の編纂者は創作の機会を得たと。また、神武東征についても「東遷そのことが皇孫降臨のくりかへし又は延長の意味をもつてゐるやうに、語られてゐる」と述べ、この伝説が「神代と人代とを連結する用をなしてゐる」と津田は断じた。

一方、戦後世代の研究者は、津田が神話や神武東征に史実の反映を認めないことに異議を唱えた。九州の日向からヤマトまでの地名が具体的なことから、神武の東征には史実が反映していると見て、その復元を試みる研究者が現れた。彼らは荒唐無稽な物語にも何か歴史的事実が反映していると考え、文化人類学や神話学などを援用し、積極的に記紀を研究対象の史料と捉えたのである。

「天壌無窮」の神勅

上田正昭は『私の日本古代史　上』（新潮選書　二〇一二）で「日本文化イコール稲作文化ではなく、稲作のコメの文化自体が渡来の文化であったことに、改めて注意する必要がある」と述べた。この一文から、私は『古事記』にある「水穂国《みずほのくに》」というコトバを思い出した。

「豊葦原《とよあしはら》の水穂国は、汝《いまし》知らさむ国ぞと言依《ことよ》さし賜ふ。故《かれ》、命《みこと》の随《まにま》に天降《あまくだ》るべし」

天孫ニニギの降臨のさい、皇祖アマテラスが発した神勅である。稲が豊かに稔る「水穂国」は、アマテラスの皇統だけが「知らさむ」＝統治するとの宣言である。そのアマテラスの神勅は、『日本書紀』になるとさらに修飾され、皇統の絶対性を際立たせる。

「葦原の千五百秋《ちいほあき》の瑞穂《みつほ》の国は、是《これ》、吾が子孫《うみのこ》の王《きみ》たるべき地《くに》なり。爾皇孫《いましすめみま》、就《い》でまして治《しら》せ。行矣《さきくませ》。寶祚《あまのひつぎ》の隆《さか》えまさむこと、當《まさ》に天壤《あめつち》と窮《きわま》り無けむ」

訳せば〈幾千年と限りなく、稲が豊かに稔る国は、我が子孫だけが王として君臨できる土地である。皇孫ニニギよ、今こそ高天ヶ原より降り、瑞穂国を統治せよ。皇位の弥栄《いやさか》は、天地が無窮の如く永遠である〉となるか。いわゆる「天壌無窮《てんじょうむきゅう》」の神勅である。

アマテラスの神勅の絶対性で、敗戦以前の日本人は硬直化した。認識を神が統治する「瑞穂国」から「水稲耕作の国」へと改めるまで、日本人はどれほどの血を流したことか。どれほどの人々が拷問されたことか。そして、どれほどの異国人を殺したことか。「天壌無窮」という成語は、大陸や半島の人々に漢字の指導を受けた史官によるもので、倭人が古代から伝承してきた言語の類ではない。しかしその神勅を前に、明治維新以後の日本人は、神話と歴史を一体化させた。

「天壌無窮」の神勅が放つ威力については、明治二十二年（一八八九）の大日本帝国憲法制定時、天皇が皇祖神に捧げた「告文《こうもん》」からも読み取れる。国立国会図書館の電子版より引用する。

「皇朕《スメロギ》レ《ワ》謹《ツツシ》ミ畏《カシコ》ミ、皇祖皇宗ノ神霊ニ誥《ツ》ケ白《モウ》サク、皇朕レ天壌無窮《テンジヨウムキユウ》ノ宏謨《コウボ》ニ循《シタガ》ヒ惟《コレ》神ノ寶祚《ホウソ》ヲ継承シ旧図《キユウト》ヲ保持シテ敢テ失墜スルコト無シ」

明治天皇は、アマテラスより賜った「天壌無窮」の神勅に従って皇位を継承し、その権威を決して失墜させないと誓ったのである。憲法の制定がなぜ明治天皇を警戒させ、あるいは恐縮させたのか。なぜ「天壌無窮」なる成語を書き込み、皇祖皇宗に「告文」を捧げたのか。

さらに「告文」には「外ハ以テ臣民翼賛ノ道ヲ広メ永遠ニ遵行セシメ、益々国家ノ丕基《ヒキ》ヲ鞏固《キョウコ》ニシ」と記されている。つまり〈世界の大勢に従い、翼賛＝選挙による人民の政治参加を受け入れ、国家の基礎を固める〉が、しかし天皇が統べる国体を変革するものではないと言っている。

国民に選挙権を与えれば、天皇による統治の原理が揺らぐのではないかと、明治政府は不安を抱いていた。この不安を消し去るために、大日本帝国憲法は第三条の「天皇ハ神聖ニシテ侵スヘカラス」という規定で補強された。大日本帝国憲法の主調音たる国粋主義は、民権運動に対する恐怖、反作用から生じたのである。一方、民権をめぐる恐怖は、政府とは別の意味で、臣民と呼ばれた民衆も強く自覚していた。

明治維新を契機に生じた民権運動の多様性を説明するのは容易ではない。徳川幕府の封建制度を打倒するも、国家の主権者が不在のまま、薩長の独裁体制が現出した。政策の開明性は仇討禁止令や断髪令、廃刀令などで示されたが、しかし国民主権に通ずる自由選挙への警戒は揺るがなかった。と同時に、その民権を主張したのも、維新の志士たる士族階級であった。

明治七年（一八七四）には、司法卿だった江藤新平（一八三四〜一八七四）が民撰議院設立を建白したが、佐賀の乱を起こして斬罪、曝し首となった。明治九年（一八七六）には、長州萩で不平士族を率いて叛乱を起こした前原一誠《まえばらいっせい》（一八三四〜一八七六）が敗れ、斬首された。明治十年（一八七七）には、政府に異議を唱え、西郷隆盛（一八二七〜一八七七）が鹿児島で挙兵した。いわゆる西南の役で西郷は敗れ、故郷の城山《しろやま》で切腹した。これらの叛乱を制圧した明治政府の処断は確たる法令に従ったものではなく、ひたすら天皇を担ぐ新権力の絶対性を民衆に明示することになった。士族による民権運動に名を借りた血みどろの権力闘争を目の当たりにし、民衆は恐怖したことであろう。民権運動を牽制するばかりだった時の政府による大日本帝国憲法では、ゆえに近代国家における天皇の存在意義の、決定的な理念が欠落していた。現人神が世俗の政治権力とどう関わるのか、立法的言説が求められ、昭和に入っても紛糾していくことになった。論争の発火点になったのが、美《み》濃部達吉《のべたつきち》（一八七三〜一九四八）の「天皇機関説」である。

昭和十年（一九三五）。法学者の美濃部らは、統治権は法人たる国家に属し、その最高機関として天皇の存在を捉えた。国事は内閣が補佐し、天皇は世俗的な政治には関与しないと解釈したのである。対して、天皇を国家元首として君臨する存在と捉えた上杉愼吉（一八七八〜一九二九）らが反論した。上杉は天皇主権論者であった。また、天皇中心主義の蓑田胸喜も美濃部攻撃に加わった。蓑田は津田左右吉の古代史学ばかりではなく、法学にまで非難の矛先を向けた。さらに軍部、右翼からも非難を浴びせられた美濃部は、貴族院議員を辞職し、翌年には銃撃テロにも遭っている。著作も発禁処分となった（宮沢俊義『天皇機関説事件』有斐閣 一九七〇）。

テロまで生んだ「天皇機関説」論争の果てに、天皇の神格化は完成した。そして天皇＝現人神を頂く日本は、大東亜戦争を引き起こし、敗北の道を歩むことになった。

水穂国のイネ

現代の研究では、いわゆる「水穂国」の稲作は、約三千年前の縄文末期に、中国江南からの渡来人がもたらしたものと考えられている。イネの品種改良に従事した農学の池橋宏（一九三六〜）は、『稲作渡来民 「日本人」成立の謎に迫る』（講談社選書メチエ 二〇〇八）で述べている。曰く、古代の稲作を支えたのは、長江（揚子江）下流域の呉越の人々であったと。操舟に長けた呉越の人々は移動を繰り返し、降雨量の多いベトナムやインド北東部の州アッサムに至る東アジアに、稲作と漁労を盛行させた。池橋によれば、長江下流域での農耕社会の成立については、紀元前三世紀の巨大な水利工事の遺跡や、紀元前九一年頃成立の『史記』の記述からも理解できるという。

だが長江下流域を起点に、呉越の稲作がどのように東シナ海を渡り、日本にたどり着いたのか。百年にわたり学界で論じられてきたが、主な説として長江流域からの直接渡来、南島（琉球列島）経由、朝鮮半島経由という三つのルートがある。柳田國男が昭和二十七年（一九五二）発表の「海上の道」（『海上の道』岩波文庫 一九七八）で唱えた南島経由説については、考古学的には未だ立証できていないと池橋は述べた。

稲作渡来の歴史について、池橋は次のように概観している。まず紀元前五〇〇〇年から同三三〇〇年の、新石器時代の初期に稲作は始まった。当期の東シナ海沿岸の河姆渡《かぼと》遺跡については第1章でも触れたが、高床式住居跡、また豚や水牛による稲作の痕跡が見つかり、最古のものとされている。紀元前七七〇年から同四〇三年の春秋時代になると、呉と越の国が登場した。紀元前三三四年には越が滅ぼされ、イネ栽培の技術者は亡命先として日本列島を目指した。池橋は、イネ栽培の技術者が日本に到達したルートについて、朝鮮半島経由でなければならないと考えた。そして、中国の山東半島を渡来基地と見た。

しかし中国の研究者は、長江より北に位置する山東半島や黄河流域、河北地方について、アワやトウモロコシの畑作が主で、稲作には適さないと考えてきた。そこで池橋は、円仁《えんにん》（七九四～八六四）の旅の日記『入唐求法巡礼行記《にっとうぐほうじゅんれいこうき》』に注目した。円仁は平安時代の承和五年（八三八）、最後の遣唐使に随行した、のちの天台座主《ざす》である。紀行文学の先駆と言える『入唐求法巡礼行記』は、駐日アメリカ大使だった歴史学者E・ライシャワー（一九一〇～一九九〇）の研究でも世に知られている。

承和五年六月二十四日、遣唐使たちは東シナ海で風浪に翻弄されたが、円仁が乗る船は座礁して助かった。船体は全壊したものの、六月二十九日にようやく接岸できた。そして七月二日、円仁は長江北岸の揚州に上陸した。この日から約十年にわたって『入唐求法巡礼行記』は綴られることになる。

遣唐使随行員の身分では許されない長期滞在の認可を円仁が得られたのは、当地にいた新羅の僧や商人の援けによる。円仁は揚州より北上した山東半島で足止めを食っていた。円仁の名声を聞きつけた新羅の僧や商人が、唐の仏教寺院や顔見知りの役人を説得し、長期滞在が認められたのである。

『入唐求法巡礼行記』は長江北岸の揚州上陸に始まり、山東半島、五台山を経て、長安に達する。経典、仏像、仏具などの購入、蒐集に努めた円仁は、山東半島と日本を繋ぐ海上交通の仔細な日程、行く先々で見た衣食住や農耕、岩山が連なる内陸部の地形などを記録した。

当時の朝鮮半島では、百済、高句麗を破った新羅が統一国家を築いていた。三韓分立の時代は終わり、半島は新羅国と総称されていた。新羅人は渤海を望む山東半島北の登州や、先端の赤山浦《せきざんほ》などの港湾都市を拠点に、海をまたいで仏法の布教や交易を行っていた。彼らは新羅町を形成し、たとえば通訳業者は日中韓三ヶ国語を操ったと円仁は記している。

しかし円仁が入唐して二年、西暦八四〇年に武宗《ぶそう》（八一四〜八四六）が即位すると、仏教弾圧の嵐が吹き荒れた。唐第十五代皇帝の武宗は道教に心酔していたのである。円仁も記すとおり、武宗は八四五年、全土に廃仏を命じ、二十余万人を還俗《げんぞく》させ、在唐の留学僧すべてを国外追放とした。仏教の肥大化による王権への侵害を恐れたとも言われている。約十年の修行に区切りをつけた円仁らは、揚州からの帰国の認可を得られず、山東半島の赤山浦へ再度の北上を余儀なくされた。

承和十四年（八四七）九月二日に円仁は赤山浦を発ち、一日一夜で朝鮮半島の、かつての百済領の沖合を通過した。さらに一日一夜で現在の忠清南道公州市、熊州《ゆうしゅう》の山島の夜明けを望見、向かい風に苦しめられながら、現在の全羅南道珍島西方の高移島に停泊した。六日、七日と風を待ち、九月十日には九州松浦に到着した（『入唐求法巡礼行記』深谷憲一訳　中公文庫　一九九〇）。「魏志倭人伝」は、現在の黄海南・北道辺りとされる帯方郡から邪馬台国まで水行十日、陸行一月と記すが、円仁の場合、山東半島から朝鮮半島西海岸に沿って、八日間で九州に到達している。

池橋宏は円仁がたどったルートを実際に追体験し、検証した。そして北に渤海、東に黄海を望み、朝鮮半島と向き合う山東半島が、古代アジアの海上交通の要衝だったと確信した。しかし、越人の稲作の遺跡を見つけることはできなかった。円仁は『入唐求法巡礼行記』で、民たちは粟飯に塩茶をかけて食べており、米は貴重品だったと記している。

おそらく山東半島が稲作の北限で、呉越の人々は小規模に入植した。そして、山東半島南の膠州湾から朝鮮半島南部を経て、九州あるいは日本海沿岸に適地を見つけた。そう解釈するのが合理的だと説いた池橋にとって、難航極まる東シナ海の横断や南島経由説は想定できなかった。主な理由として池橋は、水稲耕作が最初に行われたのが沖積平野だった点を挙げている。古代の呉越の人々は、現在の福建《ふっけん》省や広東省辺りの河口の入り江に拠点を設け、稲作を広めたと。確かに、日本で最初期の水田と環濠集落の跡が見つかった板付遺跡も、博多湾に注ぐ河川の堆積作用で形成された沖積平野にある。

一方、中国古代史の杉本憲司は、長江流域から海岸線を北上し、山東半島に至る経路は、イネの道ではないと考えた。杉本は前掲書『倭人伝を読む』収録の論文「倭人の源流を探る」で、呉越の人々は河北経由などではなく、東シナ海を直接渡航し、朝鮮半島南部や九州に稲作を伝えたと主張した。遣唐使の船団が難破を重ね、また唐の高僧の鑑真《がんじん》（六八八〜七六三）も来日のさいに辛酸を嘗めた東シナ海を渡る航路について、季節風をうまく利用すれば、中国江南から安全に、かつ最短距離で九州に達することができると杉本は説いたのである。一九七四年（昭和四十九）に古代南越の地とされる広東省広州市で、紀元前三世紀から同一世紀頃の、造船所の遺跡が見つかったという杉本の報告については、第2章で触れたとおりである。この造船所の船台は二九メートルにも及ぶ長大なものであった。呉越の文化が生んだイネ、呉服とも呼ばれる織物の交易に、広大な中国では水上交通が欠かせなかった。その構造の基礎たる竜骨をもつ船はまだ発見されていないが、気候条件

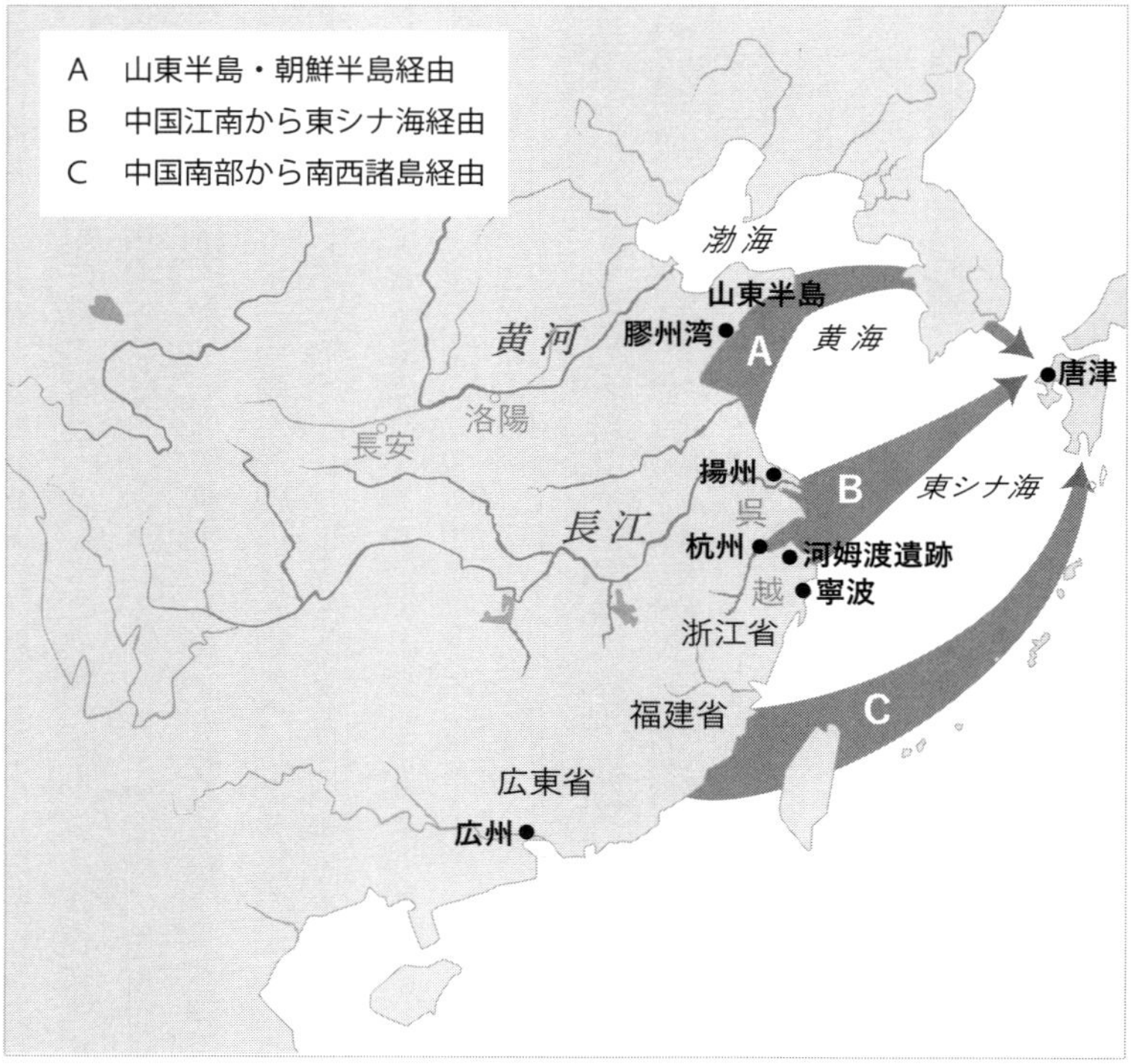

稲作の伝播ルートの主な学説

さえ整えば、新天地を目指した中国江南のイネの耕作者による倭国への渡航を、遮るものはなかったと杉本は見たのである。

同じく『倭人伝を読む』の編者の森浩一が、第3章でも触れた東洋史の岡田英弘との対談「『倭人伝』をどう読むか」で、昭和十九年（一九四四）当時のあるエピソードを紹介している。森によれば、日本軍の物資を運ぶ船舶がアメリカの潜水艦に沈められたさい、中国の沿岸や河川などで用いる伝統的な木造帆船「ジャンク」が動員された。東シナ海に面した浙江省の杭州湾口にある舟山列島で、交易や漁労に使われていたもので、この時の「ジャンク」に乗っていたのは「女の人」だったという。森の取材時、彼女は九州に住んでいた。彼女の話では、三月二十日の夜、寧波《にんぽー》沖を出て、翌日夕方には佐賀県北西部の唐津に着いていたという。二十時間ほどで東シナ海を渡ったスピードに森は驚いた。彼女は唐津には上陸せず、荷揚げを済ませるや寧波に帰ったという。なお「ジャンク」は英語の「junk＝廃品」ではなく、漢字で「戎克」と書く。戎＝遠い異国を、克＝恐れぬ船の意か。

『くにのあゆみ』

敗戦直後の昭和二十年（一九四五）十二月三十一日。占領者の連合国軍総司令部（ＧＨＱ）は、帝国政府に宛てた文書「修身、日本歴史及地理停止に関する件」で、その全課程を直ちに打ち切り、許可を下すまで再開せぬよう通告した。一国の歴史が、他国の監督下で修正されることになったのである。国史に対する干渉、否定とも言える命令であった。

翌昭和二十一年（一九四六）六月八日。「文教部長」の名義で、神道の教義はもちろん、敗戦以前に文部省が編纂刊行した『国体の本義』（一九三七）や『臣民の道』（一九四一）の、「市立」の各学校での使用が禁止された。また「大東亜戦争」「八紘一宇」などのコトバも使えなくなった。十一月四日。神奈川県横浜市の「文教部長」は、国史の授業再開を通告した。授業再開の条件は、文部省が編纂し、GHQが認可した『くにのあゆみ』を国民学校の教科書にするというものであった。国民学校とは現在の小学校を指す。

この記録は木村正明《せいめい》（一九二五〜）の「GHQ——構造と権力」（『共同研究　日本占領軍　その光と影　上』思想の科学研究会編　徳間書店　一九七八）を参照したものだが、同書によるとGHQの指示命令は必ず和文の書式に改められたという。「各省庁や、都道府県市町村によっては、GHQの指令（覚書）を日本の公文書式化して伝達する場合、文章に多少のニュアンスの相違はあったことと思うが、以下、教育に関する指令の一部を示しておきたい」と断っている。ゆえに「文教部長」なる表記も、指令の内容から政府または文部省などの行政の担当者のいずれかだと想像できる。「八紘一宇」の使用禁止も、占領軍の意向を忖度した「文教部長」の仕業ではなかったか。

日本軍の武装解除に次ぐGHQの政策が歴史教育への干渉だったことからも、「八紘一宇」や「神風」というコトバが象徴した皇国史観に対するアメリカの、恐怖にも似た敵意は窺えよう。神話で語られてきた日本の起源をどう記述すれば「歴史」として成り立つか、論理と方法を求めて学界は混迷するばかりであった。

GHQの指導で文部省は昭和二十二年（一九四七）より、アマテラス神話を排除した日本史『くにのあゆみ』を、国民学校で教科書として扱わせている。『くにのあゆみ』は日本の起源を「石器時代」に求め、神話と歴史を厳しく分類している。考古学を援用しながら、日本列島の古代人は金属を知らず、石で道具を作り、使ったと記述している。一方、初代天皇については、畝傍山《うねびやま》の麓の橿原《かしわら》で即位した「神日本磐余彦天皇《かむやまといはれひこのすめらみこと》」だと、フリガナ付きで記述している（『「くにのあゆみ」編纂始末』家永三郎編著　民衆社　二〇〇一）。いずれにせよ降伏からたった二年ほどで、日本国民は素早く、新しい主人たるマッカーサー（一八八〇～一九六四）の占領政策に順応したのである。

戦前、プロレタリア作家同盟の活動で三度検挙された小説家の宮本百合子（一八九九～一九五一）が、『くにのあゆみ』の読後感を「婦人民主新聞」に寄稿している。宮本は、神話にこだわり、正義の戦争だと信じ込まされた歴史との決別は評価したが、抗争摩擦を避け、なるべく平和にと心がけたがために、民族の気力を感じさせるような潑剌さに欠けていると述べた。また日本の歴史教科書の将来を見据え、次のようにも記した。

「もう一遍かき直されたとき、はじめて日本民族は、自分たちの祖先が、世界進歩の波瀾の間にどんな失敗をし、どんな功献、建設をしたかということを率直具体的に知ることが出来るだろう。真に自主日本の物語をもつに到るであろう。『くにのあゆみ』が日本の歴史学的な根拠もとぼしい皇紀をやめて、西暦に統一して書かれたことは、この将来の展望の上からも妥当である（一九四六年十月）」（「『くにのあゆみ』について」『宮本百合子全集　第十六巻』新日本出版社　一九八〇）

宮本が「もう一遍かき直されたとき」と記してから、七十年以上が過ぎた。

漢文と和習が混在する「正史」

元明天皇の勅命を受けた太安萬侶による四ヶ月の筆記で献上された『古事記』三巻に対し、天武天皇の勅命から完成まで約四十年を要した『日本書紀』は三十巻である。『古事記』が採用しなかった内外の史料を、『日本書紀』が「一書曰《あるふみにいわく》」の見出しで本文に続け引用していることは先にも述べた。とくに神話伝承では異説を多く引用し、関係史料を網羅することで客観化、本格的な「正史」に仕立て上げようとした努力が著しい。

一方の『古事記』は、神代の物語に拘泥し、多くの天皇の治世を簡略化している。九州を発ち、ヤマトを支配下に置いた神武の東征以外は、「帝紀」を引き写しただけという史家の指摘もある。比較的記述量の多い雄略についても、皇位をめぐって兄弟を殺した残酷さに容赦のない『日本書紀』に対し、『古事記』では一言主神《ひとことぬしのかみ》との神変談をはじめ、恋や歌の物語が大半を占め、中国の史書が取り上げた倭王武やワカタケルの具体像は見えてこない。終章の推古女帝に至っては、たった数行で済ませている。

推古朝の詳細を記せば、仏法の布教に貢献した厩戸皇子＝聖徳太子や蘇我氏の事蹟で埋められることになる。三十一代の用明、三十二代の崇峻、三十三代の推古、また厩戸皇子のいずれもが仏教を支えた蘇我氏の血を色濃く引いており、法興寺（飛鳥寺）や法隆寺、四天王寺などを建立した。彼らの事蹟を伝えることは、祖神アマテラスの皇統を継ぐ天皇の物語たるべき『古事記』の、編纂の目的から逸脱してしまう。

仏教の伝来について『日本書紀』は欽明の治世に記録しているが、『古事記』はいっさい触れていない。『日本書紀』は、史書編纂を命じた第四十代天武、そして四十一代持統までの治世を記し、まさに編纂当時の現代史そのものと言えよう。

しかし『古事記』と『日本書紀』には共通点もある。むろん、ともに漢文で記されているという点である。さらに言えば記紀には、本格的な漢文と、和習《わしゅう》の章節が混在している。和習とは、日本人が漢詩文を作るさいの癖や独特な用法を指す。喩えるならナイター、スキンシップ、ゴールインといった和製英語の類いだが、記紀には、いわゆる和習漢文が混在しているのである。この和習漢文を、本居宣長は『古事記伝』で非難した。本居宣長があげつらったのは、『日本書紀』巻第一「神代上第八段」の「一書」第一における次の文言である。

乃於奇御戸為起而生児

岩波版は「乃《すなわ》ち奇御戸《くみと》を起して生める児を」と訓読しているが、高天ヶ原から追放されたスサノオが、出雲に降って八岐大蛇を退治し、救った奇稲田媛《くしなだひめ》を見初め、隠れ家を建て、児を生ませたというくだりである。先に触れた『古事記』の物語では、イケニエにされそうだったところをスサノオが救い、妻に迎えた「櫛名田比売」は、『日本書紀』では「奇稲田媛」と表記されている。また、引用中の「奇御戸」は性交する寝所、人目につかない隠れ家を指す古代人の用語と考えられ、『古事記』では「久美度」と表記されている。

本居宣長の非難は、スサノオに仮託し、人間の平俗な秘事を露顕させた『日本書紀』の、漢文に紛れ込んだ和語である「奇御戸」にまず向けられていた。さらに「為起」の倭音は「淤許志《おこし》＝起こし」であって、漢文の体をなしていない和習だと論難した。和習は和臭とも言われ、卑下されていたのである。本居宣長が『源氏物語』に傾倒した最大の理由は、そのような和習から離脱し、本格的な国文で描かれた物語の純度を、讃美するがゆえのことではなかったか。

いつの時代も男女は人目を忍ぶ場所を必要としていた。『万葉集』では、「久麻刀《くまと》」という言葉が、妻との別れの光景を辺境で思い浮かべた防人の歌に使われている（中西進『校訂　萬葉集』）。

阿之可伎能《あしかきの》　久麻刀尓多知弖《くまとにたちて》　和藝毛古我《わぎもこが》　蘇弖母志保々尓《そでもしほほに》　奈伎志曽母波由《なきしそもはゆ》

（巻二十・四三五七）

「蘆垣の隅処《くまと》に立ちて吾妹子が　袖もしほほに泣きしそ思はゆ」。〈蘆垣の隅に立ち、わが妻が袖を濡らして泣いていたことがやるせない〉と。「奇御戸」は「久麻刀」に転訛され、中西の『万葉集全訳注　原文付』では「隈処」に置き換えられた。

『日本書紀』に記された古代の漢語と和語における音韻の関係性を明かそうとしたのが、やはり前掲書の『日本書紀の謎を解く　述作者は誰か』の森博達である。本居宣長が指摘した日本語の発想に基づく漢文の誤用や奇用の例も、私は同書で知った。同書で森は『日本書紀』の文体を検証し、各巻の執筆者を次のようにあぶり出した。

まず、日本の事情に疎い渡来唐人の続守言《しょくしゅげん》と薩弘恪《さっこうかく》が正格漢文（漢文の正音）で記した巻をα群、また、百済人との説もあるが、倭人の山田史御方《やまだふひとみかた》が和化漢文（倭音）で記した巻をβ群に区分した。そして最後の巻第三十を、若い和習漢文の学徒である紀朝臣清人《きのあそみきよひと》（〜七五三）が撰述したと見た。さらに、α、β両群にわたって、三宅臣藤麻呂《みやけのおみふじまろ》が加筆、潤色したと。難問に挑んだ森の『日本書紀の謎を解く　述作者は誰か』は、スリルに富む労作である。

続守言は、西暦六六〇年の唐・新羅連合軍と百済の戦争で、百済の捕虜になった唐人だが、博識が注目され、倭国に献上されたという。薩弘恪が渡来した経緯は不明だが、二人の学殖がいかに際立っていたかは、『日本書紀』の持統天皇五年（六九一）の条で、「音博士《こえのはかせ》」として銀二十両が与えられたことからも推察できる。

『古事記』の編纂者、太安萬侶についても今一度、触れておかなければならない。

昭和五十四年（一九七九）一月十八日。奈良市の東郊、急斜面にある茶畑の手入れをしていた老夫婦が、穴を見つけた。古い時代の墓穴で、火葬の痕跡を残す人骨とともに、太安萬侶の姓名と死亡日を刻む銅板が出土した。この墓誌銘に見られた太安萬侶の死亡日は、養老七年（七二三）七月六日で、『続日本紀』巻第九（『新日本古典文学大系　続日本紀　二』）が記す七月七日と一日しか違わなかった。『古事記』を完成させた十一年後のことである。

「太《おお》」つまり「多」氏の系譜は謎が深く、出自不明とされるが、見事な漢文で『古事記』の序文を書いた太朝臣安萬侶の経歴については、毎日新聞社編『古事記の証明　ワカタケル大王と太安万侶』（一九七九）で知ることができる。

太安萬侶は「壬申の乱」で天武方についた美濃の武将の多品治《おおのほんじ》の子とされ、また祖父の多臣蔣敷《おみこもしき》の妹は、三十四代舒明、あるいは三十五代皇極の頃、人質として来日していた百済王子の余豊璋に嫁いでいる。その縁で太安萬侶は百済貴族のサロンに出入りし、漢字文化に触れる機会をもったと推定されてはいた。しかし埋葬地が発見されるまで、『古事記』撰進者としての実在も定かではなかった。太安萬侶の埋葬地の発見で偽書説は後退したが、とはいえ『古事記』の存在がなぜ、奈良、平安、鎌倉、室町の時代にわたり、日の目を見ず、秘かに写本されてきたのか、謎は解けないままである。

太安萬侶の墓穴からは、四個の真珠がまとまって出土した。真珠は釈迦の骨である仏舎利に見立てられたものだという。火葬といい真珠といい、太安萬侶は敬虔な仏教徒として埋葬されていた。しかしながら、この太安萬侶が撰進した『古事記』は、仏教の伝来にまったく関心を示していない。繰り返すが、百済の聖明王から仏像を贈られた欽明朝の記録は、『日本書紀』にはあるが、『古事記』にはない。

王権を支える理念を仏教に求めた厩戸皇子＝聖徳太子の物語に入る前に、在位三十七年の推古女帝の生涯を数行で記して、『古事記』は巻を閉じる。太安萬侶は、天武の皇女でもある元明天皇の勅命で『古事記』を編纂した。にもかかわらず、眼前で繰り広げられた天武および持統王朝の劇的な事蹟を、なぜ取り上げなかったのか。

持統女帝と藤原不比等

古代日本で続いた王権争いに終止符を打ったのは、天武天皇である。前述のとおり、兄の天智天皇が創始した近江王朝を、武力で打倒してのことであった。即位した天武は、皇祖アマテラスを祀る宮を伊勢に建てたという。その祭祀権を掌握することで、自身の皇位継承を正当化したのである。史書の編纂を命じたのも、アマテラスと自身の血を繋ぐ「神話」が必要不可欠だったからである。しかし天武は、この自己正当化を盤石にし得る「神話」を、見届けることなく死んだ。

天武死後の空虚を埋めるのに、草壁皇太子は病弱すぎた。母の持統はまず、皇位継承争いを引き起こす恐れのある亡き姉の子の大津皇子を、謀叛の罪で処刑した。しかし持統の思惑も空しく、草壁は二十八歳の若さで死んだ。本章の冒頭で紹介した柿本人麻呂による草壁の挽歌は、アマテラスの皇統を継ぐはずだった皇太子の死に対し、哀悼の域を超えた絶唱で応えていた。

持統称制には草壁の遺児で六歳の孫、珂瑠皇子が残された。持統は、天孫降臨神話を珂瑠という存在に擬することで、天武の系統を絶対化できると考えたに違いない。そのためには自身をアマテラスに見立て、即位し、女帝とならなければならなかった。

草壁の死の翌年、持統天皇四年（六九〇）正月。持統は即位した。物部麻呂《もののべのまろ》朝臣《あそみ》（六四〇〜七一七）が大盾《おおたて》を立てた。物部麻呂は石上《いそのかみの》麻呂のことである。また、中臣大嶋《なかとみのおおしま》朝臣（〜六九三）が天神寿詞《あまつかみのよごと》を読んだ。忌部宿祢《いみべのすくね》色夫知《しこぶち》（〜七〇二）が神璽《かみのしるし》たる剣と鏡を捧げた。公卿《くぎょう》および百寮《ももつかさ》つまり大臣や多くの役人が連なって拝礼し、手を拍《う》った。

この記録から、依然として宮中神事が、かつて祭祀を担った物部氏、中臣氏、忌部氏ら古代豪族により執行されていたことがわかる。仏教に異を唱えて没落したはずの物部氏や、「壬申の乱」で失脚した中臣氏が、宮廷儀礼の中枢に返り咲いていたことは注目に値するが、ただ大三輪氏の名は見えない。

同じ年、持統天皇は吉野に行幸している。大和の南に位置する吉野山は、かつて夫の天武とともに隠棲した故地だが、異常なほど何度も女帝は行幸している。二月、五月、八月、十月、十二月と、即位後まもない多忙な時期に、行幸を繰り返しているのである。

吉野への行幸は在位十一年間で三十一回にも及んだ。高天ヶ原のアマテラスと対するように、吉野山にあって、女帝は神々の託宣を聴こうとしたという憶測が流れた。死後に追贈された持統の和風諡号は、高天原廣野姫天皇《たかまのはらひろのひめのすめらみこと》である。

即位前年、持統天皇三年(六八九)の記録に、藤原不比等《ふひと》(六五九～七二〇)が初めて登場する。文書を職務とする渡来系の田辺史《たなべのふひと》の下で、古今の歴史を研鑽したであろう造詣、また父の鎌足を受け継いだであろう政治力を、女帝が見逃すはずはなかった。

天智を支えた藤原鎌足とその一族は、近江王朝崩壊後の天武治世下は不遇であった。早世した長男の定恵《じょうえ》に代わり、家督を継いだ次男の不比等も例外ではなかったろう。「壬申の乱」の時、まだ十三歳だった不比等は、弾圧や追放の対象とはならなかったようだが、逼塞《ひっそく》は余儀なくされたと考えられる。

「正史」上の初見である『日本書紀』「持統天皇三年」の記録では、不比等は「藤原朝臣史《ふひと》」の名で「判事《ことわるつかさ》」に任命されている。不比等は三十歳になっていた。この三十年に及ぶ不比等の不在について、現存の史料では説明できないと上田正昭は述べた(『藤原不比等』朝日選書 一九八六)。

上田によれば、不比等の諱《いみな》である「史」は、田辺史大隅《おおすみ》に匿《かくま》われて育った時、命名されたものだという。十四世紀の南北朝時代の成立とされる諸家の系図の集成『尊卑分脈《そんぴぶんみゃく》』には「公、避く所の事あり、すなはち山科の田辺史大隅らの家に養ふ。それを以て史と名づくなり」と記されているという。

不比等は鎌足の子ではなく、天智と愛妾の間に生まれたという風聞もある。母の妊娠時、鎌足に譲られた不比等の実の父は天智だという巷説《こうせつ》が、平安後期成立の歴史物語『大鏡』と、神武の代から明治元年（一八六八）までの、公卿の氏名や官歴などを年代順に記した『公卿補任《ぶにん》』に見られ、貴種流離譚の趣となっている。

『日本書紀』によれば、「壬申の乱」後、近江朝の右大臣だった一族の中臣連金《かね》（〜六七二）が処刑されている。同じく近江朝に加担した田辺小隅《おすみ》も、多品治に攻められて敗走したと『日本書紀』は記している。多品治は太安萬侶の父とされる。

田辺氏は渡来系の出自とされるが、今来漢人《いまきのあやひと》として朝鮮半島の戦乱を逃れてきた百済人の亡命記録は古く、時代は西暦四七五年に遡る。高句麗の長寿王《ちょうじゅおう》（三九四〜四九一）に攻められ、百済の首都の漢城が陥落し、蓋鹵《がいろ》王は斬殺された。百済は現在の忠清南道公州市、熊津《ゆうしん》に逃れ、遷都した。この混乱は多数の亡命者を生んだことであろう。むろん百済の敵は高句麗だけではなかった。任那・伽耶諸国を挟み、東で隣接する新羅の侵略も防がねばならなかった。

すでに倭国に定住していた東漢《やまとのあや》は、新参の渡来百済人、つまり今来漢人を取り込んだ。今来漢人は須恵器の製作に必要なロクロ、登り窯を用いる製陶技術をもっていた。その大陸や半島の文化を伝えるために、言葉を通訳する「訳語《おさ》」となった百済人の末裔が、田辺史ではなかったかと上田正昭は推定した。

鎌足の長男の定恵が少年期に唐に留学できたのは、田辺史の仲介があったからではないのか。大陸および半島の政情や文化を把握することは、天智を支える鎌足にとっても重要な仕事であった。三世紀の卑弥呼を支えた難升米と同様の役割は、当時の近江朝、飛鳥朝のみならず、いつの時代でも要求される。田辺史の仲介で、鎌足は息子の定恵の入唐を実現させた。二人の関係から、鎌足は田辺史大隅に、次男の不比等の養育も託したのではなかったか。

鎌足は、天智と大海人の確執を長年、目撃していた。天智と組んで蘇我氏を倒し、当面の不安を取り除いた直後から、鎌足は雄偉の「大皇弟《ひつぎのみこ》」大海人を警戒したはずである。鎌足は天智の元妃の鏡王女《かがみのおおきみ》（〜六八三）を娶り、一方で大海人には、子の氷上娘《ひかみのいらつめ》（〜六八二）と五百重娘《いおえのいらつめ》を嫁がせ、どちらが覇権を握っても、藤原氏が生き残る手を打ってきた。鎌足晩年の本領であり、この父の深謀遠慮で不比等の命運は守られたと、上田正昭は前掲書『藤原不比等』で指摘した。

第11章　伊勢神宮と天皇家

伊勢と三輪山の荒魂

持統天皇六年（六九二）二月。女帝は諸官を集め、三月三日に伊勢へ行幸するための「衣物《きもの》」の準備を命じた。大三輪朝臣高市麻呂《たけち》が、伊勢行幸は農耕の妨げになると諫奏《かんそう》したが、女帝は耳を貸そうとしなかった。三月になり、飛鳥京の留守役の人事が発表され、参内した大三輪朝臣高市麻呂は冠を脱ぎ、持統に捧げた。そして再び、農繁期ゆえ行幸の車駕を動かさぬよう諫奏したが、今度も女帝は耳を貸さなかった。冠を脱いで天皇に捧げるという行為は、罷免覚悟の奏上を意味する。なぜ大三輪朝臣高市麻呂は、繰り返し伊勢行幸を押しとどめようとしたのか。

時代は「空白の四世紀」、第2章で触れた十代崇神天皇の治世に遡る。『日本書紀』の崇神天皇五年。疫病が蔓延し、農民は耕作を放棄して流浪、叛乱を起こす者まで現れた。翌年も変わらず、もはや徳治だけでは解決しないと悟った崇神は、朝な夕なに天神地祇に祈ったが、災厄は続いた。

崇神天皇七年。崇神が卜占《ぼくせん》で託宣を乞うと、大物主神がヤマトトトビモモソヒメに憑き、自身を能く祀るよう告げた。崇神は従ったが、しかし民の苦難を救うことはできなかった。あらためて斎戒沐浴した崇神は、せめて夢に現れ、神恩を与えてほしいと希った。すると当夜の夢に大物主神が現れた。大物主神は「茅渟県《ちぬのあがた》」の「陶邑《すえのむら》」に住む「大田田根子《おおたたねこ》」なる男子を祭主とし、自身を祀らせるよう告げた。茅渟県とは現在の大阪府南西部、かつての和泉国に相当する。

再度、崇神は大物主神の託宣に従った。すると疫病は収まり、ヤマトは平和を取り戻した。以来「大田田根子」の子孫は「大三輪君」として、三輪山の祭祀権を保有することになった。王朝が飛鳥に移っても、地主神たる三輪山の祟りを鎮めてきた大三輪氏は重用された。壬申の乱では、大海人皇子が吉野で兵を挙げた時、先の大三輪高市麻呂がいち早く合流、「箸陵《はしのはか》」（箸墓）で近江朝廷軍と戦い、勝利したという。

まず「陶邑」について考察しなければなるまい。陶邑窯址群《すえむらようしぐん》は、大阪府堺市を中心に東西一五キロ、南北九キロ余の丘陵に分布する、国内最古かつ最大の須恵器の生産跡である。須恵器と三輪山の関係については、第2章でも触れた考古学の菅谷文則の推測がある。前掲書『三輪山の考古学』で菅谷は言う。須恵器が作られる以前は、縄文時代より三輪山自体が御神体だったため、祭具を要する儀礼は行われなかったと。逆に言えば、「大田田根子」なる男子を祭主として以後は、須恵器も三輪山の祭祀に用いられたことになる。菅谷は述べている。

「とくに大神《おおみわ》神社の新拝殿から一つ尾根を越した北側にある谷間で、ある会社が違反工事をして、その工事は結局中止になりましたが、そこから須恵器が大量に出たのです」

三輪山の大神神社拝殿(著者撮影)

この三輪山の祭祀遺跡で見つかった須恵器について菅谷は、四世紀か五世紀に百済から渡来した陶工の技術によるもので、それ以前の弥生時代まで遡れる祭具の出土例はないと報告した。須恵器は古墳時代半ばから平安時代にかけて作られた土器だが、三輪山で見つかったものは主に初期の様式をもつ。

須恵器が作られる以前、自然を崇拝する土地の人々は、三輪山山中の巨石を神の憑代《よりしろ》としていた。この磐座《いわくら》がある場所は禁足地とされ、彼らの信仰で守られていたと、同じく『三輪山の考古学』で菅谷は述べた。

ヤマト王朝の安寧のため、世紀をまたいで三輪山の祭祀に従事してきた大三輪氏は、天皇の伊勢行幸を背信と見たに違いない。大三輪朝臣高市麻呂が強く諫奏したためか、持統は三日遅れの三月六日に伊勢へ出発した。しかし意外なことに、二十日に帰京するまでの間、女帝が「神宮」に参拝したという記録は見当たらない。女帝は行宮《あんぐう》を建てた先々で免税や大赦の令を発しているが、アマテラス親拝の記録がまったくないのである。さらに言えば、大津皇子の処刑後、伊勢の斎宮だったその姉の大伯皇女は都に呼び戻されており、後任も未定のままであった。

持統天皇六年（六九二）三月六日から二十日までの伊勢行幸については、十七日の記録を『日本書紀』は残している。

「三月十七日神郡《かみのこおり》、及び伊賀・伊勢・志摩の国造等に冠位を賜ひ」

この「神郡」に注目したのが、古代史の田村圓澄《えんちょう》（一九一七〜二〇一三）である。田村は『伊勢神宮の成立』（吉川弘文館　二〇〇九）で、平野博之の研究「神郡　その成立期を中心として」（『九州史学』十一号　一九五九・二）より「神郡とは、神の宮の造営や修理、祭祀の用度などの諸費用に部内の田租、および調・庸を供せしめる特定の郡」という一節を引用し、推論した。伊勢行幸があった持統天皇六年には、すでに皇大神宮（内宮）の神領として度会《わたらい》、多気《たき》の両郡が設置されており、社殿は建造中、もしくは完成に近づいていたのではないかと田村は論じたのである。

「壬申の乱」後、即位した第四十代天武天皇は直ちに神郡を設置して財政を安定させ、大伯皇女を初代とする斎宮・斎王の制度化とともに、アマテラスを祀るべき社殿の造営を命じたと考えられる。四十一代持統の伊勢行幸は、この造営工事の進捗状況を確認するためのものではなかったか。

また、持統の伊勢行幸で目につくのは、わざわざ志摩地方に出向き、困窮する百姓や八十歳を越える老人に稲を与えたり、行宮建造に加わった壮丁の免税を命じたりしていることである。伊勢志摩に手厚く応じたのは、その地主神だったアマテラスを皇祖として独占するため、女帝自らが懇切丁寧に、民心を収攬しなければならなかったからではないのか。

第1章、第2章でも述べたが、ヤマトの王宮を出たアマテラスが、もともとアマテラスは天皇の宮殿の同床に祀られるべき神であった。ヤマトの王宮を出たアマテラスが、伊勢に祀られた経緯は、空白の四世紀、崇神を継いだ十一代垂仁天皇の二十五年条で『日本書紀』が記している。皇女の倭姫命《やまとひめのみこと》に守られながら諸国を放浪し、伊勢に入ったアマテラスは告げた。

「是《こ》の神風《かむかぜ》の伊勢国は、常世《とこよ》の浪の重浪帰《しきなみよ》する国なり。傍国《かたくに》の可怜《うま》し国なり。是の国に居らむと欲《おも》ふ」

アマテラスは伊勢に留まりたいと告げたわけだが、『日本書紀』の編纂時、その枕詞がすでに「神風」だったことがわかる。また「浪」が打ち寄せる伊勢は、海士《あま》族と縁の深い地でもあった。天武の覇権を護る霊験あらたかな神の地となった伊勢には、もともと土着の民が祀ってきたアマテラスがいたと私は見る。

垂仁、景行、成務に続き皇位を継いだ十四代仲哀が、九州で熊襲討伐に苦心するなか、神功皇后に神が依り憑き、託宣を下した。なぜ天皇は熊襲にばかりこだわるのか、海を渡り、金銀輝く新羅を征せよと。しかし高い丘から眺めても海ばかりで、黄金が輝くクニなど見当たらないと、仲哀はこの神託を疑った。結局、熊襲も討てぬまま、仲哀は病を得て陣没した。神の祟りとも、熊襲の矢が命中したとも伝えられる。

仲哀天皇の死後、新羅征伐を成功させ、九州に生還した神功皇后は、夫に祟った神の名を知ろうとする。まず神を祀る「斎宮《いわいのみや》」に入って神主となり、武内宿祢に琴を弾かせて祈禱した。神託を判定する審神者《さにわ》には、中臣烏賊津使主《いかつのおみ》が召された。そして七日七夜かけて神の声を聴くと、その名が告げられた。

「神風の伊勢国の百《もも》伝ふ度会県《わたらいのあがた》の拆鈴《さくすず》五十鈴宮に居ます神、名は撞賢木厳之御魂天疎向津媛命《つきさかきいつのみたまあまさかるむかつひめのみこと》」

「拆鈴」は五十鈴にかかる枕詞である。また「五十鈴宮」はのちの伊勢神宮である。「撞賢木厳之御魂」は常緑の榊を憑代にした霊木のことか。「天疎」は畏怖のあまり遥拝するの意か。「向津媛命」は天祖に従う女神のことか。「撞賢木厳之御魂天疎向津媛命」という神号には、難解な字を連ね、厳粛さを表そうとした編纂者の作為が窺える。この女神が九州在陣の仲哀を死に追いやった荒魂というわけだが、しかしその難解な神号は、土着の民の信仰から生まれたものではあるまい。

祝詞のような荒魂の神号を審神者として聴き取った中臣烏賊津使主について、上山春平が前掲書『神々の体系』で考察している。つまり『日本書紀』は、「中臣の祖先のイカツオミという人物が、建〔ママ〕内宿禰と肩をならべて、神功皇后という神秘化された女帝的人物の側近としてつかえた、という話の構成に、蘇我氏によって仮構されたと思われる建内宿禰伝承〔蘇我氏は武内宿祢の後裔と称していた〕をたくみに活用して、斉明女帝につかえた鎌足と、持統・元明両女帝につかえた不比等の像を、イカツオミというおそらくは仮構の人物を媒介として、建内宿禰の像とオーバーラップさせるという手法」を採ったと、上山は見なしたのである。なお上山は同書で「藤原〔中臣〕家のメーキャップ」と形容し、記紀の神話伝承は、鎌足と不比等の親子によって粉飾されたものだと断じて

広田神社の鳥居（著者撮影）

いる。

次にアマテラスの荒魂が現れるのは、神功皇后の軍がヤマトで起きた謀叛の鎮圧のために、九州から東へ兵を進めた時である。紀伊の港を発ち、難波へ航行中の神功皇后の軍船が、海上で回転し、前に進めなくなった。占うとアマテラスの神託が下った。〈我が荒魂を皇后に近づけてはならない。広田国に留まらしめよ〉と。アマテラスの荒魂は自身でも制御できないものらしい。まるで後世の『源氏物語』の、嫉妬に狂った六条《ろくじょう》御息所《のみやすどころ》の生霊のようだが、この神託でアマテラスの荒魂は広田国の社に祀られ、神功皇后の軍は穏やかになった海を渡ることができたという。広田神社は兵庫県西宮市大社町に現存し、その名が「撞賢木厳之御魂天疎向津媛命」と伝えられる祭神の「天照大御神之荒御魂」は、壮麗な社殿に鎮座している。

アマテラス信仰の源流

私は戦時中、情報局製作、大映配給、丸根賛太郎《まるねさんたろう》（一九一四〜一九九四）監督の映画『かくて神風は吹く』を観た。鎌倉幕府執権の北条時宗（一二五一〜一二八四）が、蒙古の皇帝フビライ（一二一五〜一二九四）の侵略軍を九州で迎え撃ち、突然の「神風」で勝利するという物語であった。むろん蒙古軍には当時の敵国、米英が想定されていた。

文永《ぶんえい》十一年（一二七四）十月、蒙古の大船団が北九州に襲来し、日本に降伏を迫った。鎌倉武士団はその軍勢を迎え撃つも苦戦を強いられた。しかし季節外れの大風が吹いて蒙古軍は撤退した。この奇跡は、伊勢から吹いた神風によるものと信じられた。太陽のみならず風の神でもあると人口に膾炙し、アマテラス崇拝は絶大なものになった。弘安《こうあん》四年（一二八一）五月から七月にかけ、蒙古軍は再び襲来したが、今度は巨大な台風がその船団を壊滅させた。

『かくて神風は吹く』が公開された昭和十九年（一九四四）の十一月、日本は危機に曝されていた。米軍の猛反撃により太平洋の戦局では「転進」つまり敗退が続いていた。その事実を大本営は伝えなかったが、破局が近いことを人々は薄々気づいていた。B29による連夜の本土爆撃で、東京をはじめ主要都市は炎に包まれるようになっていた。真珠湾攻撃など緒戦の成功の記憶が遠のく一方で、もはや勝利は神頼みであった。日本は神風の吹く神国だと謳う映画に、皇国少年だった私は感動していたのである。

伊勢は、古代より度会氏を中心に、海上交通や漁労を生業とした磯部《いそべ》と呼ばれる共同体で形成されていた。遮るもののない東方の水平線から昇る太陽を仰ぎ、ご来光を浴びて、彼らは暮らしてきた。このような日々の営みに基づき、陽光で海上を照らす伊勢こそ神仙境だと、有史以前の古代より、彼らは太陽神＝アマテラス信仰を育んできたのではなかったか。また彼らは、海上で雷鳴を轟かせる暴風雨に曝された時、舟板にひれ伏し、アマテラスの荒ぶる魂に慄いたのではなかったか。倭人が航海の安全を期して「持衰《じさい》」を乗船させ、もし波浪に襲われたり、病人が出たりすれば、そのシャーマンを殺したという「魏志倭人伝」の記述については先に触れた。神功皇后の海難伝説から思うに、伊勢の「度会県」に鎮座する女神とは、海士族が尊崇してきた海神の系譜に連なるものだったと私は見るのである。

民俗学の筑紫《つくし》申真《のぶざね》（一九二〇〜一九七三）によれば、本来アマテラスは自然神として生まれたという。天皇家が皇祖として祀る以前、太陽の霊魂は「アマテル」と呼ばれる男性神であった。全国各地の土豪や民衆の守護神だった「アマテル」がなぜ、伊勢の五十鈴川の畔に祀られることになったのか。

「まず、カミは大空を舟にのってかけおりて、めだった山の頂上に到着します。それから山頂を出発して、中腹をへて山麓におりてきます。そこで、人びとが前もって用意しておいた樹木（御蔭木《みあれぎ》とよばれる）に、天つカミの霊魂がよりつきます（憑依）。人びとは、天つカミのよりついたその常緑樹を、川のそばまで引っぱっていきます（御蔭引き）。

川のほとりに御蔭木が到着すると、カミは木からはなれて川の流れの中にもぐり、姿をあらわします（幽現）。これがカミの誕生です。このようにして、カミは地上に再生するのです。このような状態を、カミの御蔭（御生《みあれ》）とよんだのです。

そして、カミが河中に出現するそのとき、カミをまつる巫女《みこ》、すなわち棚機《たなばた》つ女《め》は、川の流れの中に身を潜《くぐ》らせ（古典はこのような女性をククリヒメとよんでいます）、御生れするカミを流れの中からすくいあげます。そして、そのカミの一夜妻《ひとよづま》となるのでした」（『アマテラスの誕生』角川新書　一九六五／講談社学術文庫　二〇〇二）

五十鈴川の源流は鼓ヶ岳を主峰とする神路山《かみじやま》の山林にある。二十年ごとに行われる伊勢の式年遷宮では、神路山で伐り出された神木を「心御柱《しんのみはしら》」として本殿の真下に立てる。遷宮行事のなかでも秘儀とされ、外部から詳細を窺い知ることはできない。神宮の落成前は「アマテル」の霊魂が憑いた「御蔭木」つまり御柱を五十鈴川の畔に立て、その祭祀には世襲の地方官である伊勢国造の子女が「物忌《ものいみ》」として仕えたのではないかと、秘儀の原型を筑紫は推測した。

筑紫は伊勢の五十鈴川だけではなく、京都の鴨川の中流に沿った森に鎮座する賀茂別雷《かもわけいかづち》神社（上賀茂社）にも、アマテラスが宿る「擅賢木厳之御魂」を奉斎した古代人の祭祀の原像を見出している。上賀茂社の御神体は北側に聳える神山《こうやま》だから、本殿は空位となっている。つまり上賀茂社の本殿では御神体を拝むことができない。カミは年に一度だけ磐座である神山から降臨する。山頂の磐座と本殿を結ぶ線上に定められた「御阿礼所《みあれしよ》」と呼ばれる聖域に降り立つのである。「御阿礼所」にはカミが依り憑くための「御蔭木」が予め用意されている。根元から掘り出されたこの聖木にはいくつもの紐が括りつけられている。その紐を人々が引き、聖木が河畔に至ると、カミは鴨川に入る。すると斎王（皇女）が現れ、巫女として川の流れに身を浸し、カミを掬い上げる。カミは再生し、斎王は一夜妻となる。この祭祀もやはり秘儀で、外部からはいっさい窺い知れない。延暦十三年（七九四）に奈良から京都へ遷都した朝廷がそのカミを守護神にしたと筑紫は述べているが、上賀茂社の「御阿礼祭」こそ「葵祭《あおいまつり》」の三日前、五月十二日の夜に行われる前儀なのである。周知のとおり葵祭は京都の年中行事で、五月十五日に賀茂御祖《かもみおや》神社（下賀茂社）を主舞台に催されている。

心御柱の以前

西暦六七二年に壬申の乱を起こした第四十代天武天皇は、吉野から伊勢湾を望む三重の郡家《こおりのみやけ》（現三重県四日市市）に至った時、あまりの寒気で家一軒を焚き、兵士を暖めたという。『日本書紀』によれば翌朝、天武は「朝明郡《あさけのこおり》の迹太川《とおかわ》の辺《へ》にして天照太神を望拝《たよせにおが》みたまふ」た。通説では、天武は三重郡から南に鎮座するアマテラスを「遥拝」したと解釈されてきたが、筑紫申真は文字どおり川辺で「望拝」んだものと見て、「朝明郡の迹太川」はカミが「みあれ」するトポスだったと喚起した。神宮は未完成で、天武は「迹太川」で「みあれ」した「アマテル」を拝んだのではないかと、筑紫は前掲書『アマテラスの誕生』で問いかけたのである。

朱鳥元年（六八六）九月九日に天武が崩御し、殯宮が設営され、二十七日、最初に誄《しのびごと》を奏上したのが凡海宿祢麁鎌《おおあまのすくねあらかま》だったと『日本書紀』は記す。凡海宿祢麁鎌の誄は「壬生《みぶ》の事」であった。「壬生」とは「乳部《みぶ》」を指し、皇室に隷属した職能集団である品部《しなべ》の一種で、王族の若君の授乳や養育を担った。古代氏族の系譜の集成『新撰姓氏録《しんせんしょうじろく》』（八一五）は、摂津国の凡海氏が幼少期の大海人皇子の「壬生」を務めたと記している。

凡海氏は瀬戸内海を拠点にした海士族だったと推測されている。海士族は、古代より九州の志賀島、早鞆《はやとも》をはじめ瀬戸、難波、淡路、紀伊、そして伊勢まで互いに通交していた。神功皇后の航行を難波の海で妨げたアマテラスの荒魂を祀る兵庫県西宮市の広田神社が、凡海氏の「摂津国」に鎮座することからも、ここが大海人皇子による伊勢祭祀の原点だと筑紫は指摘した。

また「魏志倭人伝」は「倭水人好沈没捕二魚蛤一」と記している。つまり倭の海民は、潜水して魚や蛤を捕るのが得意であると。その倭人の潜水漁法に関連し、歴史学の和歌森太郎《わかもり》（一九一五〜一九七七）が、民俗学の宮本常一《つねいち》（一九〇七〜一九八一）との対談で、朝鮮海峡と日本海、太平洋を繋ぐ海女の習俗について語っている（「弥生文化と海人族の系譜　続・原日本人」『日本史探訪1　日本人の原像』角川書店編　角川文庫　一九八三）。海女の潜水漁法が伝わるのは、朝鮮半島では済州島だけだが、日本列島では広く分布している。長崎県の対馬の曲浦《まがりうら》、壱岐の小崎《こざき》、福岡県の鐘《かね》ヶ崎《さき》、佐賀県の呼子《よぶこ》、日本海側では石川県の能登半島の輪島、秋田県の男鹿《おが》半島、太平洋側では三重県の志摩地方、静岡県の伊豆半島、千葉県の房総半島を和歌森は列挙した。和歌森は、朝鮮半島の東海岸で済州島の海女と競走し、完敗した伊勢の海女の戦前のエピソードも披露しているが、しかし両者の泳ぎ方、潜水法はよく似ていると述べた。二人の対談からは、遠近を問わず、海民が密に交流してきたことがわかるのである。

鏡信仰も、この海士族の交流により普及したものではないだろうか。海面に反射する陽光のなかに創造神を見た倭人の信仰は、鏡を化粧道具だけに留めず、祭器にまで昇華させた。弥生中期から末期の北九州の王墓には、内行花文鏡《ないこうかもんきょう》や方格規矩四神鏡《ほうかくきくししんきょう》など漢式鏡が埋葬されていた。異常とも言える鏡への倭王らの執着は、魏朝にまで伝えられていた。卑弥呼にも「好物」として銅鏡百枚が贈られている。列島と大陸を往来した海士族の仲介がなければ、卑弥呼の時代に贈られた鏡も、志賀島の金印も出土し得なかったであろう。

日本で最初期の環濠集落と水田の跡が発見されたのは、福岡空港のある福岡市博多区の板付であった。水稲耕作は常に天候に左右される。旱魃と豪雨に悩まされるたび、弥生人は天を仰ぎ、水源の山々に伏して、豊作を祈った。また、中国大陸では出世開運、不老長寿などを祈願し、古代神仙思想や道教による吉祥のコトバを銅鏡の裏面に刻んだわけだが、その文字の一つ一つを倭王たちは霊示と捉えたのではなかったか。そして、地中に穀霊が宿ると見なした農耕民の信仰圏が北九州から瀬戸内、出雲、ヤマト、伊勢へと広がるにつれ、太陽神の憑代たる鏡を埋葬するという祭式が完成に迫った。ゆえに倭国の諸王は自らの権威を内外に誇示するため、海士族を介して大陸から大量の鏡を買い集め、埋葬させたのではないか。

大海人皇子の諱《いみな》に、養育者たる海士族の名が反映されているとすれば、黒潮に乗り、瀬戸内を経由して、度会氏の伊勢にたどり着いた稲作や鏡信仰とも、摂津国の凡海氏は無縁ではなかったと私は考える。稲作文化との縁が深いという銅鐸の出土の東限は三河遠江《とおとうみ》とされるが、当地の海士族は遠州灘や熊野灘の荒海に難儀した。彼らにとって伊勢湾の静かな内海は絶好の避難場所だったはずである。そしてこの伊勢湾の東から、日は昇る。

稲稔る水穂の国は、天照らす日の神により支配された。持統女帝の伊勢行幸は、天皇家の起源をアマテラスに求め、その絶対化を試みた天武の遺志を継ぐ決意表明であった。そして大三輪朝臣高市麻呂の諫奏は、三輪山に鎮座する大物主神の霊威が、アマテラスに奪われるのを恐れたがためのことであった。

平成二十五年（二〇一三）六月二十四日、私は志摩市磯部町上之郷《いそべちょうかみのごう》に鎮座する伊雑宮《いざわのみや》の御田植式を取材した。伊雑宮は伊勢の内宮と外宮に次ぐ社格をもつ別宮《べつぐう》で、志摩一之宮として地元の人々に尊崇されている。延暦二十三年（八〇四）成立の『皇大神宮儀式帳《こうたいじんぐうぎしきちょう》』によれば、祭神は天照坐皇大《あまてらしますすめおお》

伊雑宮の御田植式と御柱（著者撮影）

神魂《かみのみたま》で、伊勢内宮の天照坐皇大御神《あまてらしますすめおおみかみ》の名とほとんど違わない。天照大神の遥宮《とおのみや》とも言われ、伊勢神宮成立以前より祀られていたとされる。なお信徒は伊雑宮こそ本宮だと言う。この伊雑宮の御田植式で目についたのが、田圃の真ん中に立てられた御柱である。

『古事記』によれば、アマテラスに天孫降臨を命じたのは、天地開闢時、高天ヶ原に現れた高御産巣日神《たかみむすひのかみ》で、別の名を「高木神」と記している。

その高木神こそ原初の皇祖ゆえ、アマテラスに天孫降臨を命ずることができたと上田正昭は『日本神話』（岩波新書　一九七〇）で指摘した。そして、伊勢神宮の正殿直下の心御柱こそ高木神だと断じたのである。

伊雑宮の御田植式の神田に立つ御柱も、同じく高木神だと見た上田の考察はさらに展開する。神功皇后の難波での危機を救った撞賢木厳之御魂天疎向津媛命《つきさかきいつのみたまあまさかるむかつひめのみこと》は、高木神が依り憑いた神木に奉祀する「大日孁貴《おおひるめのむち》」だったが、時を重ねるにつれこの神木と合体し、至高のアマテラスになったと推論したのである。つまり皇祖となる前のアマテラスは、高木神に仕える巫女だったと。前述のとおり「大日孁貴」とは『日本書紀』におけるアマテラスの異称である。

上田の高木神至高説は、筑紫申真の『アマテラスの誕生』が提示した「撞賢木厳之御魂」をめぐる考察と呼応するものである。「ツキサカキ＝イツノミタマ」こそ伊勢神宮の心御柱の原初たる「みあれ木によりつく尊い霊魂」だと筑紫は見たわけだが、まさに上田の説と共鳴する。つまり高木神を奉斎するという本来の役割が逆転し、アマテラスはマツラレル側となった。このアマテラスを八咫鏡に憑依させ、皇祖とした信仰が、藤原氏の権力に支えられる中臣神道の核となった。マツル側からマツラレル側に転位したアマテラスを御神体とする社こそ、天武と持統が想定した伊勢神宮ではなかったかと筑紫は睨んだのである。

平成二十五年（二〇一三）の式年遷宮広報本部のウェブサイトによると、心御柱は伊勢神宮を麓に抱える神路山の山中で、深夜に伐り出される。その間の儀式は「木本祭《このもとさい》」と呼ばれ、厳秘のなか、物忌と称される少女が忌斧《いみおの》を執り、御料木を奉伐する。新殿の完成まで、内宮は御稲御倉《みしねのみくら》に、外宮は外幣殿《げへいでん》に納められる。

神路山の山中で深夜、少女に伐り出された御料木が、新たな心御柱として地中に埋められるわけだが、田村圓澄の前掲書『伊勢神宮の成立』によれば、径四寸（約一二センチ）、長さ五尺（約一メートル五〇センチ）の御料木を、地上に二尺（約六〇センチ）現れるよう地下三尺（約九〇センチ）に埋め、「神の座す如く」祀るという。伊勢神宮の心御柱がアマテラスなのか、高木神なのか、千年超の時空に飲み込まれ、祭祀する当事者も判別できなくなっているのではないだろうか。

江戸時代の延宝《えんぽう》七年（一六七九）、伊雑宮の神官たちは伊勢内宮の権威を否定した。そして、伊雑

吉野ヶ里遺跡北墳丘墓前の立柱（著者撮影）

宮に坐《いま》す御魂こそ天照大御神だと訴える『先代旧事本紀大成経《せんだいくじほんぎたいせいきょう》』を出版した。しかし幕府はこれを偽書と断じ、伊勢神宮の聖性を貶めた廉《かど》で流罪に処された関係者が出た。

四十一代持統女帝の伊勢行幸時は、まだ内宮・外宮と別宮が並立するという事態は生じていなかったと思われる。高木神の命による天孫降臨を皇統の創始と定めていたか否かはあくまでも想像の域を出ないが、しかし伊勢の心御柱をアマテラス祭祀の起点とする信仰は揺るぎないものであったろう。聖なる神が依り憑く柱を立てて祀る儀礼は、水稲耕作が伝えられた弥生期を起源とするものではなく、縄文の古代より日本列島に土着した人々が受け継いできた祖霊信仰だったという説に私は頷きたい。

九州の吉野ヶ里遺跡の、北墳丘墓の正面に復元された立柱を眺めると、古代の列島各地で行われたであろう祭祀の光景を、思い浮かべることができる。このような儀礼を、現代に至るも六年ごとに執行しているのが、諏訪大社の御柱《おんばしら》祭である。

アマテラスの御神体は心御柱か。あるいは八咫鏡か。内宮・外宮と別宮が並立する伊勢の祭祀には、高木神と一体化する以前の土着のアマテラスを拝んでいた、最古層の信仰形態を見出すことができるのではないだろうか。

アマテラスと女性性

太陽を仰ぎ、拝んだ農耕民が「アマテラス」と発声はできても、それを「天照」という文字に変換し得たとは思えない。古代、漢字を駆使することができたのは、支配層や知識人に限られたはずである。「天照」は、彼ら支配層や知識人が「アマテラス」という音声言語を漢字で記号化した神名であろう。「アマテラス」は土着信仰の地方神から、漢字で表記されることで水穂稔る王国に君臨する「天照大御神」となったのである。権力は文字で支えられる。権威は文字で正当化され、「歴史」となる。

いつ頃から倭人が漢字の習得を始めたのかは、三世紀末葉に書かれた『三国志』の「魏志倭人伝」冒頭より推測するしかない（鳥越憲三郎『中国正史　倭人・倭国伝全釈』）。

倭人在㆓帯方東南大海之中㆒、依㆓山島㆒為㆓国邑《こくゆう》㆒。旧百余国、漢時有㆓朝見者㆒、今使訳《しやく》所㆑通三十国

意訳すれば〈倭人は帯方郡の東南に広がる大海の島々にいる。紀元前後の漢の時代には来朝していた。当時は百余国に分かれていたが、魏より晋に王朝が代わった現在、通交できるのは三十国である〉となろうか。漢、魏、晋といった中国の歴代皇帝に「朝見」したこの倭人は当然、漢文で記された国書を持参していたはずである。

漢による朝鮮半島支配の拠点だった楽浪郡を通じて始まる倭人の漢字習得は、その拠点が帯方郡に代わった『三国志』の時代も続けられたことであろう。『日本書紀』「神功皇后六十六年」に泰始二年（二六六）の「晋起居注」の記録として「倭女王遣重訳貢献」とあるが、当初倭人は、倭漢両語を使いこなす半島の韓人を頼っていたと考えられる。いくつかの言語で通訳を重ねなければならない労も厭わず、倭の女王が朝貢したことを、中国の皇帝は評価している。

「帝」と呼び得る王権が三世紀の倭国にあったとは思えない。津田左右吉の前掲書『古事記及び日本書紀の新研究』によれば、三世紀末葉の倭国では記紀編纂の史料となった「帝紀」「旧辞」などの記述もまだ始められていなかった。政治に「鬼道」を要することから、『三国志』の著者は倭を未開国と断じた。ゆえに「倭国伝」ではなく「倭人伝」なのである。こう考えるほうが理に適う。難解な形容句を駆使した正格漢文が現れるのは、西暦四七八年の倭王武による宋の皇帝への上表からである。

第9章で述べた西暦七一二年完成の『古事記』の「序」で、太安萬侶は元明天皇を中国風の尊称である「皇帝陛下」と記した。記紀の巻頭における天地創造の説話も中国の古典に倣ったものであろう。飛鳥朝の史官らが『淮南子《えなんじ》』『老子』『荘子』『詩経』、また司馬遷の『史記』の始祖王伝説に学び、神統譜を構想したことは容易に想像できる。

しかし最大の難関は、神と人の間に横たわる時空のギャップを埋め得る物語の創作であった。史官らは神話を実際にあった出来事とするため、神々に肉体を与え、人間の男女の物語として描いた。むろんアマテラスも例外ではなかった。

まず第1章で紹介した、スサノオが逆剥ぎの斑馬《ぶちこま》を投げ込んだエピソードについて、『古事記』と『日本書紀』の記述を確かめておきたい。

『古事記』によれば、スサノオとアマテラスは後継の男子を求めて、互いに身に着けていた剣や装飾品を交換し、その奇跡を争うという人智を超えた儀式「誓約《うけい》」を、天安河を挟んで行った。しかし五人もの男子を産んだのはスサノオであった。アマテラスは〈自分が身に着けていた物から生まれたので、すべて我が子だ〉と告げ、ことごとくを奪い取った。ここからスサノオの高天ヶ原での狼藉が始まった。スサノオは、アマテラスが機織りをさせていた忌服屋《いみはたや》の棟に穴をあけ、逆剥ぎの斑馬を投げ落とした。「忌服屋」は神に捧げる衣を織る場所で、アマテラスはより高位の者に仕える存在だと認識できる。前述のとおり、『古事記』でアマテラスは高天ヶ原の最高位の高木神に天孫降臨を命じられている。

　斑馬が投げ込まれると、それに驚いた「天の服織女《はたおりめ》」が梭《ひ》で「陰上《ほと》」つまり陰部を衝き、死んでしまう。梭とは織機に張られた経糸《たて》に緯糸《よこ》をくぐらせるための舟形の金具である。

　女性性器と梭の組み合わせは強烈な印象を残す。男子禁制の忌服屋で服織女たちに梭を操らせるアマテラスが、邪馬台国の卑弥呼のような女性だと考えるならば、スサノオの狼藉の光景は、厳粛な神々の物語を生々しい人間の物語に転化させてくれる。

　一方『日本書紀』の「神代上第七段」では、この梭が「斎服殿《いみはたどの》」にいたアマテラスを直撃して「身を傷ましむ」。つまり怪我をさせたわけだが、同段「一書」第一では、「神之御服《かむみそ》」を織っていたのは「稚日女尊《わかひるめのみこと》」だと記している。彼女に一目惚れしたスサノオが逆剥ぎの斑馬を投げ込み、驚いた稚日女尊は「持《も》たる梭《かび》を以て体《み》を傷《やぶ》らしめて」死んだと。岩波版の校注には「稚日女尊は天照大神のようでもあり、そうでないようにも見える」と記されているが、スサノオの狼藉によるワカヒルメの死を目の当たりにしたアマテラスは、怒りも露わに「汝猶黒《いましなおきたな》き心有り。汝と相見《あいみ》じ」と罵って天岩屋に隠れ、世界は昼夜の別なきブラックアウトに沈んだ。

『古事記』によれば、アマテラスが隠れた天岩屋の前には八百万の神々が集まり、天鈿女《あめのうずめ》が伏せた桶の上で胸乳も露わに踊り出した。乱れる衣の隙から番登《ほと》＝女陰まで覗かせ、神々はどよめき、いっせいに咲《わら》い出した。悲劇の発端だった女陰が、ここでは艶笑譚のタネにされるのだが、おそらくは神話創作の過程で、歌垣など古代人の日常体験から生まれたゴシップを取り込んだものであろう。

古代史の大和岩雄は前掲書『天照大神と前方後円墳の謎』で、宗教学者ミルチャ・エリアーデ（一九〇七〜一九八六）の『聖と俗　宗教的なるものの本質について』（法政大学出版局　一九六九）を引用し、神話には人間の性欲が反映していると述べた。つまりエリアーデが言うように「聖なるものの本質は、俗なるものにあらわれる」と。アマテラスが隠れた洞窟は女性器の表象であって、卑俗な視点が盛り込まれていないと、人民は神話に実感を得ることができなかったと論じたのである。

洞窟のなかに隠れていたアマテラスは、外の騒ぎは何事かと岩戸に手を掛けた。その瞬間を見逃さなかった怪力の天手力男命《あめのたぢからおのみこと》が岩戸を押し開け、アマテラスを連れ出した。闇の世界を照らす光が、祭壇上にあった八尺（約二四〇センチ）という大型の鏡に反射した。八尺の鏡は、アマテラスの姿を映し出していた。鏡がアマテラスの御神体となった瞬間であり、また世界共通の太陽信仰を、倭人が手にした瞬間でもあった。

『古事記』はこの神の名を「天照大御神」と表記した。神話と歴史は接続できると、記紀の編纂者が確信した瞬間でもあったろう。「天照大御神」という聖なる名が与えられたアマテラスは、八咫鏡を魂の憑代とした。そしてアマテラスは世俗を超越し、絶対神となった。とはいえ、史実を神話で覆い隠しても、考古学的物証によって事の真相は暴露されるものである。

「何処に人の代ならぬ神の代を置くことができようぞ」

倭人が鏡を祭器として扱いはじめたのは弥生時代中期とされる。大量の前漢鏡が福岡県糸島市の三雲南小路《みくもみなみしょうじ》遺跡や同県春日市の須玖岡本《すぐおかもと》遺跡など、北九州の当期の甕棺墓より出土している。その青銅鏡の多くは前漢の朝鮮半島支配の拠点、楽浪郡を介して入手されたものだと考えられている。前漢は紀元前二〇二年より紀元後八年まで続いた王朝で、楽浪郡は現在の平壌辺りにあったとされる。

もちろん、入手するやいなや鏡がアマテラス信仰に結実したとは思えない。むしろ三雲南小路遺跡で約三十一面、須玖岡本遺跡で三十二面以上という出土数からは権力誇示、あるいは祓除《ばつじょ》のための祭器だったことが推測できる。前漢鏡に神霊を見出し、副葬するまでに至った経緯をどう読み解けばいいのか。朝鮮半島には、倭国のような熱烈な鏡信仰の習俗は認められない。

弥生人は水稲耕作を営んだ。イネの恵みを与える川の流れは、時に洪水となって畦を破壊し、すべての営みを台無しにした。地神の荒魂、また穀霊に対する古代の人々の畏怖の念は強かったであろう。夥しい数の銅鐸や青銅の武器、高価な銅鏡を埋葬する儀礼は、太陽というより地霊への鎮魂だったとも考えられる。

三輪山をめぐる説話に鏡信仰の情動は感じられない。古代ヤマトにおいても、たった一枚の八咫鏡をアマテラスの御神体として祀った気配はない。しかし前述のとおり、多くは天皇陵とされる三輪山の麓の、大王たちの巨大な前方後円墳の玄室では、数多の三角縁神獣鏡が出土している。冥府での生命力が保たれるよう祈願したものか。あるいは、悪しき地霊の祟りから護るためのものなのか。

現代でも地鎮祭が行われている。土木、建築などで起工前に安全を祈願する祭儀である。たとえ地震や洪水で失われても、地鎮祭を行い、家屋を再建する。地鎮祭をせず家を新築する日本人は極めて稀であろう。まず普請大工が承知しまい。


平成二十六年（二〇一四）五月十九日の「毎日新聞」は、奈良県桜井市箸中にある箸墓古墳の、明治九年（一八七六）撮影の写真を掲載した。明治二十年（一八八七）の植林で樹木に覆われてしまった現在の姿とは異なり、四段構造の墳丘の表面が葺石《ふきいし》で覆われ、創建時の面影を残している。全長二七六メートル。高さ二七メートル。後円の頂上には直径四五メートル、高さ五メートルの円壇が設けられており、異例の埋葬様式を示している。前方後円墳の創始という箸墓など、第十代崇神王朝期のものと治定《じじょう》された隣接する古墳群のすべてが三輪山の麓に集中しているが、どこにもアマテラス信仰を感得することはできない。

アマテラスはヤマトでは冷遇されていた。『日本書紀』の崇神天皇紀によれば、宮廷の外に出さ

明治9年（1876）撮影の箸墓古墳（宮内庁蔵）

れたアマテラスは、三輪山の笠縫邑《かさぬいむら》の神籬《ひもろぎ》に仮住まいのままである。崇神は皇女の豊鍬入姫《とよすきいりひめ》に奉仕させたが、至高の皇祖神を扱っているとはとても思えない。また、崇神は四道将軍を派遣して領土を拡大し、出雲国の制圧にも成功するが、アマテラスの祭祀をめぐる情報は消え失せてしまう。

　アマテラス祭祀の記録が再び見られるのは、次代の垂仁天皇二十五年条である。十一代垂仁は老いた豊鍬入姫を奉仕から外し、あらためて皇女の倭姫《やまとひめの》命《みこと》を指名する。前述のとおり倭姫命は、アマテラスの鎮座すべき場所を求めて菟田《うだ》（宇陀）、近江、美濃と彷徨し、ついに伊勢に達する。アマテラスは、ヤマトから離れた地だが良き国と捉え、伊勢に落ち着きたいと告げる。アマテラスの神託に従い、倭姫命は祠《やしろ》を建て、斎宮《いわいのみや》を五十鈴川の川上に設けた。ようやくアマテラスは地霊大物主を崇拝するヤマトを逃れ、太陽の光輝く海原を望む伊勢の森に鎮座すべき聖地を見つけたのである。『日本書紀』は次のコトバで締めくくる。

「則ち天照大神の始めて天より降ります処なり」

再び大正十三年（一九二四）刊の『古事記及日本書紀の研究』より、津田左右吉の言葉を引用しておく。

「民族の、或いは人類の、連続せる歴史的発達の径路に於いて、何処に人の代ならぬ神の代を置くことができようぞ」

浮いた軍事費

持統天皇八年（六九四）十二月。四十一代持統は、皇位継承をめぐる血塗られた抗争の記憶が残る飛鳥浄御原宮より北へ、新造の藤原京に遷都した。古代都市研究の小澤毅《つよし》（一九五八〜）によれば、藤原京は唐の首都、長安に倣い、条坊制を採用した市街区画をもつ。近年の研究では、従来の発掘で割り出されたスケールよりもさらに広大で、奈良県橿原市の畝傍《うねび》、耳成《みみなし》、香久《かぐ》の「大和三山」を抱く日本初の本格的都城だったことがわかっているという。左右対称の東西十坊、南北十条の十里四方（五・三キロ×五・三キロ）の中央に王宮を構えた都城（＝京）だったようである（『日本古代宮都構造の研究』青木書店　二〇〇三）。

この新都で、三十五歳の藤原不比等は不可欠な存在となっていた。伊勢神宮創建、藤原京遷都と、持統女帝の手に負えない政務の執行者として、不比等以外の人物を史書より見出すことはできない。そして不比等に輔弼《ほひつ》された持統朝の主題は、国史の編纂と律令制度の確立へ向かった。

上：藤原京遺跡（著者撮影）　下：藤原京と周辺の遺跡。細かい格子部分は京域

第四十代天武天皇の編纂の勅命より『古事記』『日本書紀』が完成するまで長い年月を要したのは、いかなる国家を築くべきか、持統と不比等が思い悩んだからではなかったか。施行を間近に控えた律令の権威を人民に知らしめるため、まず巨大な王都を建設した。その中央を占める王宮や法律を策定する大極殿の壮麗さに人民は目を見張ったはずである。また衣装を翻しながら朝堂を行き交う官僚群の姿は、法治国家を認識させるに足る厳粛さを醸していたことであろう。

しかし国史の編纂、律令制度の確立はもとより、伊勢神宮の建設、藤原京への遷都には莫大な費用と労力を要したはずである。天智天皇の近江遷都のさいは、苦役に反発した民衆が都を囲む山野に火を放っている。同じように持統と不比等も民衆の不満に直面したことであろう。

とはいえ、古代日本の朝鮮半島の拠点とされる任那は百年以上も前に失われていた。任那にこだわり白村江の戦いで支出したような巨大な軍事費から解放されることで、二人の政策には余裕が生まれたに違いない。支出が内政に絞られたことで、飛鳥京とは比較にならないほど広大な藤原京の造営が可能になったと私は見る。

似たような状況が『日本書紀』の第十代崇神天皇紀に見出せる。当時のヤマト王朝は朝鮮半島の「任那」に関知していなかった。半島が三韓に分裂し、抗争に明け暮れる間、ヤマトには平和な時が流れていたのである。ゆえに長い時間と労力を費やし、三輪山の麓に次々と巨大な前方後円墳を築くことができた。九州に上陸した水稲耕作が列島の内陸にまで普及し、収穫の増大が富裕をもたらした結果とも言える。四方が海に囲まれているという地理的要因の恩恵もあったろう。なぜなら海は外敵の侵入を容易たらしめない。この海を重装備の軍兵に渡らせ、半島の紛争に介入するとなると、莫大な費用と労力を要したはずである。逆に何度も朝鮮出兵を余儀なくされた九州の倭国は、内陸ヤマトに匹敵する前方後円墳を築くことができなかった。

西暦六六三年の白村江での敗戦以後三十年間、日本は専守防衛に徹し、海外へ出兵することはなかった。奈良薬師寺の東塔や金銅薬師如来三尊像など、白鳳《はくほう》文化を開花させた天武、持統の時代の重要性は、政治史のみに留まらない。まるで昭和二十年（一九四五）の敗戦以後、武装放棄を強いられたことで経済に専念し、大復興を遂げた現代の日本とも重なる。

話を戻す。藤原京への遷都を無事に果たした持統女帝は、夫の天武が命じた国史の編纂を目下の急務と捉えたはずである。

ヤマト盆地に王朝を創始した崇神の時代は、まだ呪術による統治が行われており、三輪山の祭祀を怠ったことが、疫病や自然災害の原因だと信じられた。卜占で託宣を乞うた崇神に、ヤマトトトビモモソヒメに憑いた大物主神が、自身を能く祀るよう告げたことは前述のとおりである。崇神はヤマトトトビモモソヒメを大物主神の妻に差し出し、怒りを鎮めた。一方、天武朝は近江朝から軍事力で王権を奪った統一国家である。ヤマトより南方の飛鳥に王都を構えた天武朝にとって、もはや三輪山の土着神の祟りなど恐るべき対象ではなかった。ヤマト王権が右往左往した大物主神の託宣など関係なく、天武朝の権威が創り上げた伊勢のアマテラスのみが、八百万の神々の頂点に君臨する皇祖だと人口に膾炙させなければならなかった。アマテラスの子孫のみが統治権を有するという「歴史」を、仕立て上げねばならなかった。

その意図を具現するためには、人間による血腥《ちなまぐさ》い王権争奪の史実を、神々による国生みの物語へ創り変えなければならない。繰り返すが、持統女帝は藤原不比等の存在の重みを見逃がさなかった。藤原氏の前の姓は中臣である。文字どおり神と人とを仲立ちする神祇職を担った氏族である。さらに、藤原鎌足の遺児だったために逼塞せざるを得なかった不比等は、田辺史《ふひと》大隅の養育の下、中国の歴史や律令を学んだとされている。式年遷宮という伊勢の祭祀制度は、皇統の神聖化、絶対化を望む持統女帝が起用した藤原不比等によって提案されたものではなかったか。

神殿が二十年ごとに造替されることで、アマテラスの生と死の循環は無限軌道に乗る。アマテラスの再生は皇位継承の正当性を永久不滅のものとする。アマテラスの霊威で「万世一系」の皇統を確固たるものにすれば、血腥い中国流の易姓革命とも永訣できる。そして、この「万世一系」の思想は『古事記』『日本書紀』の主旨とも合致する。

環境ジャーナリストの枝廣淳子《えだひろじゅんこ》（一九六二〜）は、式年遷宮は自然の摂理に適った行事だと述べている。檜造りの掘立柱で茅葺、高床の伊勢神宮の原型は米蔵である。飢饉に備えたものだが、コメを保存する倉庫の耐用年数は二十年から三十年が限度だという。その期限に対処したのが式年遷宮の二十年だと枝廣は指摘している（「20年ごとに建て替えることで永久を保つ　伊勢神宮の遷宮」「JFSニュースレター」№26　二〇〇四・十）。

遷宮に必要な十数万本の檜材を確保するため、神殿の背後では何百年にもわたり造林が続けられている。この森林の湿気が社殿を覆い尽くし、腐食を早めるのである。また枝廣が参加した「お白《しら》石持《いしもち》」とは、伊勢の清流、宮川の河原で拾い集め、磨き清めた白い丸石を、神殿の庭いっぱいに敷き詰めるという遷宮に奉仕する民間行事だが、湿気吸収の役割を果たすものと私は教わった。

不改常典と平城京

藤原京への遷都を果たした持統天皇は、譲位にも思いを馳せるようになっていた。孫の珂瑠皇子が即位する姿を、生きているうちに自らの目で確かめたい。直系の皇子にのみ日嗣《ひつぎ》の資格が与えられることを、臣民に直視、納得させようとしたのである。

持統天皇十一年（六九七）二月。十五歳の珂瑠を皇太子に立てた。八月、持統は譲位し、珂瑠は四十二代文武天皇となった。しかし持統は、史上初の太上天皇《だいじょう》として国政への関与を続けた。そこで『日本書紀』の記述は終わり、国史は『続日本紀』に引き継がれる。『新日本古典文学大系　続日本紀　一』を参照しながら整理したい。

文武天皇元年（六九七）八月二十日。藤原朝臣宮子娘《みやこのいらつめ》（〜七五四）が天皇の夫人《ぶにん》として入内した。宮子は不比等と賀茂比売《かものひめ》（〜七三五）の娘とされる。不比等が天皇の義父として史上に登場したのである。

文武天皇二年（六九八）八月。鎌足に与えられた藤原姓は、不比等の系譜だけが継ぐという詔勅が下された。宮廷の祭祀は中臣氏、執政は藤原氏が担うという区分が厳格化した。

大宝元年（文武天皇五・七〇一）正月。百寮つまり多くの役人が集い、朝賀の儀が執行された。第10章でも触れたように、藤原宮の大極殿の正門には「烏形幢《うぎょうどう》」が立てられた。「烏形幢」は金銅製の八咫烏を竿頭に装着した幢《はたほこ》である。初代神武天皇の東征軍を勝利に導いたヤタガラスが三本足となり、朝賀の儀に初めて姿を現した光景である。

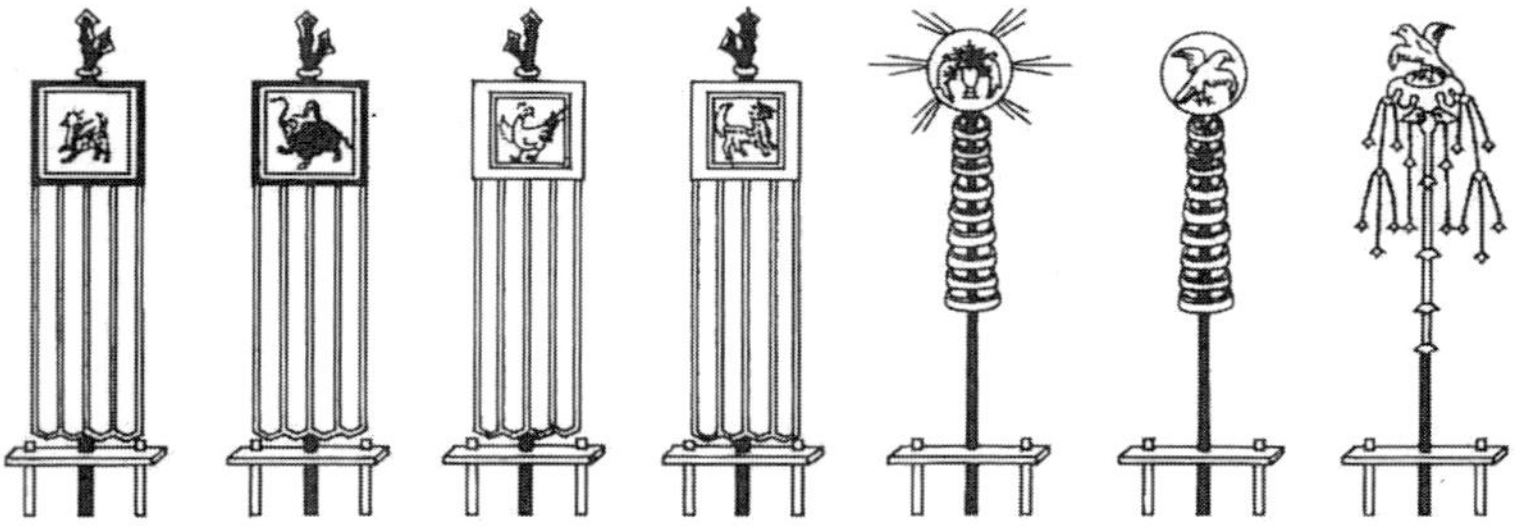

白虎旗　玄武旗　朱雀旗　青竜旗　月像幢　日像幢　烏形幢

烏形幢を掲揚することで、祖神アマテラスの霊威と天皇の威光が接続し、尊厳極まる光景が演出された。烏形幢の左には日像《にちぞう》、青龍、朱雀の幡《はた》が、右には月像《がつぞう》、玄武、白虎の幡が立てられた。大宝元年正月に立てられた幢、幡の形状はわかっていない。江戸後期の国学者、塙保己一《はなわほきいち》（一七四六～一八二一）が中心となり、古文献千二百七十種を五百三十巻に編纂、刊行した『群書類従』（一七九三～一八一九）の「公事部」所収の『文安御即位調度図』には、どの天皇の即位の儀に用いられたものかは未詳だが、幢、幡（旗）の形状が掲載されている。『新日本古典文学大系　続日本紀　一』の「補注」、「巻第二」の「二」より引用しておく。なお『文安御即位調度図』は、文安元年（一四四四）に「藤原光忠」が筆写したと伝えられる書である。

中国由来の道教の日月四神像は、高松塚古墳やキトラ古墳の壁画にも描かれているが、不比等は日本の神々の代表としてヤタガラスを掲げ、先進国たる唐の神々と並べることで、後進性を払拭したかったのではないだろうか。『続日本紀』巻第二の本文は「文物の儀、是《ここ》に備《そなわ》れり」と記している。

同年三月。元号が十五年ぶりに復活し、「大宝」となった。八月。

「大宝律令」が撰定された。編纂者の筆頭に天武の皇子の刑部《おさかべ》（忍壁）親王（〜七〇五）の名が記録された。そして次に記された名が、藤原朝臣不比等であった。

また同じ年には、不比等の娘で文武の夫人だった宮子が、のちに四十五代聖武天皇となる首皇子《おびとのみこ》を出産した。すでに唐では、西暦六九〇年に即位した中国史上唯一の女帝である則天武后《そくてんぶこう》（六二四頃〜七〇五）が絶大な権力を掌握していた。国名も「周」に改め、則天文字まで制定し、異彩を放っていた。

大宝二年（七〇二）。「大宝律令」が諸国でもれなく施行された。「大宝律令」は、天智と鎌足が構想したとされる「近江令《おうみりょう》」を起点に、天武、持統の波乱の時代を潜り抜け、ようやく成立を見た基本法典である。日本は刑法や行政法、訴訟法などに基づき統治される律令国家となったのである。

律令の撰定に加わった顔ぶれとしては、白村江での敗戦という時代の難局に向き合った人物を見出すことができる。唐と新羅の連合軍との交渉を担った伊吉博徳《いきのはかとこ》や、『日本書紀』の編纂で漢文と和文を照合した唐人の薩弘恪《さつこうかく》などである。伊吉博徳などは不比等の兄である定恵の世話をした人物と目される。烏形幢を立てた儀礼といい、律令撰定の顔ぶれといい、不比等が国史の編纂のみならず、立法という権力の核心で指導的な役割を果たしたことは明白である。

同年十二月二十二日。太上天皇の持統が五十八歳の生涯を終えた。遺詔《いしょう》が『続日本紀』巻第二に記録されている。

「素服《そぶく》、挙哀《こあい》すること勿れ。内外の文武の官《つかさ》の釐務《りむ》は常の如くせよ。喪葬の事は、務めて倹約に従へ」

『新日本古典文学大系　続日本紀　一』の校注者は「素服」を「そぶく」と読ませているが、前出、第8章の「あさものみそ」と同じ白麻の喪服を指す。ともかく一年の殯ののち、女帝は火葬された。そして夫の天武が眠る檜隈大内陵《ひのくまのおおうちのみささぎ》に合葬された。天皇家による仏式葬儀の最初とされる。檜隈大内陵は現在の奈良県高市郡明日香村にある。

女帝崩御の五年後、慶雲四年（七〇七）の六月十五日。文武天皇も二十五歳の若さで没した。直ちに文武の生母で持統の異母妹、阿閇《あへ》皇女が即位し、四十三代元明天皇となった。文武の嫡男の首皇子はまだ七歳であった。新帝の元明は不比等とともに、幼い首皇子を守護する役目を担わされたのである。

文武の時代は旱魃に見舞われ、民が餓えた。「大宝」から「慶雲」に改元されたのも、雨の恵みを願ってのことである。雲を呼び、雨を乞う祈禱をたびたび捧げるも、文武の願いが叶うことはなかった。

同年七月十七日。元明は即位にあたり、異例とも言うべき宣命《せんみょう》を発した。宣命とは、字義どおり天皇の命令を宣《の》べ聞かせる文書のことで、『続日本紀』巻第四に記録がある（『新日本古典文学大系　続日本紀　一』）。私の意訳では次のようになる。

〈我が国は不改常典《かわるまじきつねののり》に基づき、天皇が治めてきた。不改常典とは、我が父の天智天皇が近江大津宮で定めた、天地とともに永遠に変わることのない皇位継承に関する法である。その不改常典の尊き定めにより、我が夫で皇太子だった草壁との嫡男、珂瑠が即位して文武天皇となった〉

元明の宣命は続けて意外な嘆きを吐露する。

〈不改常典に基づき即位した我が子の文武は、予期せぬ病に罹り、政事《まつりごと》を執るのが難しくなった。たとえ治療したくとも、皇位は片手間でなし得ない大命である。譲位という方法もあったが、私は受けなかった。重責に堪えられそうもなかったからである。しかしながら、病苦に悩む我が子の、譲位を何度も訴える姿が不憫になった。そして私が譲位を受けた日に、文武は亡くなった。重位《いかしくらい》に就くのは天命だと、私は覚悟を決めた〉

誰も見たことがない、読んだこともない「不改常典」という天智のマニフェストが、元明即位時の宣命に持ち出されたわけだが、現今の学説は紛糾したままである。

元明が即位の場で、子の文武や自身を皇統の継承者として正当化するのは異常な状況である。元明の即位に疑念を抱いた勢力の存在が窺える。本来なら大友皇子が継承するはずだった天智の皇統を、天武が簒奪したという疑惑が、朝廷内にくすぶっていたのではないだろうか。あるいは、文武が病弱なら、皇位は天智系に戻すべきだという異議が、朝廷内で囁かれていたのではないだろうか。

白村江での敗戦の処理をめぐり、天智は弟の大海人を皇太子に立て、協力を求めた。『日本書紀』には大友の立太子の記録はなく、大海人が「大皇弟《ひつぎのみこ》」の身分で天智を補佐している。天智の名代で危篤の鎌足を見舞った大海人についても、『日本書紀』はわざわざ「東宮大皇弟」と記している。『日本書紀』が記した「大皇弟」にこそ天智の思いが込められており、天武の皇位継承は正当なものだというのが、元明の宣命の根拠であろう。元明は天武の嫡男の草壁の妻であると同時に、天智の第四皇女でもあった。

壬申の乱以後、三十年にわたり陰で皇位の継承を支えてきた持統女帝の死は、権力の空白を生んだと私は考える。持統存命中の文武の即位には異議も生じなかったが、天武系の血統を護持するために、皇女による皇位継承ばかりか、幼児まで皇太子に立てようと画策したことに、天智系の皇子や豪族らは不満を募らせたに違いない。この不満を抑える手段として天智の「不改常典」を発想し得たのは、不比等以外考えられない。元明は持統崩御五年後の再度の女帝で、かつ天智の皇女である。繰り返すが、文武の嫡男の首皇子はまだ七歳の幼児であった。

元明が藤原京で即位した翌年、武蔵国より銅が献上された。銅産出の吉祥に因み、元号は「慶雲」から「和銅」に改められた。その和銅元年（七〇八）。元明は伊勢太神宮に奉幣使を遣わし、平城京を造営すると告げた。不比等の政権支配が際立っていくなか、元明は皇統維持の重責だけではなく、民衆の怨嗟をも背負うことになったのである。この女帝の怯えともとれる歌が『万葉集』に残っている（中西進『万葉集　全訳注　原文付（一）』）。同年の大嘗祭に臨席した時の御製だと伝えられている。

ますらをの鞆《とも》の音すなりもののべの大臣《おおまへつきみ》楯立《たて》つらしも（巻一・七六）

元明は大嘗祭の儀礼で、物部の軍兵が弓の弦を鳴らし、楯を並べ、忠誠を誓う音に威圧感を覚えた。旧氏姓が物部連の石上麻呂は、持統の即位時にも大楯を立てた。異母姉の持統とともに残酷な政変を目の当たりにしてきた元明の不安は深刻であった。また、平城京遷都という大事業で負担を強いられた人民の怨嗟の声も耳に届いていたことであろう。東北からは蝦夷の叛乱も伝えられている。祭祀の儀礼とはいえ、軍兵の物々しい武器が宮廷に響かせた音に、元明は壬申の乱の記憶を甦らせたのではなかったか。皇位をめぐる抗争が再び起きるのではないかと怯えたのではなかったか。

実姉の御名部皇女《みなべのひめみこ》が返歌で元明の不安をなだめている。御名部皇女の歌いぶりからも、元明の不安がいかに深刻だったかが読み取れる。

わご大王《おおきみ》物な思ほし皇神《すめがみ》のつぎて賜へるわれ無けなくに（巻一・七七）

訳せば〈我が大王の元明よ、ご心配なさらないでください。皇祖が大王に付き添えと申された私がいるではありませんか〉となるか。元明と同じく天智の娘である御名部は、天武の長男の高市皇子《たけちのみこ》（六五四〜六九六）の妃で、長屋王《ながやおう》（〜七二九）を産んだとされる。後年、その長屋王が皇位を脅かしたとして、一族もろとも藤原氏に粛正される悲劇を、むろん姉妹が知ることはできない。また姉妹の母は、天智と鎌足に謀殺された蘇我倉山田麻呂の娘、姪娘《めいのいらつめ》である。蘇我の血を引きながら天智、天武とも繋がる姉妹が経験した政変の過酷さは想像に難くない。

同じ和銅元年の三月には、物部連石上麻呂は左大臣、不比等は右大臣に任命されていた。しかし石上麻呂は、平城京遷都で空いた藤原京の留守を命じられる。宮廷から遠ざけられた物部氏の没落は顕著になった。実権を握った不比等と同族の中臣朝臣意美麻呂《おみまろ》（〜七一一）も神祇伯《じんぎはく》となり、政治と祭儀のトップを藤原氏が独占するに至ったのである。

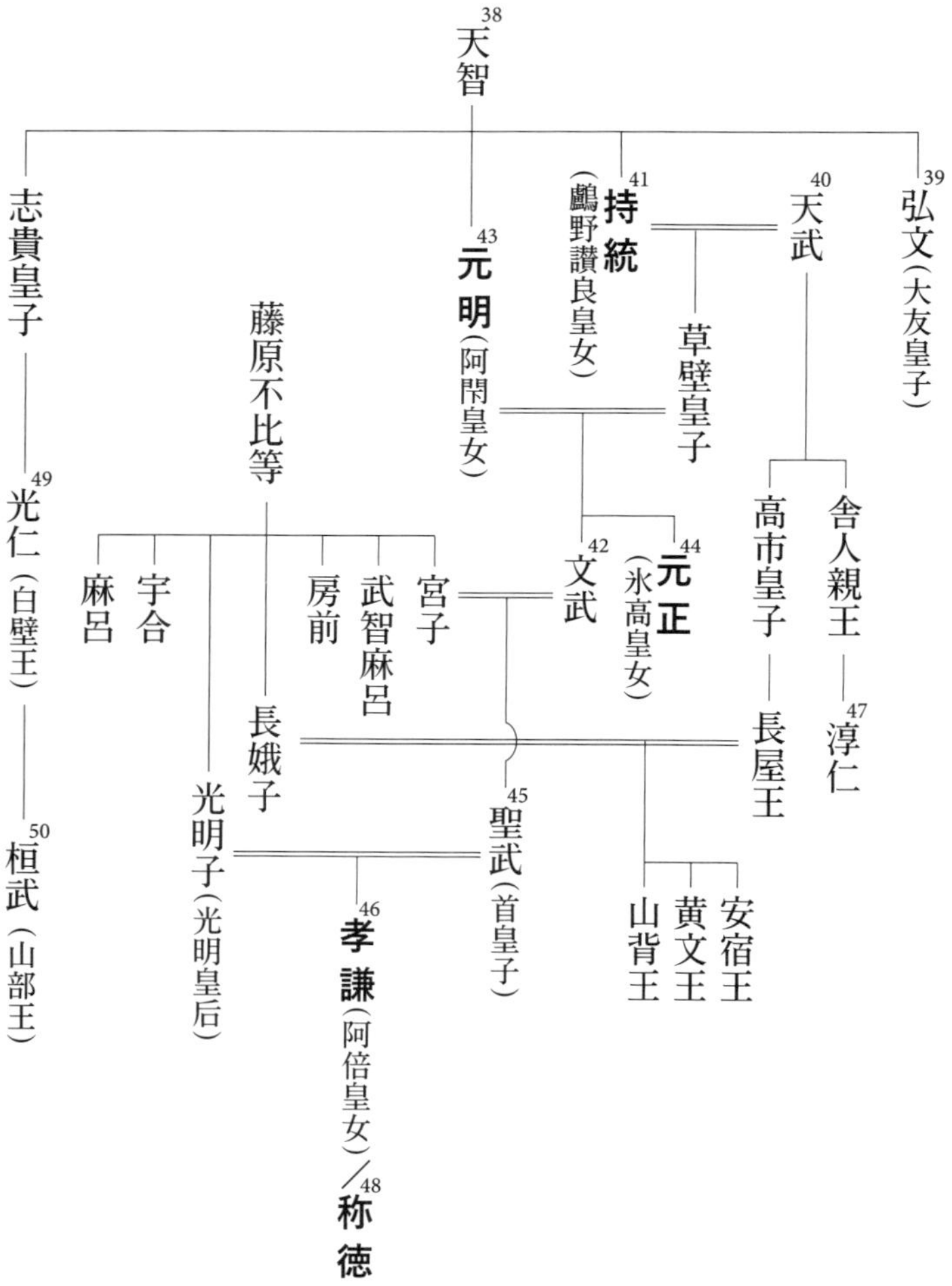

天智から桓武までの系図に見る女帝（太字）

和銅三年（七一〇）三月十日。都は平城《なら》に遷った。国力の増大を反映してか、藤原京遷都からたった十六年で奈良盆地の北辺にさらなる規模の首都、平城京を築いたのである。

小澤毅の前掲書『日本古代宮都構造の研究』は「藤原京の場合、全体の地形は南東が高く北西へ向かって低くなっており、これは南面する天皇にとってふさわしいものとはいいがたい」と記している。中央に配置された王宮には南東から汚水が流入し、その南辺も丘陵地帯で宅地造成に向かず、都大路の発展は望めなかったと。一方、平城京は南へなだらかに傾斜する理想的な地形で、この北端に王宮を配置し、唐の長安城を踏襲できたと小澤は指摘している。

青丹よし奈良の都の幕開けである。

和銅五年（七一二）正月二十八日。太朝臣安萬侶より「皇帝陛下」元明に『古事記』が撰上されたはずだが、『続日本紀』巻第一はいっさい触れていない。

和銅七年（七一四）。首皇子が十四歳で皇太子となった。翌年、元明は娘で文武天皇の姉の氷高皇女《ひだかのひめみこ》に譲位した。またもや女帝の四十四代元正天皇である。女帝が連続する皇位継承は尋常ではない。母から娘への譲位は前例がないばかりか、後世でも行われていない。

出雲の賀詞と伊勢の禁令

宮廷儀礼など律令の施行細目を集大成した『延喜式《えんぎしき》』がまだ成立していない霊亀《れいき》二年（七一六）の平城京。元明より譲位され、天皇になったばかりの元正の前で、出雲国造果安《はたやす》なる豪族が神賀《かみほぎ》の祝詞を奏上した。しかし『続日本紀』はその祝詞の文言を記していない。

延長《えんちょう》五年（九二七）に成立し、康保《こうほう》四年（九六七）に施行された『延喜式』五十巻のうち、巻八の記述に「出雲国 造神賀詞《いずものくにのみやつこのかむよごと》」という祝詞がある。これが元正女帝に奏上された神賀の祝詞だと考えられてきた。

出雲の国造は任命されると一年の潔斎を経て参内し、出雲神からの賀詞を述べた。そしてまた一年の潔斎を経て参内し、二度目の賀詞を述べる義務を負った。賀詞を述べる新任の出雲国造は、朝廷が派遣した国司つまり地方官に行政権を奪われていた。治める地はなく、ただ祭祀を司ることのみ許された神官に零落していた。ゆえにと言うべきか、述べられた賀詞の内容には諂《へつら》いが窺える。

『延喜式』巻八の「出雲国造神賀詞」を引用する（『日本古典文學大系　古事記　祝詞』）。

「すなはち大なもちの命の申したまはく、『皇御孫《すめみま》の命の静まりまさむ大倭《おおやまと》の国』と申して、己命《おのれみこと》の和魂《にぎみたま》を八咫の鏡に取り託《つ》けて、倭の大物主くしみかたまの命と名《みな》を称《たた》へて、大御和《おおみわ》の神なびに坐《ま》せ、己命の御子あぢすき高ひこねの命の御魂を、葛木《かづらき》の鴨の神なびに坐せ、事代主《ことしろぬし》の命の御魂をうなてに坐せ、かやなるみの命の御魂を飛鳥の神なびに坐せて、皇孫《すめみま》の命の近き守神と貢《たてまつ》り置きて、八百丹杵築《やおにきづき》の宮に静まりましき」

訳せば次のようになるか。

〈我が出雲の大己貴命《おおなむち》は申しております。「尊い皇孫の神々が鎮座される大倭の国」におかれましては、己の和魂を八咫鏡にお委ねになり、倭の大物主櫛𤭖玉命《くしみかたまのみこと》とお称えになって三輪山に、そして己の子の味相高彦根《あじすきたかひこね》を葛城山の鴨社に、事代主を雲梯《うなて》の社（奈良県高市郡）に、かやなるみ（出自不明）を飛鳥の社にと、出雲の神々をすべて皇孫のお側近くにお祀りくださり、守護神とされており

ます。そのご加護で我が大己貴は、朱色に彩られた出雲の杵築の宮で安らいでおります〉

大己貴の「皇御孫の命の静まりまさむ大倭」という賀詞には、国譲りした出雲神＝三輪山の悲哀が滲んでいる。自ら大なもちの命＝大己貴命＝大名持命と称しながら、八咫鏡に身を委ね、三輪山の大物主をはじめ出雲の神々すべてが、ヤマトの皇孫に奉仕することを認めている。つまり「出雲国造神賀詞」とは、ヤマト王朝の皇孫に対する臣従の誓いであった。天孫降臨神話に基づく「皇御孫」や「八咫の鏡」など「出雲国造神賀詞」の文言からは、伊勢神宮におけるアマテラス祭祀の完成も読み取れよう。

元明の譲位を受けた元正に、出雲国造果安が神賀の祝詞を奏上した霊亀二年（七一六）の四年後、養老四年（七二〇）の五月。天武の子の舎人親王が『日本書紀』三十巻を元正に撰上した。この年の八月には不比等が六十二歳で没している。また翌年には太上天皇となっていた元明も六十一歳で没した。

神亀《じんき》元年（七二四）二月。元正が二十四歳の首皇子に譲位した。首皇子は即位し、四十五代聖武天皇となった。またも譲位による継承であった。

前述のとおり聖武の母の宮子は不比等の娘だが、皇后となった光明子《こうみょうし》もまた不比等の娘であった。光明皇后（七〇一〜七六〇）である。藤原氏と皇統の結びつきは非常に堅固なものとなった。以後、明治維新に至るまで千年以上の長きにわたり、天皇家の外戚として不比等の直系である藤原氏が王権の中心に位置し、政治、文化に多大な影響を及ぼすことになる。

藤原氏の権威を持続させた要因は、まぎれもなく天孫降臨のさいのアマテラスによる「天壌無窮」の神勅であろう。漢文と和文の合成に成功した『日本書紀』は、アマテラスの子孫だけが皇位を継ぐという「天壌無窮」の神勅を明示していた。そして皇統の霊威を護持するために、伊勢神宮は独自の儀礼を定めることになった。

今、私は『古事記』がヤマト王権で不要になった背景を理解できたように思う。『古事記』では、天武系の皇統の継承が記録されなかった。一方『日本書紀』では、藤原氏が皇室の外戚として王権の中枢を担ったことが記録された。つまり「正史」を獲得した藤原氏にとって『古事記』は、無用の存在にすぎなかったのである。

伊勢の式年遷宮がいつ始まったのか、記紀には記されていない。九世紀末の内宮の禰宜《ねぎ》つまり神官だった荒木田徳雄《あらきだとくお》とその一族が書き継いだ、平安末期成立の『大神宮諸雑事記《だいじんぐうしよぞうじき》』によれば、式年遷宮の開始は持統天皇四年（六九〇）の女帝行幸時だという。しかし『日本書紀』には、持統天皇六年（六九二）の伊勢行幸を阻もうとした大三輪高市麻呂の諫奏が記録されているのみである。この二年前に伊勢行幸や式年遷宮があったとは思えない。

第12章　神から仏へ

仏教立国に向かった天皇の熱情

仏教が伝えられたのは欽明天皇十三年（五五二）の十月だと『日本書紀』は記している。初めて経典に接した二十九代欽明は「是《かく》の如く微妙《くわ》しき法《のり》を聞くことを得ず」と感嘆している。仏の教えほど心に響く言葉はないと。また仏像と対面するや、欽明はさらに心を昂ぶらせる。

「西蕃《にしのとなりのくに》の献《たてまつ》れる仏の相貌《かお》端厳《きらぎら》し。全《もは》ら未だ曾《かつ》て有《あら》ず。礼《うやま》ふべきや不《いな》や」

百済の聖明王が献上してきた仏像の佇まいに、欽明は未曾有の存在感を見出したが、敬っていいものか自分では決められないと群臣に下問している。

同条「注一九」によれば、その逸話は『金光明最勝王経』の文言を用いて構成されたという説がある。『金光明最勝王経』は、唐の僧の義浄《ぎじょう》（六三五〜七一三）が西暦七〇三年にサンスクリット仏典より漢訳したものとされ、欽明紀の五五二年とは百五十年もの開きがある。つまり『日本書紀』の記述は、天皇による仏教受容を美化、荘厳化するための、後世の作為だったと解釈できるという。

少なくとも『日本書紀』が成立した西暦七二〇年の平城京の朝廷では、仏教の存在感が増していたことは想像できる。とすれば『日本書紀』の欽明紀より約二百年を経た平城京では、皇室や貴族階級の宗教観をはじめ、人民の生活の規範など、仏教はこの国の文化形成に強い影響を及ぼすようになっていたと考えられる。

むろん仏教の信仰に拍車をかけたのは、日本列島に棲む者なら避けられない地震や台風、また旱魃などの自然災害であった。自然災害は疫病ももたらした。そして自然災害は、神々の荒魂がもたらすものであった。しかし神頼みだけでは救われない。現世の苦悩から脱し、来世で救われたい。浄土で生き直したい。貴賤を問わず増大した仏の慈悲にすがる人々に応えて、奈良の都には寺院が広がっていった。巨大な前方後円墳を築造する時代は、もはや終わったのである。異文化との遭遇は島国の人々の世界観を大きく揺さぶり、古来の神と仏の習合を加速させた。新たな芸術が古来の文化を吸収し、仏教立国の様相が色濃さを増したのである。

平城京遷都後まもなく、藤原氏は氏神として春日大社を創祀したが、氏寺として興福寺の建立にも着手した。他の豪族たちも競った。皇室や貴族階級による大規模な仏教寺院の建立は、人民に過酷な負担を強いた。大化改新の記憶は遠のき、律令制度は早くも弱体化しつつあった。班田収授は形骸化し、社寺や豪族による領民の私有には歯止めがかからなくなっていた。

東北では蝦夷が叛乱を起こし、皇化を拒む九州の隼人が続いた。中央政府による税の徴集や差別への抵抗が拡大していたのである。たまりかねた朝廷は、大伴旅人を持節大将軍に任じ、隼人を鎮圧させた。

神亀二年（七二六）。四十五代聖武天皇が詔を発している。

「朕寡薄《われかはく》を以《もち》て景図《けいと》に嗣《つ》ぎ膺《あた》り、戦々兢々として、夕《ゆうべ》に惕若《てきじゃく》として厲《はげ》み、一物の所を失ふことを懼《おそ》りて、懐生《かいせい》の便安《べんあん》ならむことを睠《かえりみ》るに、教命明らかならず、至誠感すること無く、天星《てんせい》異を示し、地動震《しん》を顕す。仰ぎて災眚《さいせい》を惟《おもひ》みるに、責《せめ》深きことは予《われ》に在り」

「寡薄」とは徳が足りないことを示し、天皇が人民に謙譲を表す常套句だが、恐れ慄くという意味の言葉を連ねた聖武の詔からは、異例の不安が伝わってくる。意訳すれば次のようになるか。

〈不徳の身でありながら皇位を継いでしまった。四六時中、重責に苛まれている。日が暮れても心配は消えない。失政を恐れて、生きとし生ける者の平安に心を砕いているが、誰も導いてくれない。いくら誠を尽くしても手応えがない。天は翳り、地は鳴動する。数々の災害を顧みるに、自らの罪深さを痛感するばかりである〉

聖武の詔で三千人に出家、入道が命じられた。災異を除くため、都およびヤマト周辺の仏寺に経典の転読が要請された。しかし聖武を悩ませたのは自然災害だけではなかった。

不比等没後の朝廷では、藤原氏が主導してきた皇位継承をめぐり緊張が高まっていた。壬申の乱で父の大海人皇子を助け、活躍した高市《たけち》皇子の嫡男の長屋王が左大臣に昇り詰めていた。高市は四十代天武天皇の第一皇子で、その嫡男の長屋王は尊貴な出自で勢威を振るい、正統な後継者と目されていた。さらに長屋王は、不比等の娘である長娥子《ながこ》との間に安宿王《あすかべおう》、黄文王《きぶみおう》（～七五七）、山背王《やましろおう》（～七六三）ら子を得ていた。

一方、聖武天皇も生母は藤原宮子で、夫人の光明子とともに不比等の娘である。しかし四十五代聖武はまだ若く、光明子との間に生まれた基皇子《もといのみこ》も一歳で早世していた。次子は阿倍皇女《あべのひめみこ》で、のちの四十六代孝謙および四十八代称徳《しょうとく》天皇だが、尊貴な出自に藤原氏との縁故ももつ長屋王に皇位を奪われるのではないかと、不比等の息子たちは危機感を募らせていた。不比等の息子には武智麻呂《むちまろ》（六八〇～七三七）、房前《ふささき》（六八一～七三七）、宇合《うまかい》（六九四～七三七）、麻呂《まろ》（六九五～七三七）がおり、藤原四兄弟は皆、朝廷に仕えていた。朝廷は不穏な様相を呈し、聖武の苦悩は増すばかりであった。

神亀六年（七二九）。長屋王が「左道《さどう》」つまり邪悪な祈禱を学び、国家を傾けたとの密告が朝廷にもたらされた。長屋王の邸宅は藤原宇合の軍兵に包囲された。不比等の子および孫であることを以て長娥子、安宿王、黄文王、山背王がとくに助命された一方で、他の王妃や王子は首を経《くく》り、謀叛の嫌疑で長屋王も自害に追い込まれた。元号が「天平《てんぴょう》」に改められ、光明子は正式に聖武の皇后となった。臣下の身分で皇后になった最初である。長屋王をめぐる政争は、藤原四兄弟の圧勝で終結した。

しかし天平九年（七三七）。天然痘が大流行し、夥しい数の死者を出した。天然痘は藤原兄弟も襲い、四人とも年内に死んだ。人々は長屋王の祟りだと噂し、平城京は恐怖で覆い尽くされた。

祟りへの畏れからか、聖武天皇はたびたび平城京を留守にし、近江、伊勢、美濃に行幸しているが、伊勢神宮に参拝した記録はない。天平十三年（七四一）の元日は、現在の京都府木津川市にあった恭仁《くに》宮で朝賀を受けている。同十六年（七四四）には現在の大阪市中央区法円坂《ほうえんざか》付近にあった難波宮を皇居とするが、聖武の遷座は続いた。現在の滋賀県甲賀《こうか》市にあった紫香楽《しがらき》宮に遷座していた時は山火事に遭い、数千人が消火に追われた。地震、旱魃、洪水などの災害も止むことはなかった。

アマテラスの神威で民を救えないことは、もはや明白であった。天災を止めるために、聖武は仏の功徳にすがるしかなかった。奈良の都では、百済人の末裔と言われる僧の行基《ぎようき》（六六八〜七四九）のもとに、救済を求めて信者が群がっていた。僧尼令《そうにりよう》が定める正式な得度を受けていない私度僧《しどそう》の行基は小僧《しようそう》と賤称され、弟子とともに路上で展開した過激な布教活動は弾圧の標的となった。しかし行基は民の救済に努めた。布教のみならず橋を架け、堤を築き、灌漑用水を引くなど土木工事まで手がけたことで、行基菩薩と崇められていた。

天平十五年（七四三）十月。聖武は盧舎那仏《るしやなぶつ》の鋳造を発願し、この大仏を奉安するための東大寺の建立に踏み切った。『続日本紀』巻第十五が聖武の詔を記録している（『新日本古典文学大系　続日本紀　二』）。

「夫《そ》れ、天下《あめのした》の富を有《たも》つは朕《われ》なり。天下の勢《いきおい》を有つは朕なり。この富と勢とを以《もち》てこの尊き像を造らむ。事成り易く、心至り難し」

聖武は仏教立国への熱情を隠さず、そして「如《も》し更に人有りて一枝の草一把の土を持ちて像を助け造らむと情《ひとへ》に願はば」と、民の自発的な協力を訴えた。朝廷は民心を摑んで勢力を拡大させていた行基を利用した。小僧と蔑んだ行基に大僧正の位まで授け、大仏殿建立の協力を要請したのである。行基は造営費調達のための勧進に努めた。

天平二十一年（七四九）四月。『続日本紀』巻第十七によれば、聖武は未完成の東大寺の前殿に行幸した（『新日本古典文学大系　続日本紀　三』一九九二）。皇后、太子、群臣が列するなか、聖武は天皇でありながら臣下の礼と同じく北面し、鍍金《ときん》前の盧舎那仏に礼拝した。同年初頭には陸奥国で金が採掘されていた。鍍金で大仏を荘厳化できると朝廷は沸き立った。産出しないと思われてきた黄金の発見で、仕上がりへの懸念が払拭されたのである。

礼拝後、聖武は勅使に左大臣の橘諸兄《たちばなのもろえ》（六八四〜七五七）を立て、「三宝《さんぽう》の奴《やつこ》と仕へ奉る」との宣命を盧舎那仏の前で述べさせた。「三宝」とは仏法僧を指す。「仏」の教えを説く「法」と、それを学ぶ出家した「僧」のことである。「奴」とは下僕の意味である。つまり天皇が「仏」の下僕となってお仕えするというのである。

また聖武の宣命は、造仏の開始と同時に黄金が産出した奇跡について、皇祖神をはじめ諸神の加護によるものとしている。アマテラスを祭祀すべき聖武が大仏を礼拝することで神仏は混淆した。聖武はアマテラスを大日如来と同一視する神仏習合への道を開いたのである。

黄金産出の印象が強烈だったのか、聖武は橘諸兄に続けて、第二の宣命を従三位石上朝臣乙麻呂《いそのかみのあそみおとまろ》（〜七五〇）に詠み上げさせている。この宣命は異例の長さである。聖武は黄金産出の奇跡をもたらした要因に、大伴、佐伯の武門が天皇の御楯として忠勤に励んできたことを挙げる。大伴氏、佐伯氏が先祖より伝承してきた歌謡まで引き合いに出し、彼らの忠誠心を称揚したのである。

海行かば　みづく屍　山行かば　草むす屍　王《おおきみ》のへにこそ死なめ　のどには死なじ

その聖武の宣命を、大伴家持は越中守として赴任中の北陸道の高志国《こしのこく》で知った。歌人でもある家持は、聖武が大伴氏、佐伯氏を称えたことに感銘を受け、慶祝の長歌で応じ、「海行かば」を復唱してみせた。聖武の宣命に引用された「のどには死なじ」は無駄死にはしないの意だが、家持は「顧《かえり》みはせじ」と変えている。天皇のためならば命は惜しみません、というのである。

これが『万葉集』巻十八の賀歌（四〇九四）として採用されると、いつしか「海行かば」の作者は大伴家持だと見られるようになった。そして昭和十二年（一九三七）に信時潔《のぶときよし》（一八八七～一九六五）が曲をつけると、敗戦以前の人々は「君が代」に次ぐ国歌の如く唱和した。ガダルカナル島撤退、アッツ島玉砕が伝えられた昭和十八年（一九四三）になると戦死者が激増し、毎日のようにラジオから「海行かば」が流れた。本来は古代兵部族の士気を鼓舞したものが、太平洋戦争下では鎮魂歌《レクイエム》に変わった。その韻律は、アマテラスの子孫たる天皇を崇め称えた国民感情を、さらに強化する力を喚起したのである。

話を戻す。

天平勝宝《しょうほう》元年（七四九）十月。六年の歳月を経て、高さ約一八メートルの巨大な盧舎那仏が鋳造された。この年の七月に聖武は娘の阿倍皇女に譲位し、四十六代孝謙天皇が誕生している。同時に元号も、陸奥の産金を祝って「天平」を「天平感宝」としてからわずか三ヶ月足らずで「天平勝宝」へと改めた。聖武は譲位した初めての男性天皇となった。そして、藤原氏、中臣氏と天皇家の血縁はさらに強固なものとなった。

末法という岐路

中臣氏によって権威化された神道の原理に、異を唱えた人物がいる。五十一代平城《へいぜい》天皇（七七四～八二四）の大同二年（八〇七）、『古語拾遺《こごしゅうい》』という書を著述し、朝廷に献上した斎部広成《いんべのひろなり》である。かつて「忌部」と書いた斎部氏は、朝廷の祭祀を中臣氏と分担してきた。四十一代持統天皇の即位時は神璽《しんじ》の鏡、剣を捧持する大役も担った。四十二代文武天皇の時には中臣氏とともに伊勢奉幣使に抜擢された。しかし四十六代孝謙天皇の天平勝宝九年（七五七）には、奉幣使は中臣氏の独占となった。その屈辱を晴らすことが『古語拾遺』献上の動機であった。

『古語拾遺』は神代より歴代天皇の事蹟について、記紀には見られない忌部氏独自の伝承も記している。斎部に改姓していた広成は、祭祀で重きをなしてきた忌部氏の功績を連ねながら、しかし堪え切れず、口を極めて中臣氏の横暴を罵った。文中の最大の眼目は「遺《や》りたる」と題された十一ヶ条の、中臣氏に対する諌言の列記にある。たとえば第二条は言う（斎部広成撰『古語拾遺』西宮一民校注　岩波文庫　二〇〇四）。

「然れば、天照大神は、惟《こ》れ祖《おや》惟《こ》れ宗《きみ》、尊きこと与《なら》二《び》無《な》し。因りて、自余《それよりほか》の諸神《もろがみ》は乃《すなわ》ち子《こ》乃《すなわ》ち臣《おみ》、孰《たれ》か能《よ》く敢《あ》へて抗《さから》はむ。而るに、今神祇官幣《かむつかさみてぐら》を斑《あか》つ日、諸神の後《しり》に、伊勢神宮を叙《つぎ》つ。遺りたる二《ふたつ》なり」

つまり〈アマテラスは並ぶ神なき尊貴の極みで、我らが天皇の祖である。アマテラス以外の神は子、あるいは臣下にすぎない。この理に誰が逆らえようか。にもかかわらず現今の神祇官は、奉幣の日にアマテラス以外の神を優先し、伊勢を後まわしにしている。二つめの忠告である〉と。

第三条で広成は本音を剝き出しにして〈今、伊勢の宮司は中臣氏が独占し、斎部氏は無視されている〉と嘆く。広成の泣訴は十一まで続くわけだが、しかし八十歳を過ぎた老人の悲憤慷慨を、中臣氏と同族の藤原氏が牛耳る朝廷は無視した。藤原氏は伊勢の祭祀権を手離さず、政治では太政大臣や摂政、関白をも独占する権力の最盛期を迎えることになった。

仏教が存在感を増すなかでも、伊勢神宮のしきたりが宮廷に根付いていたことは、文学作品から窺える。十一世紀初頭の平安朝では、漢文に囚われない平仮名混じりの女流文学が浸透していた。紫式部の『源氏物語』「賢木《さかき》」に登場した光源氏の愛人は、亡き東宮の妃という高貴な身分の六条御息所だが、姫君が斎宮《さいぐう》に選ばれた彼女は、伊勢下向を前に嵯峨野の野宮《ののみや》にいた。野宮とは、皇女や女王が斎宮になるさい、潔斎のために籠った仮の宮殿である。六条御息所は幼い息女の身を案じ、ともに潔斎の日々を過ごしていた。光源氏の正妻の葵の上に嫉妬し、自らの生霊がその命まで奪ってしまったことを恥じて、六条御息所は斎宮になった姫君とともに伊勢へ逃れようとしたのである。

世を捨てたこの六条御息所への未練を、光源氏は絶ち切れなかった。秘かに晩秋の嵯峨野へと赴いた光源氏は、野宮の結界である黒木の鳥居を仰ぎ見た。黒木とは伐採して枝を払っただけの、皮つきの用材を指す。光源氏は神饌を調理する火焼屋《ひたきや》をやり過ごし、六条御息所がいる北の対に佇んだ。その簀子《すのこ》縁の廂《ひさし》で待ち受けていた六条御息所と光源氏が繰り広げる情景は、神秘と妖艶が交叉して印象深い。嵯峨野の野宮の内側が世界最古の長篇小説に描かれたことで、確かにアマテラス信仰の歴史の重みも想像し得るのでる。

一方で平安朝の人々は、六十五代花山《かざん》天皇（九六八～一〇〇八）の寛和《かんな》元年（九八五）に成立した、天台宗の学僧、源信《げんしん》（九四二～一〇一七）の『往生要集《おうじようようしゆう》』を読み、戦慄していた。克明に描かれた地獄の凄惨な光景に、人々は在世の悪行で死後恐るべき刑罰が科されることを学んだのである。

人々の恐怖心をさらに煽ったのが、平安朝末期に流行った末法思想である。末法思想とは、釈迦の没後、時が経つにつれ正しい教えが滅びゆくことを説いた予言だが、仏の救いも悟りも見込めない、つまり衆生済度が無くなる最後の一万年に突入したと考えられたのである。仏の教えは廃れ、修行の効果も失せ、世の終わりが現前すると人々は信じた。もはや極楽往生は望めない。すがるべき対象として残されていたのが、地の果て、樹々生い茂る山中に鎮座した熊野の神々である。

極楽往生に導いてくれると拝んできた阿弥陀如来、薬師如来、千手観音が、熊野の神々に垂迹《すいじやく》したと人々は信じた。熊野が現世の浄土になっていると知るや、宮廷人は難路も厭わず争って詣でた。皇室の浄土信仰も例外ではなかった。七十七代後白河《ごしらかわ》天皇（一一二七～一一九二）は在位三年で退位、上皇となって熊野へ行く自由を確保し、さらに剃髪して法皇にまでなった。この後白河の熊野御幸《ごこう》は生涯、三十四回を数えた。

後白河の時代は源氏と平氏が覇権を争った武士の時代でもある。かつては地下《じげ》と蔑んできた武士に権力を奪われ、朝廷にとってはまさしく末法の世が顕現していた。武士は仏が戒めた殺生を職分とし、血みどろの修羅を現世に見せつけていた。

朝廷が摂関政治の策謀に明け暮れる間、武士の平清盛（一一一八～一一八一）は対宋貿易で得た資金で軍事力を高め、西国の大半を掌握した。しかし平氏も宮廷生活に染まって貴族化し、関東の山野で鍛えられた武士団を統率する源氏に打倒された。

平氏打倒の勢いに乗じ、源頼朝（一一四七〜一一九九）は上洛して朝廷から権力を奪った。古代王朝が置かれた飛鳥、奈良、京都とは無縁の地、関東の鎌倉で、頼朝は日本初の武家政権を開いた。流刑の身から中国の易姓革命の如き大変革を成就させたのである。

以後、武士による支配は明治維新まで約七百年続く。藤原氏の政治的権威は失墜し、朝廷の税収はままならなくなった。むろん天皇家の財政も逼迫した。武士の信仰の核は十五代応神天皇を神格化した八幡大菩薩であり、必然的に伊勢の斎宮制度や式年遷宮を維持することも困難になった。特権階級を支えてきた荘園制度はすでに崩壊し、神領の保全についても武士に頼らざるを得なくなったのである。

祭祀権の所有者としての源氏

源頼朝は率先し、たびたびの合戦で中断していた斎宮の群行《ぐんこう》を復活させた。群行とは、野宮で潔斎を終えた斎宮が、同じ年の九月に伊勢へ下向するさいの行列を指す。さらに頼朝は伊勢神宮に領地まで寄進し、他の御家人もこれに倣った。伊勢は有力武士の庇護を受けることで、神領の衰微を凌ぐしかなかったのである。群行では、正装した五百人の文武官が大列をなし、斎宮を見送った。都大路の清掃や牛車の調達、装束の手配には巨額の費用を要したことであろう。平氏滅亡の二年後の文治《ぶんじ》三年（一一八七）には、十八ヶ国に及ぶ守護や国司が群行に寄進しているが、その半数近くを三河、駿河、伊豆、相模など関東武士の国が占めたという（榎村寛之「源頼朝と斎宮についての書状」「斎宮千話一話　第51話」斎宮歴史博物館ウェブサイト）。

頼朝が伊勢の祭祀の再生を願い、斎宮の群行を復活させた最大の理由は何か。思うに頼朝は、源氏が天皇を支える名家だと鎌倉武士団に示したかった。幕府の創始は頼朝の力だけによるものではない。源氏という臣籍降下した貴種が手にし得る威光で、頼朝は北条氏をはじめとする武士団の棟梁となれたのである。このような状況は三世紀の卑弥呼共立を想起させる。巫女王の卑弥呼は武力を行使して覇権を握ったのではない。鬼道で衆を惑わすという呪術の力、宗教的威光で女王に「共立」されたのである。頼朝もまた源氏の正嫡という威光の持ち主ゆえ、武士団の棟梁たちに「共立」された。貴族や寺社の搾取、また平氏の専横に堪りかねた下級武士団の、権力打倒の蜂起を正当化する象徴として、頼朝は担ぎ上げられたのである。祖神アマテラスの祭祀権をもつ天皇と、群行復活の契約を交わすことで、頼朝は自分こそが武門に君臨すべき権威の保持者だと訴えたのである。

頼朝の次男で第三代の征夷大将軍を継いだ源実朝（一一九二〜一二一九）は、宮廷文化への憧憬が強く、武門ながら右大臣にまで昇り詰め、歌道の世界に身を焦がした。鴨長明《かものちょうめい》（一一五五頃〜一二一六）の『方丈記』（一二一二）や『新古今和歌集』（一二〇五〜一二一六）が世に知られた時代である。十三世紀末から十四世紀初頭の成立とされる鎌倉幕府の事蹟を記した史書『吾妻鏡』の、承元《しょうげん》三年（一二〇九）条によれば、実朝は藤原定家《ていか》（一一六二〜一二四一）という知己を得ると、自作の和歌の批評を乞うた。また、定家より『万葉集』の稀覯本を贈られた実朝は、皇室への尊崇の念をさらに募らせた。そして、八十四代順徳《じゅんとく》天皇（一一九七〜一二四二）に譲位した後鳥羽上皇より書が贈られると、感極まった実朝は歌を詠んだ。次の歌はその時の三首のうちの一つである（定家所伝本『金槐和歌集』）。

山は裂け海はあせなむ世なりとも　君にふた心わがあらめやも

〈天地が逆転しようとも、天皇に命を捧げると誓った私の心に偽りはありません〉。戦時下、忠君愛国の情が横溢する和歌として、我々はこの実朝の一首を朗誦し、神風特攻隊の戦士の想いに重ね合わせた。戦後になると、実朝の「忠君」は平和国家にそぐわないと敬遠された。しかし万葉調の、雄大で率直な表現に、実朝の歌を誰も古典のリストから消去することはできなかった。実朝が権力抗争に翻弄され、二代将軍だった兄頼家《よりいえ》（一一八二〜一二〇四）の子の公暁《くぎょう》（一二〇〇〜一二一九）に、二十七歳の若さで暗殺された悲劇も、皆の心に余韻を残していたのかもしれない。

吉本隆明（一九二四〜二〇一二）は『源実朝』（ちくま文庫　一九九〇）で言う。実朝が北条氏の操り人形だったか否かは微妙なところで、「武門勢力の祭祀権の所有者という意味」は無視できないと。そして吉本は、奇怪なほど頻繁に鶴岡八幡宮など寺社へ参詣、祈禱した実朝について次のように述べた。

「すくなくとも実朝を幕府の統領たらしめている根拠は、政治的な宰領でもなければ、軍事的な号令でもない。ただ迷信と暗い夢幻の世界にあらわれる地獄絵にしたがって、神仏の法会をおこなうことに重きをおいている」

話を伊勢神宮に戻す。つまり伊勢神宮は財政危機打開のため、祭祀を世俗化する道を選んだ。内宮と外宮の神官は密教に倣い、朝廷や公家らの願意を取り次いでアマテラスの神威にすがる加持祈禱に収入源を見つけた。とくに外宮の神官は、加持祈禱の受託を一般民衆にまで広げ、彼らを檀家とし、その寄進で財政を補塡した。儀式を行う神職は「御祈禱師」と呼ばれ、神仏習合を果たした熊野三山では、信者のための立願はもちろん、護符の販売、参詣案内や宿の世話まで扱う業務を組織化した。熊野御師《おし》である。伊勢では「御師《おんし》」と言ったが、世人は「おし」と呼んだ。

このような御師のシステムで、有力な神社が信仰圏を拡大するなか、日本全土を揺るがす危機が生じた。先にも触れた蒙古襲来、いわゆる元寇である。

元寇とその戦後

チンギスハン（一一六二～一二二七）が創始したモンゴル帝国は、ユーラシア大陸に版図を広げた。孫のフビライの時代になると、南宋を滅ぼして中国を統一、大都《だいと》、現在の北京を首都に、国号を元《げん》と称した。チンギスハンの在位は西暦一二〇六年から一二二七年、フビライの在位は一二六〇年から一二九四年で、いずれも日本の鎌倉時代にあたり、源氏三代のあとは北条氏が執権を世襲、国政を統轄していた。フビライの元は属国の高麗に軍船を造らせ、日本の征服も視野に入れていた。

西暦一三七〇年成立の『元史』によれば、世祖（フビライ）十一年（一二七四）七月、蒙古軍と高麗軍の計一万五千の士卒を乗せた九百艘の大船団が日本を目指したという（『新訂 旧唐書倭国日本伝・宋史日本伝・元史日本伝　中国正史日本伝（2）』石原道博編訳　岩波文庫　一九八六）。西暦一二七四年は日本の文永十一年だが、十月二十日未明の博多湾は元の遠征軍の大船団で埋め尽くされた。すでに対馬、壱岐で殺戮や掠奪をほしいままにしてきた元軍が博多湾沿岸に上陸するや、鎌倉武士団は開戦のしきたりで鏑矢《かぶらや》を打ち上げた。これを嘲笑した元軍が鳴らす銅鑼や太鼓の轟音に、日本の軍馬が暴れだし、制御不能になった。

元軍を迎え撃った日本側の記録で有名なのが、八幡神の霊験を著述した鎌倉末期成立の『八幡愚童訓《はちまんぐどうくん》』である。『八幡愚童訓』によれば、鏑矢ばかりか名乗りまで上げ、組み打ちして戦う鎌倉武士団に、元軍は短弓の毒矢と鉄炮の火薬弾で攻撃してきた。元軍は殺した武士の腹を裂き、肝を食べた。馬も食べた。しかし、鎌倉武士団が兵を退き、誰もいなくなった夕暮れ。出火した筥崎《はこざき》八幡宮から三十人の白装束の一団が駆け出で、矢を放ち、元軍を壊滅させた。白装束の一団は八幡大菩薩の「神軍」だったという。

著者不明の『八幡愚童訓』は、元寇の記憶が残る鎌倉末期に書かれた史料として重要ではあるが、「神軍」のエピソードが示すように、宗教色の濃さから全記述を史実として受け入れることはできない。しかし騎乗を容易にさせる蒙古軍の鎧の軽さから兵力を考察するなど、戦場の描写には信憑性が認められる（「八幡愚童訓」萩原龍夫校注『日本思想体系　寺社縁起』岩波書店　一九七五）。名乗りまで上げて戦った鎌倉武士団とは異なる蒙古軍の獰猛さに、日本全土は恐怖の渦へと叩き込まれたのである。

身延山にいた日蓮（一二二二～一二八二）は、文永の役における元軍の対馬、壱岐での凶行の風聞を書状に綴っている（「鎌倉遺文　一一八九六　日蓮書状」『鎌倉遺文』竹内理三編　東京堂出版　一九七八）。

「対馬ノ者、カタメテ有シ総馬尉《そうまじょう》逃ケレハ、百姓等ハ男ヲハ或ハ殺シ、或ハ生取ニシ、女ヲハ或ハ取集テ、手ヲトヲシテ船ニ結付」

防衛を指揮すべき対馬守護代の「総馬尉」こと宗右馬允助国《そううまのじょうすけくに》（〜一二七四）が逃亡し、島民の多くは殺され、あるいは生け捕りにされ、女たちは生きたまま手に紐を通され、船に結び付けられた。元軍はその女たちを曳航し、壱岐へ向かったという。

一方、『八幡愚童訓』の宗助国は弓矢で名だたる敵将を殺し、奮戦の末、討ち死にしている。宗氏は大宰府に任命された九州出身の官人ではあったが、対馬に定着するうちに武士となり、鎌倉期には守護代の地位まで昇り詰めた。また、地理的に近い朝鮮との外交や貿易の特権も保持するまでになった。宗氏は後年、豊臣秀吉（一五三六〜一五九八）の朝鮮出兵、文禄・慶長の役（一五九二〜一五九八）において、明との交渉で活躍している。徳川の世では対馬藩主となっている。思うに蒙古襲来での「討ち死に」という戦歴がなければ、このような地位を保つことができなかったのではないか。「逃亡」では体裁をなさない。江戸時代に宗氏が朝鮮通信使接待の主役となるのは史実である。史料の見極めはいつの時代も難しい。

文永の役で鎌倉武士団を救ったとされる大風についても史家は困惑する。西暦一四五一年成立の『高麗史』の記述に従えば、元宗十五年（一二七四）十月三日に蒙古と漢の軍二万五千、高麗軍八千、操船担当の水手《かこ》六千七百が戦艦九百余艘で日本遠征に出撃している。壱岐では千余人を殺し、九州上陸後は道を分けて侵攻した。「倭」は麻の如く死者を残して退却し、夕暮れには戦いを解いたが、「会々《たまたま》、夜、大いに風ふき雨ふる。戦艦、厳崖に触れて多く敗る」（『高麗史日本伝　朝鮮正史日本伝2（上）』武田幸男編訳　岩波文庫　二〇〇五）とある。

筥崎宮楼門（伏敵門）の「敵国降伏」の扁額

『八幡愚童訓』はその翌朝、十月二十一日のこととして、海上には船影がなかったと記す。つまり『八幡愚童訓』によれば、文永の役と呼ばれる博多湾沿岸を襲った最初の元寇は、たった一日一夜の戦闘で終息したことになる。

時の鎌倉幕府の執権は北条時宗であった。幕府は元軍の再来に備え、博多湾沿岸に強固な石塁や乱杭を築いた。弘安三年（一二八〇）には、朝廷が全国の寺社に敵国降伏の祈禱を命じた。十五代応神天皇を祭神とする福岡市東区箱崎の筥崎《はこざき》宮には、亀山《かめやま》上皇（一二四九〜一三〇五）の献納という「敵国降伏」の扁額が掲げられた。なお、筥崎八幡宮とも呼ばれる筥崎宮のこの「敵国降伏」の扁額は、九十九代（南朝四代）後亀山《ごかめやま》天皇（〜一四二四）の宸筆《しんぴつ》の模写という説もある。

弘安四年（一二八一）五月、元が蒙古、漢、高麗を連合した東路軍四万人で対馬、壱岐に侵攻、再び南下してきた。さらに翌六月、元は旧南宋の江南軍十万を寧波より出撃させた。江南軍は東シナ海を渡り、七月初旬には北九州で東路軍と合流、博多湾に襲来した。史上空前の元軍の大船団は、沿岸を石塁で固めた日本側の防備に上陸を諦め、壱岐や志賀島、肥前の鷹島などに分散して停泊せざるを得なくなった。迎撃する武士団は、小舟を操って斬り込みを仕かけるゲリラ戦を採った。

戦闘は五十余日に及んでいた。蒙古に隷属し、苦役を科せられた高麗軍や南宋軍の士気に期待はできなかった。季節柄、高温の船内では伝染病が流行り、長期の海上生活を余儀なくされた元軍には、厭戦気分が満ちつつあった。

北九州は台風の季節に突入していた。太陽暦では八月二十三日にあたる閏七月一日。元軍十四万人が乗る係留中の四千艘に、暴風雨が襲いかかった。大波に呑まれて衝突し合った船団は、海の藻屑と消えた。

蒙古襲来について、史実とし得る記録は数少ない。前掲の『八幡愚童訓』は、鎌倉末期に成立した石清水八幡宮の社僧による霊験記とされる。石清水は京都を守護する鎌倉武士団の八幡信仰の拠点である。幕府側の意向が反映していることは想像に難くない。

近年、服部英雄（一九四九〜）の『蒙古襲来』（山川出版社　二〇一五）によって、『八幡愚童訓』に依存してきた、従来の歴史書の元寇をめぐる記述の欠落が指摘された。とくに最初の文永の役の「神風」については凄まじいスケールのものではなく、鎌倉武士団の反撃で損害を被った元軍が、引き返す途上で遭遇した風雨にすぎないと見られている。一日一夜で元軍が撤退したという事実もなく、博多湾沿岸での戦闘は七日間に及び、来寇した船団も九百艘ではなく百十二艘だったとされる。しかし二度目の、弘安の役の台風は本格的で、元軍ばかりか日本側の被害も甚大だったという。

博多湾に停泊する元軍の船団を襲った台風の凄まじさを、『元史』は次のように記している（『新訂　旧唐書倭国日本伝・宋史日本伝・元史日本伝　中国正史日本伝（2）』）。

「亦逃還十萬之衆得還者三人耳」

『蒙古襲来絵詞』の竹崎季長と蒙古兵（宮内庁蔵）

十万の士卒のうち生還者が三人のみというのは、いかにも誇張が過ぎると服部英雄は『蒙古襲来』で述べた。そして、元軍との死闘に忙殺された当事者の鎌倉武士団が、筑紫を襲った台風を「神風」と考えるまでには至らなかったのではないかと、疑問を投げかけたのである。

　肥後国の竹崎季長《たけざきすえなが》（一二四六〜）は郎党わずか五騎を率いて参戦し、蒙古軍のただなかに先駆けた。しかしその先駆けが戦功として認められなかった。竹崎は幕府に戦功を認めさせるため、自ら鎌倉まで出向いて直訴した。そして論功行賞を勝ち取った。この一部始終を説明入りで描かせた絵巻が、永仁元年（一二九三）の作とされる『蒙古襲来絵詞《えことば》』である。戦場の有様を当事者の証言で描いた唯一の史料として貴重なものになっているその『蒙古襲来絵詞』にも、台風の場面はないと服部は指摘した。曰く、「神風」なんてお宮の禰宜の宣伝で、祈禱頼みの公家が騒いでいただけで、彼らは敵と顔を合わせることもなく、武器一つ取らなかったではないかと。

　ともかく国難は台風の一撃で去った。元軍船団の沈没、敵兵の大量死が口から口へと伝えられるうちに、台風は「神風」となった。そして「神風」は、伊勢のアマテラスによる「奇跡」として伝承された。この「奇跡」を普及させた者のなかに、伊勢外宮の御師たちがいたのではなかったか。伊勢の枕詞が「神風」であることを、彼らが見逃すはずはない。

東大寺の建立を契機に広まっていった神仏習合は、鎌倉中期より加速した。祈禱や祝詞の呪術性に依存する神道は、内容豊富な経典をもつ仏教に主導権を奪われた。伊勢の神官たちも自らの存在意義を示すコトバを、ようやく探し始めた。とくに内宮の下風《かふう》に立たされてきた外宮の神職の、アマテラス信仰見直しの動きが活発となった。神道はいかにあるべきか。あらためて伊勢の神統譜を考証、立論することが喫緊の課題となったのである。

外宮の神官である度会《わたらい》氏は、内宮が祀る最高神のアマテラスの出現が、天地開闢直後の高天ヶ原に最初に生まれた天之御中主尊《あめのみなかぬしのみこと》、高皇産霊尊《たかみむすひのみこと》、神皇産霊尊《かみむすひのみこと》の創世三神より遅かったとする『日本書紀』の記述に注目した。そして、外宮が祀る豊受大神《とようけのおおかみ》こそが天之御中主尊で、社格は内宮と「平等」、もしくは上だと異論を立てた。余談だが、三輪山の大物主と習合した仏寺の名は「平等寺《びょうどうじ》」である。

外宮の度会氏は『天照坐伊勢二所皇大神宮御鎮座次第記《あまてらしますいせにしょこうたいじんぐうごちんざしだいき》』など、鎌倉時代に「神道五部書《しんとうごぶしょ》」と呼ばれた五部の所論を作成している。撰録に当たった外宮禰宜の度会行忠《ゆきただ》（一二三六～一三〇五）は、弘安八年（一二八五）成立の自著『伊勢二所太神宮神名秘書《いせにしょだいじんぐうじんみょうひしょ》』で論じている。内宮と外宮の「二所」にアマテラスは祀られていると。行忠の論は弟子の度会家行《いえゆき》（一二五六～一三五一）が引き継ぎ、伊勢神道とも度会神道とも呼ばれ、アマテラスを独占する内宮を挑発した。度会家行は南北朝分裂時、南朝を支持し、北畠親房《きたばたけちかふさ》（一二九三～一三五四）とも親交を結んだ（『日本思想大系19　中世神道論』大隅和雄校注　岩波書店　一九七七）。

蒙古襲来は鎌倉幕府に莫大な出費を強いた。外敵に勝利しても御家人たちに与える領地はなかった。竹崎季長のように恩賞を受けられた者は少なく、訴人はあとを絶たなかった。「悪党」と化して詐欺や掠奪に走り、博徒になる御家人もいた。御家人を養うための重税に耐えかね、農民の逃散《ちょうさん》も頻出した。農民を引き留めるために、幕府は借財を帳消しにする徳政の実施を迫られた。そのような「戦後」を、網野善彦《あみのよしひこ》（一九二八～二〇〇四）の『蒙古襲来　転換する社会』（小学館文庫　二〇〇〇）は細部にわたり白日の下に曝している。

弘安七年（一二八四）四月四日、執権の北条時宗は突然の病を得て、数日後に死去した。三十四歳であった。元軍の壊滅から三年しか経っていなかった。この時宗の死について、網野は記している。

「時宗の死因はさだかではない。しかしすくなくともその背景に精神的疲労の蓄積があったことは間違いないだろう。わずか一八歳にして執権となって以来外敵の重圧と幕府内のはげしい葛藤のなかにもみぬかれて、時宗の心身はともに完全にすりへっていたのではなかろうか」

一方、元のフビライは敗戦の屈辱を晴らすために、三度目の対日遠征を試みた。しかし広州を中心に中国の南部で、兵役などに苦しんだ民衆が群盗となって暴れ、元は内戦状態に陥り、対日遠征は中止に追い込まれた。

鎌倉幕府も時宗の急死で勢威に翳りを見せていた。時宗、貞時《さだとき》（一二七一～一三一一）と執権を繫いだ幕府は、政争に明け暮れていた。霜月騒動（一二八五）、永仁徳政令（一二九七）など、幕府の権威を揺るがす事件や行政訴訟の混乱が続いた。得宗家の統率力の衰えは、北条高時《たかとき》（一三〇三～一三三三）の代に至り、顕著となった。

すでに比叡山延暦寺や奈良興福寺は、広大な荘園の防衛のために僧兵を組織し、虎視眈々と鎌倉幕府の隙を窺っていた。武士の政権支配が長引き、京都の朝廷にも焦燥感が滲んでいた。権威を鎌倉から天皇の手に奪い返そうと、王政復古の機運が高まっていたのである。

「御謀叛」と「悪党」

王政復古を発議したのは九十六代後醍醐天皇（一二八八～一三三九）である。京都の朝廷では、大覚寺統と持明院統の二派が対立し、皇位を争っていた。鎌倉幕府が調停し、交互で皇位に就く両統《りょうとう》迭立《てつりつ》が原則とされたが、後醍醐は疑問を抱いていた。両統迭立に従うなら、帝位は一時的なものにすぎない。いつまでも鎌倉の下風に甘んじているわけにはいかない。大覚寺統の後醍醐の意を汲む側近の中納言だった日野資朝《ひのすけとも》（一二九〇～一三三二）や蔵人頭《くろうどのとう》の日野俊基《としもと》（～一三三二）が、美濃源氏の多治見国長《たじみくになが》（一二八九～一三二四）らと謀り、討幕計画を主導した。正中《しょうちゅう》元年（一三二四）に露顕したこの事件は、「正中の変」と呼ばれる。

日野資朝らは裏切りに遭い、朝廷の監視や京都の治安維持を担う六波羅探題に捕らえられた。後醍醐は鎌倉に弁明書を送って、討幕を謀議したのは資朝、俊基らで自分は無関係だと主張し、難を逃れた。資朝は佐渡へ流罪、俊基は赦免された。

元弘《げんこう》元年（一三三一）。七年に及ぶ雌伏を経て、後醍醐は再び親政の実現を側近に求めた。しかし、謀議に加わっていた吉田定房《さだふさ》（一二七四～一三三八）の密告で幕府の知るところとなり、日野俊基らが再び逮捕された。後醍醐は再起を期し、秘かに都を抜け出した。囚われの身だった日野資朝、俊基は処刑されるが、後醍醐は南都奈良の東大寺を出て約二〇キロの距離の笠置山《かさぎやま》に至り、籠城した。「元弘の乱」の勃発である。

日本の南北朝時代の西暦一三七〇年前後の成立とされる『太平記』の作者は、後醍醐らの討幕計画を「御謀叛」と敬語で表している（『日本古典文學大系　太平記　一』後藤丹治、釜田喜三郎校注　岩波書店　一九八三）。「御謀叛」という言葉からは、作者の心底にある後醍醐への敬意、尊王思想が窺える。

「正中の変」「元弘の乱」から半世紀足らずで世に出た『太平記』の作者を特定することはできない。四十巻に及ぶ大長編の軍記の著述は到底、一人の作者の手に成るものではない。和漢混淆の華麗な文体で記された政変や権謀術数の生々しさからは、古今の文学や歴史に通暁した作者たちの存在が読み取れる。同じ軍記でも『平家物語』は源氏に滅ぼされた平氏の哀れを謳い上げているわけだが、蒙古襲来という『太平記』成立の約百年前の体験を機に、日本人は国土防衛を現実のものとして自覚したはずである。盲人の琵琶法師が世の無常を語ることで芸能化した『平家物語』に対し、リアルな政治感覚に裏打ちされた『太平記』の成立には、血で血を洗う非情さ、生々しさを軍記に求めた新世代の登場が窺えるのである。彼らはのちに京や堺など都市部に拠点を置く町衆と呼ばれる人々で、商人、手工業者、酒屋、土倉《どそう》（質屋、金融業者）、下級公家などの新興階級に属し、世情はもちろんのこと、読み書きや漢籍にも通じていたはずである。ゆえに『太平記』は、『源氏物語』など貴族社会を描く小説を愛好した上流階級の読者を対象とせず、誰が国を支配すべきか、武士と天皇のいずれに君臨すべき大義があるかという問題意識をもった、彼ら新世代の登場に呼応する軍記だったのではなかろうか。天皇は武家政権の傀儡に甘んじるべきなのか、あるいはアマテラスの神代から具わる尊貴を以て自ら統治すべきなのか。その問いへの一つの答えである後醍醐の「御謀叛」が、朝廷を分裂させた。南北朝という両統迭立を俯瞰しつつ『太平記』の記述は、史実と巷説の区別なく室町時代に突入していく。

『太平記』が贔屓にしたのは、武家政権の鎌倉幕府ではなく、親政の復活を追い求めた南朝の後醍醐天皇であった。尊貴の極みでありながら挙兵し、敗北、流離という悲惨な境遇に追い詰められても鎌倉武士団と戦ったこの後醍醐に、『太平記』の作者たちや新世代の人々は心惹かれたに違いない。尊王思想の誕生とも言えよう。

後醍醐の「御謀叛」に関して言えば、正中の変では、武士の政権だった鎌倉幕府もまた帝位の尊貴には触れず、側近の処分だけで済ませようとした。しかし元弘の乱では、むろん死刑はないが後醍醐自身も隠岐に配流、佐渡に流刑中の日野資朝は殺され、日野俊基には鎌倉下向の先に無残な死が待っていた。『太平記』巻第二は、軍記にもかかわらず俊基の道行に美文の限りを尽くし、紙幅を費やす（『太平記　一』）。

落花ノ雪ニ蹈《ふみ》迷フ、片野ノ春ノ櫻ガリ、紅葉ノ錦ヲ衣《き》テ帰《かえる》、嵐ノ山ノ秋ノ暮

一夜ヲ明ス程ダニモ、旅宿《たびね》トナレバ懶《ものうき》ニ、恩愛ノ契リ浅カラヌ、我故郷ノ妻子ヲバ

宮廷での優雅な生活や最愛の妻子とも決別し、都を去った日野俊基にとって、鎌倉までの道中はすべてが見納めの光景であった。天皇の身代わりとして死への道をたどる描写は、人々の心を摑んだことであろう。東海道の名所旧跡をたどる俊基の死への旅は、人々のシンパシーを駆り立て、天皇という存在を絶対神聖なものに昇華させたのではないか。

天孫降臨神話が記紀に登場して以後、国の起源をアマテラスの皇統に求める尊崇の念が培養されてきた。アマテラスの皇統こそ「歴史」だと受け止めた国民感情の開花を、私は『太平記』の描写に感じる。のちにナショナリズムと呼ばれた幕末の尊王思想への盲信の兆候をも、私は見るのである。

その『太平記』巻第三には、笠置山で挙兵した後醍醐の夢の描写がある（『太平記　一』）。笠置山の行宮での一夜、後醍醐の夢のなかに二人の童子が現れた。天皇でありながら身を凌ぐ場所すらない境遇を、二人の童子は涙を流して嘆き悲しみ、「アノ樹ノ陰ニ南ヘ向ヘル座席アリ」と後醍醐に告げ、天上に去った。「樹」と「南」が示すのは「楠」である。また「南ヘ向ヘル座席」とは天子南面、すなわち君主の位に就き、国を治めることである。

この夢告ののち、河内の「悪党」楠木正成《くすのきまさしげ》（一二九四～一三三六）が後醍醐の味方となった。河内赤坂城で挙兵した正成は、後醍醐配流ののちも戦いを続け、さらに金剛山《こんごうさん》に千早《ちはや》城を築く。正成は幕府の大軍と対峙し、容易に屈することはなかった。なお赤坂城も千早城も、奈良との県境に位置

する現在の大阪府南河内郡千早赤阪村にあった。

鎌倉幕府が末期症状を露呈させるにつれ、各地に「悪党」と呼ばれる武装集団が現れた。幕府に服属しない彼らの出自はさまざまで、出世から見放された御家人に加え、異形の者まで混じっていた。無秩序かつ身なりにもこだわらない「悪党」は、荘園の強奪や納税の拒否など、幕府への反逆に打って出た。

楠木氏の出自は諸説あり、未だに確定していないが、網野善彦は『朝日日本歴史人物事典』（朝日新聞社 一九九四）の「楠木正成」の項で次のように解説した。もとは駿河国出身の得宗（執権北条氏）の御内人《みうちひと》で、北条高時の命令で和泉国若松荘《わかまつのしょう》の叛乱を鎮圧し、その恩賞で土地を与えられたが、謀叛の報で「悪党楠兵衛尉《ひょうえのじょう》」との汚名を着せられたと。

さらに網野は前掲書『蒙古襲来 転換する社会』で、楠木氏が農民ではなく職能人だったことに注目した。網野によれば、鎌倉中期以降、幕政の混乱につけ込んで河内の水運などを利用し、商業に従事した山民、海民は「供御人《くごにん》」として朝廷と深い関係にあった。供御人とは朝廷に隷属し、天皇に食料や手工業品を貢納した者、また集団を指す。鋳物、皮革、屠殺などを生業とする彼らは、散所民《さんじょみん》として差別を受けたが、非課税の給免田《きゅうめんでん》が与えられ、荘園の官吏にまでなったという。同族意識が強く、他の職人とも連帯した彼らが武装化し、「悪党」になった。殺人を務めとする武士と被差別職人の生業には親和性がある。鎧を着る者と鎧を造る者の間には常に密接なやりとりがある。「武士は疑いもなく職人であった」と網野は断言している。

しかし統治者となり、差別する側に立った武士は、体制に服属しない職人集団を「悪党」と蔑み、憎むようになった。ゆえに鎌倉幕府に謀叛した楠木正成にも「悪党」という差別語が投げつけられたのである。

千早城に立て籠った楠木正成の軍が善戦し得たのは、河内の山野や河川を熟知する「悪党」の情報網によると言えよう。集団化した「悪党」の固い結束力も功を奏したことであろう。天皇という極位にありながら後醍醐は、「悪党」という被差別民の援護を受ける異常事態を招き寄せてしまった。この南朝の創始王の馬前で、鎌倉幕府を相手に命がけで戦った「悪党」は、実朝が詠んだ歌の如く、まさに「山は裂け海はあせなむ世」にあり、忠義の勇者として後世に名を残すことになる。

笠置山を包囲した関東武士団のなかに、源氏の嫡流として生き残った足利高氏（一三〇五～一三五八）がいた。高氏は現在の栃木県足利市、下野《しもつけ》国足利を領した御家人で、鎌倉幕府では微妙な位置にあった。高氏の名は得宗北条高時の諱《いみな》を受けてのものである。

衆寡敵せず、笠置山は落城し、後醍醐は捕えられた。大覚寺統の後醍醐は神器《レガシー》を持明院統の北朝第一代光厳《こうごん》天皇（一三一三～一三六四）に譲り、隠岐に流された。

しかし元弘三年（一三三三）。隠岐を脱出した後醍醐は、名和《なわ》長年《ながとし》（～一三三六）の助けを得、現在の鳥取県西部、伯耆《ほうき》の船上山《せんじょうさん》で再び挙兵する。鎌倉幕府は大軍を京都へ進めた。丹波国にいた足利高氏は後醍醐の挙兵を知るや、現在の京都府亀岡市篠町《しのちょう》篠にある篠村八幡宮で祈願し、源氏の棟梁として全国に討幕の檄を飛ばした。直ちに高氏は京都に攻め入り、六波羅探題を討って、北条軍を一掃した。後醍醐は勝者として都に還幸することができた。第一の戦功をあげた高氏には、自らの諱「尊治《たかはる》」より「尊」の字を与え、足利尊氏と改名させた。

関東では、現在の群馬県太田市付近、上野国《こうずけ》新田荘《にったのしょう》で勢力を伸ばしてきた、御家人の新田義貞《よしさだ》（一三〇一～一三三八）が蜂起した。義貞は関東平野を南下し、鎌倉を目指したが、相模湾を望む稲村ヶ崎の懸崖に行く手を阻まれた。鎌倉は指呼の間である。『太平記』巻第十は、義貞が黄金作《こがねづく》りの太刀を海に投じて祈るや、たちまち潮が引き、歩行可能になったと記している（『太平記　一』）。

新田軍に攻め込まれた北条高時は、一族もろとも自害して果てた。義貞は一躍、時の人として脚光を浴びた。しかし義貞が凱旋した京都は、すでに足利高氏が制圧していた。同じく源氏の正統を継ぎながら、足利氏の下風に立たされてきた新田氏の義貞は、主導権をめぐる高氏との政争に巻き込まれることとなった。

北条政権を打倒した後醍醐天皇は、「建武中興《けんむのちゅうこう》」と呼ばれる親政を実現する。「悪党」楠木正成も入洛した。正成の軍功も高かったが、人事は新田氏が統轄していたため、京都の警固にあたった武者所からは外され、和泉、河内の守護職に任ぜられた。とはいえ、正成に対する後醍醐の信任は厚かった。

集合的無意識

『太平記』における「御謀叛」の敬語や、楠木正成の登場を予言する「樹ノ陰ニ南へ向ヘル座席アリ」の夢告は、心理学者カール・グスタフ・ユング（一八七五～一九六一）が説いた「集合的無意識（collective unconscious）」を私に想起させる。「謀叛」に「御」を付けたり、楠木正成の援けで親政

隠岐から戻った後醍醐天皇を兵庫で迎える姿を高村光雲らが造形化した明治33年（1900）竣工の皇居外苑の楠木正成像

が実現するという夢のエピソードを描いたのは、『太平記』を成立させた作者および社会の、無意識下の尊王思想の表出だと考えているからである。

　ユングの師ジークムント・フロイト（一八五六〜一九三九）は、心理を各個人の無意識のなかに見出した。一方、弟子のユングは、自立した個人の「元型」には、所属する共同体の「集合的無意識」がすでに刷り込まれていると考えた。そして「集合的無意識」は危機に際し、個人的な無意識との軋轢を起こすと定義した。また「集合的無意識」は、各民族がもつ神話にも見出せるとユングは説いた。心理学研究の林道義《みちよし》（一九三七〜）が『ユングでわかる日本神話』（文春新書　二〇〇五）で述べている。

「地球上の全ての民族が英雄物語を持っています。神話の中には必ず英雄が登場します。一人の男子が悪者または怪物を倒して人々を救ったり、囚われの女性を救い出すという物語です。そういう物語をこれほどまでに人類が求めてきたのはなぜでしょうか。

　この問いに対して、ユング心理学は面白い解釈をしました。すなわち、そうした英雄の物語は、自我が力を得てきて、自立を妨げるものと戦い、それを倒して自立するときの心理状態を見事に表わしているので、これほどまでに人類共通の物語になっているのだと言うのです」

十四世紀、南北朝時代の西暦一三七〇年前後の成立とされる軍記物語『太平記』四十巻の作者は不明である。和漢混淆の文体は華麗を極め、作者は教養を積んだ学僧の小島法師《こじまほうし》（〜一三七四）だという説もあるが、しかし、その出自が不明なこと、また、世代をまたぎ書き継がれたことを考えれば、自立した個人の作品ではなかったと見るべきであろう。つまり、ユングの考えを適用するなら、『太平記』には複数の作者と、同時代の人々の「集合的無意識」が反映していると私は見るのである。

『太平記』は、複数の作者と同時代の人々の「集合的無意識」が、万世一系の「天皇」に収斂した一つの到達点だと私は考える。とすれば、親政への夢は、後醍醐だけが見たものではなく、『太平記』の作者ら、そして同時代の人々が思い描いた未来像とも言えよう。世俗的な武士の政権ではなく、より崇高な、苦しみを分かち合える「王」を探し求めた時、人々は記紀の神話を共有するに至り、尊王思想を覚醒させた。ゆえに「御謀叛」という敬語が自然に出たのである。

しかし後醍醐の「御謀叛」で実現した親政が、人々に救済をもたらすことはなかった。「建武中興」の実態は、皇統や貴族の復権に終始するものでしかなかった。京童《きょうわらべ》になりすました反体制派が二条河原に立てた落書《らくしょ》は、「親政」の退廃を鋭く風刺している（新田一郎『日本の歴史11　太平記の時代』講談社　二〇〇一）。

此比都《このごろ》ニハヤル物　夜討・強盗・謀綸旨《にせりんじ》
召人《めしうど》・早馬・虚騒動《そらさわぎ》　生頸《なまくび》　還俗《げんぞく》　自由出家
俄大名《にわかだいみょう》・迷者《まよいもの》　安堵・恩賞・虚軍《そらいくさ》

後醍醐天皇の失政を嘲笑った『建武年間記』収載の「二条河原落書」からは、人民統一の難しさが伝わってくる。

「建武中興」以前は、政治的に高度な理念を掲げた鎌倉幕府が存在した。その中核には、北条泰時《やすとき》（一一八三〜一二四二）の見識があった。後鳥羽上皇による承久三年《じょうきゅう》（一二二一）の乱を鎮圧し、執権となった泰時は、武家最初の成文法「御成敗式目《ごせいばいしきもく》」を定め、客観的な政治規範となした。連署《れんしょ》、評定衆《ひょうじょうしゅう》といった役職を置き、合議体制を確立させ、幕府の最高意思を決定した。法治を徹底させ、責任の所在を明確にする一方で、むろん朝廷からは統治権を奪い、武家支配の基盤を強固にした。

にもかかわらず、鎌倉幕府は崩壊した。内部抗争や元寇など外敵の重圧もあった。功績に恩賞で応えることもままならなくなった。統治能力を失った幕府に、政権を維持することなど不可能であった。この隙を衝いた、同じく武家の足利高氏や新田義貞、また「悪党」楠木正成らに北条氏は滅ぼされたわけだが、そこに後醍醐の油断があったと言ってもいい。武力なしに、権威を倒すことはできないし、また維持することもできないという現実を、後醍醐は見誤ったのである。

自身および公家の利権を優先した後醍醐の親政は、地位や恩賞の面で武家を不当に扱った。足利尊氏は後醍醐の親政に見切りをつけ、勅許も得ず鎌倉へと向かった。鎌倉では、幕府の残党で自害した執権北条高時の子の時行《ときゆき》（～一三五三）が叛乱を起こしていた。この鎮圧に名を借りて、尊氏は新たに幕府を開こうとしたのである。

後醍醐は尊氏討伐の総大将に新田義貞を命じた。東海道が主戦場となり、箱根竹ノ下で両軍が激突した。勝利した尊氏は攻め上り、京都を奪った。後醍醐は比叡山に身を隠した。陸奥守だった北畠親房の長子、顕家《あきいえ》（一三一八～一三三八）が上洛し、新田、楠木軍とともに尊氏を攻め立てた。朝敵となった尊氏は都を捨て、九州へ逃れた。九州の武士団は、天皇に寄り添うだけの新田義貞に不信感を抱いていた。卓抜したカリスマ性で九州の武士団を惹きつけた尊氏は勢威を盛り返し、再び東へと向かった。

建武三年（一三三六）。現在の兵庫県神戸市の湊川で、足利尊氏の大軍と、新田義貞、楠木正成の朝廷軍が激突した。尊氏が勝利し、義貞は敗走、正成は自刃した。続けて京都を占領した尊氏は政権を掌握、室町幕府を開くことになった。

直ちに尊氏は光厳上皇に奏請し、持明院統の豊仁《ゆたひと》親王を即位させ、北朝第二代光明《こうみょう》天皇（一三二一～一三八〇）を擁立した。比叡山を下りた後醍醐は秘かに吉野へと逃れ、三種の神器をもつ自身こそ皇位の正統だと宣言した。南北朝時代の到来である。

都を追われた南朝、大覚寺統の後醍醐は、残りの生涯を吉野の山中で過ごした。吉野はアマテラスの命で飛来した八咫烏が初代神武天皇の東征を導いた聖地であり、また壬申の乱で覇者となった四十代天武天皇の足跡とも重なる場所であった。しかし九十六代後醍醐天皇の親政に対する執念が、吉野の奇跡を招き寄せる日は来なかった。

一方で、後醍醐を政敵と見なしながら、尊氏もまた天皇を弑逆することはなかった。後醍醐の崩御を知った尊氏は、その菩提を弔うため、京都嵯峨野に天龍寺を建立したほどである。前述のとおり尊氏の名は後醍醐の諱に因んだもので、本名の「高氏」はすでに棄てていた。日本という島国の、共同体の無意識が働いたせいか、天皇から与えられた官位や称号は、世俗的な武士の政権においても威光を放つ、別格のものであった。

流離う神の国

生涯、南朝に身を捧げた公卿で武将の北畠親房は、戦陣を転々としながら『神皇正統記《じんのうしょうとうき》』を執筆した。神代より歴代天皇の功罪を分析、後醍醐が吉野に開創した南朝こそ正統だと訴えた。南北朝時代の西暦一三三九年に成立し、一三四三年に北畠親房が自ら修訂した『神皇正統記』の冒頭には、〈大日本は神国なり〉とある。中学生になると歴史の授業で暗記させられたコトバである。原文は次のとおりである（『神皇正統記』岩佐正校注　岩波文庫　一九七五）。

「大日本《おおやまと》者《は》神国也《しんこくなり》。天祖《あまつみおや》はじめて基《もとい》をひらき、日神《ひのかみ》ながく統《とう》を伝《つたえ》給ふ。我国《わがくに》のみ此事《このこと》あり。異朝《いちょう》には其《その》たぐひなし。此故《これゆえ》に神国《かみのくに》といふなり」

南朝正統論の理念の中核に、北畠親房は日神＝アマテラスを据えた。そして国の基礎を築いたアマテラスの皇統の永続性に、「異朝」にはないものを見た。親房は古代神話に皇統の起源、アイデンティティを求め、「神国」というコトバに達したのである。

西暦九六二年に神聖ローマ帝国の初代皇帝となったドイツ王オットー一世（九一二～九七三）は、教皇の手により戴冠されることで権威化した。戴冠の儀式の意義は、絶対神キリストが世俗王に権威を授けるという、関係性の確立を媒介することにあった。ドイツ王はあくまでも世俗的な存在としてキリストの聖域の外にあり、ローマ教皇が両者の仲介役となった。つまり西欧の王と神は、次元を異にする関係にあった。

北畠親房は、高天ヶ原で生まれた日神が降臨し、皇統を形成したという神話を、史実だと信じた。神と人間が接続する国体は「異朝」にも例がないと自負した。吉野の南朝を守るため、親房は長子の顕家とともに各地を転戦した。思うに各地の陣中で、親房はなぜ後醍醐のために戦うのかを自問し、正当な理念を確立する必要に迫られた。

天皇という極位にありながら、都を捨てて流離《さすら》うことを余儀なくされた後醍醐と、擁護者としての親房は、むしろ直接的な関係を築いた。後醍醐との直接的な関係性が深まるなかで、ともに辛酸を嘗めた親房は、同時に貴種流離の趣に陶酔し、皇国史観に目覚めたのではないだろうか。西欧の王はローマ教皇という「神の代理人」により権威化されたが、日本の天皇は現人神ゆえ「アマテラスの代理人」など必要としなかった。

その一方で親房は、皇統を継ぐ至高の存在は有徳でなければならないとも考えていた。日本は大陸や朝鮮半島の国々から言語、思想、宗教などにおいて多大な影響を受けてきたわけだが、外遊経験のない親房の言う「異朝」とは中国や天竺、高麗を指す。この「異朝」中国の聖王思想である「禅譲放伐」を、親房は肯定していた。つまり徳性の有無で後継者を選ぶ「禅譲」と、民を苦しめる悪王を有徳者が打倒して天子に就く「放伐」の大義が、親房の基層にはあった。至高の存在といえども悪政は許さず、後鳥羽上皇の承久の乱（一二二一）を非難し、それを鎮圧して民に平安をもたらした鎌倉幕府の執権北条義時と泰時の親子の治世を称えた。とくに泰時の治世については「心たゞしく政《まつりごと》すなほにして、人をはぐくみ物におごらず、公家の御ことをおもくし」と絶賛、優れた息子をもつ父の義時は果報者だと羨んでさえいる。

また『神皇正統記』には、北朝への激しい憎悪が露骨に綴られている。たとえば、北朝が光明天皇を擁立した時は「元弘《げんこう》偽主《ぎしゅ》の御弟に、三の御子豊仁《ゆたひと》と申しけるを位につけ」などと記している。つまり、偽の天皇だった光厳の弟の豊仁などに即位させるなんてと、怒りを露わにしているのである。

親房の眼前では、皇位をめぐる醜い争いが繰り広げられていた。『神皇正統記』には、政治家として現実を直視した親房の姿勢が滲み出ている。執権北条の治世に公正な評価を下したことからも、史家としての矜持が伝わってくる。この親房の南朝正統論に強度をもたらしたのが、後醍醐の悲運だったに違いない。前述の「集合的無意識」になぞらえれば、尊貴を極める天子でありながら流離を余儀なくされ、吉野の山中で生涯を終えねばならなかった後醍醐の悲劇が、親房ばかりかのちの世の無名の人々の心まで揺さぶったと私は考えるのである。

しかし親房が忠義の限りを尽くした後醍醐天皇は、明らかに真言密教の熱烈な信者であった。真言密教の加持祈禱に没入する後醍醐の異形を、親房がどう受け止めたのか、『神皇正統記』からは窺えない。

後醍醐が天皇にあるまじき特異な個性の持ち主だったことは、あまり知られてこなかった。夫婦和合や子宝に功徳のある人身象頭の男女二神が抱き合った大聖歓喜天《だいしょうかんぎてん》像に、荏油《えのあぶら》つまりエゴマ油をかけて、北条氏撲滅の祈禱に明け暮れた後醍醐の密教秘儀は、網野善彦が『異形の王権』（平凡社一九八六）で白日の下に曝している。網野は記す。

「極言すれば、後醍醐はここで人間の深奥の自然——セックスそのものの力を、自らの王権の力としようとしていた」

網野は後醍醐の特異性について、蒙古襲来以後、「地下」と蔑んできた卑賤の武士階級もが台頭

後醍醐天皇御像（重要文化財　清浄光寺蔵）

し、皇統の存続まで危ぶまれたことが原因だと見ている。武士政権打倒のために、後醍醐は河内の「悪党」楠木正成を起用し、密教秘儀にまで及んだ。なお、この異形の天皇の肖像は現在、時宗《じしゅう》の総本山である神奈川県藤沢市の清浄光寺《しょうじょうこうじ》に伝えられている。清浄光寺とは遊行寺《ゆぎょうじ》のことである。絹本着色の「後醍醐天皇御像《みぞう》」は密教の法服を着、法具を手にしている。

戦場を流離った天皇は後醍醐だけではない。後醍醐が隠岐に流罪となった時、執権北条高時は光厳天皇を擁立した。北朝を創始した光厳はしかし、後醍醐の復帰によりたった二年で退位させられた。足利高氏が北条氏を裏切り、後醍醐方に寝返ったためである。高氏に敗れた六波羅探題の北条仲時《なかとき》（一三〇六〜一三三三）らは光厳を拉致し、鎌倉を目指して都落ちした。一行が現在の滋賀県米《まい》原《ばら》市、近江の番場《ばんば》に差しかかると、後醍醐方の扇動で暴徒化した数千の悪党や野伏の類に包囲された。『太平記』巻第九によれば、最期を覚悟した仲時は「辻堂の庭」で一族郎党四百三十二人とともに、いっせいに割腹して果てた（『太平記　一』）。「庭」とは街道の路傍の意か。とにかくその一部始終を、光厳は目撃せざるを得なかった。

光厳は譲位を強要され、上皇となった。まもなく建武中興は失敗し、再び上皇として院政を執るが、一時南朝方が盛り返して捕虜となり、吉野に幽閉された光厳は、得度剃髪する。過酷な運命を背負い、中世を代表する歌人となった光厳は自ら『風雅和歌集』を撰した。北朝の貞和五年（一三四九）頃の成立とされる。後半生は一介の禅僧として修行の旅を重ね、正平《しょうへい》十九年（一三六四）に生涯を終えた。光厳院の崩御は中世王朝文化の一つの区切りになったとも言えるが、到底アマテラスの聖性を引き継ぐ天皇だったとは思えない。極位の身でありながら、孤立を味わった歌人の一首を掲げる（「光嚴院宸翰三十六番歌合」貞和五年八月九日『新編国歌大観　第五巻　歌合編　歌学書・物語・日記等収録歌編　歌集』角川書店　一九八七）。

ちる花にうき世をさとる人もあらばつらきもうれし春の山かぜ

世俗の権力抗争に翻弄されるうちに「現人神」の勢威は色褪せ、光厳は詩人となった。光厳の詩篇の数々には、天皇ならば見ようはずもない惨劇の余韻がある。光厳の心中には「つらきもうれし春の山かぜ」が桜花を散らしていた。光厳の悲哀が滲む一首である。

京の室町に幕府が開創され、再び武士の世となった。しかし鎌倉と違い、『源氏物語』や『新古今和歌集』を生んだ宮廷文化のただなかに拠点を置いた足利武士団は、この洗礼を受けることになった。京都の東山山麓の南禅寺を別格として天龍寺、相国寺《しょうこくじ》、建仁寺、東福寺、万寿寺の五山の禅僧による漢詩文が文学の中核を成した。金閣銀閣など寺院建築に目覚ましい革命がもたらされた。禅宗の宇宙観が表現された枯山水の庭園や、雪舟らの水墨画が誕生した。クールジャパンと世界が評する美学の先蹤《せんしょう》となったのは、宮廷と幕府と禅がハイブリッドされた室町文化の現出の結果である。中世ヨーロッパの文芸復興《ルネッサンス》にも匹敵する新しい文化を、室町幕府は到来させたのである。

漢詩文は大衆社会にも浸透し、『太平記』『義経記《ぎけいき》』『曾我物語』『御伽草子』など軍記物語や口承文芸の登場を促した。後醍醐の親政を風刺した前述の「二条河原落書」の、漢籍や和歌の教養に裏打ちされた豊かな表現力と律動の新鮮さには、能狂言誕生の伏線が読み取れるのではないだろうか。世俗の最底辺で匍匐していた被差別民による能狂言は、のちに将軍家の式楽となった。説経や浄瑠璃など放浪芸は、王権の混乱で生じた下剋上のエネルギーを汲み上げ、武士と庶民という階級差を超えた破天荒な物語を創出していった。そのような人々の「自立」は、町衆という生産、流通の主力となる新興階級を出現させた。また江戸期になると、町人という市民階級を形成した。京を縦断する鴨川の河原に、歌舞伎踊りの出雲阿国《いずものおくに》の男装姿が現れるのは、もう目前である。

応仁の乱（一四六七〜一四七七）で京が焦土と化し、室町幕府が事実上崩壊して以後、時代は百年余に及ぶ戦国の世に突入する。伊勢神宮も荒廃した。室町末期から戦国末期にかけて、式年遷宮は内宮で百二十三年、外宮で百二十九年、中断を余儀なくされた。

天皇をめぐる江戸期の視点と『大日本史』

戦国の動乱を勝ち抜き、天下統一を果たした徳川政権は、京都とは距離を置いて、江戸に幕府を開いた。天皇の威光を無視することはなかったが、武家政権が保持してきた尊王思想を相対化し、幕府は朝廷を政治の外に置いたのである。

元和《げんな》元年（一六一五）、幕府は「禁中並公家諸法度《きんちゅうならびにくげしょはっと》」を発布し、「天子」は「諸芸能」を身につける義務があり、「学問」を「第一」とした（『詳説日本史史料集』笹山晴生編　山川出版社　二〇〇七）。学習しなければ「古道」つまり古典を理解できなくなると、天皇に忠告したのである。

「一、天子諸芸能之事、第一御学問也。不学則不明古道」

天皇の政治介入を牽制する言辞である。「法度」の第一では、帝王学の理想の書籍として、八世紀の成立とされる唐の太宗と臣下の問答の記録『貞観政要《じょうがんせいよう》』や、五十九代宇多《うだ》天皇（八六七〜九三一）が譲位のさいに進退、儀式などの心得を諭した『寛平遺誡《かんぴょうのゆいかい》』（八九七）を挙げている。

さらに和歌習得の勧めである。歌道は五十八代光孝《こうこう》天皇（八三〇〜八八七）の在位時（八八四〜八八七）より絶えることなく伝えられていたと。また八十四代順徳天皇が在位時（一二一〇〜一二二一）に宮中の有職《ゆうそく》故実を記した『禁秘抄《きんぴしょう》』を習学することも薦めている。いずれにせよ日本の政治史上、天皇の責務に具体的な法の規制をかけた最初である。

軍事力と統治力で天下を支配した徳川家康（一五四三〜一六一六）の愛読書は、十三世紀末から十四世紀初頭の成立とされる『東鑑』（『吾妻鏡』）だったという。朝廷との共存を試みながらも崩壊した平氏や足利の方法ではなく、関東を動かなかった源頼朝や北条義時、泰時親子の鎌倉幕府を、家康は手本に選んだのである。そして、朝廷の政治関与を絶対に認めず、天皇の権威を文化面に絞るという、敗戦国日本の「象徴」の先鞭とも言うべき法度にたどり着いた。

近世史の横田冬彦（一九五三〜）は、「禁中並公家諸法度」の公布に家康の深謀遠慮を読み取っている。朝廷の祭祀、儀礼、典礼は「御政事《おまつりごと》」であって、国家を支える権威として幕府の体制を盤石にし得る、という深謀遠慮である。天皇家の伝統的な祭祀、儀礼を盾に、幕府による統治を至上のものとする意図が家康にはあった。天皇と徳川の関係性を捉えた鋭い指摘である（『日本の歴史16　天下泰平』講談社　二〇〇二）。

しかし、この微妙な関係を衝く大事件が起きた。元禄十四年（一七〇一）三月、将軍年賀の返礼として京都の朝廷より派遣された勅使の供応の儀礼を江戸城で催行中、赤穂藩主の浅野内匠頭長矩《たくみのかみながのり》（一六六七～一七〇一）が、高家《こうけ》旗本の吉良上野介義央《こうずけのすけよしなか》（一六四一～一七〇二）に斬りかかったのである。高家とは朝廷や寺社の儀礼を担当した江戸幕府の職名である。五代将軍の徳川綱吉（一六四六～一七〇九）は一方的に浅野の罪過とし、即日の切腹を命じた。吉良はお咎めなしとした判断は、綱吉が受け継いだ「家康の深謀遠慮」によるものではなかったかと推測できる。もちろん殿中での抜刀は死罪という決まりもあったが、幕藩体制を支える大名の情状酌量よりも、勅使に対する無礼を優先させたのである。事件の起点となった勅使供応という、武家政権といえども天皇の権威を決して蔑ろにしない国のあり方が、あらためて認識された場面であった。

翌年十二月の大石内蔵助（一六五九～一七〇三）ら四十七士による吉良斬首は、幕府を狼狽させた。主君の仇討ちを赤穂浪士の義挙とし、武士階級ばかりか民衆まで巻き込んでの助命嘆願運動が起こったのである。喧嘩両成敗は戦国の世以来の武家政権を支えてきた慣習法にすぎないのだが、その掟を蔑ろにした幕府の浅野懲罰に大義はないという非難の声まで上がった。幕府は儒学者の荻生徂徠《おぎゅうそらい》（一六六六～一七二八）の意見を採り入れ、赤穂浪士に切腹を命じると同時に、吉良家を断絶させることで解決した。四十七士の復讐劇で、喧嘩両成敗が復活したのである。

赤穂事件発生の前年、副将軍とも称された水戸の徳川光圀（一六二八～一七〇〇）は世を去っていた。光圀の「圀」のもとの表記は「國」であった。かつて唐の則天武后が、「囗」のなかの「或」「惑う」を連想させるのを嫌い、八方を支配する「圀」という則天文字を作ったことに倣ったものである。徳川御三家の光圀は漢学の人で、少年時代に『史記』の「列伝」の筆頭に掲げられた「伯《はく》夷伝《いでん》」を読み、史書の力に感動して『大日本史』の編纂を思い立った。伯夷、叔斉《しゅくせい》の兄弟は、殷の暴君である紂王を討とうと軍を進めた周の武王の馬を押しとどめ、臣下による弑逆は許されないと諫言した。だが容れられず、武王の禄を食むことを拒み、山中に入って餓死した。この兄弟の義烈から、現実に妥協して生きるより、大義に殉じて死を選ぶ人間の歴史を作りたいと、光圀は願ったのである。死を選ばせる大義とは何か。光圀の場合、それは尊王であった。

史書の構成には「編年体」と「紀伝体」がある。『日本書紀』は「神代」に始まり、「史実」は年代順に記した編年体が採られている。中国の『史記』は、歴史の全体像を帝王の年代記である「本《ほん》紀《ぎ》」で繋ぎ、臣下の伝記など「列伝」と組み合わせた紀伝体が採られている。社会現象を記した「志」、年表や人名表などの「表」も含むが、「本紀」と「列伝」が中心を占めるため「紀伝体」と言う。光圀が感動した伯夷、叔斉兄弟の物語は「列伝」である。むろん『大日本史』は漢文による「紀伝体」であった。

家康が天下統一を果たした頃、中国では満州の女真族が勢力を伸ばしていた。女真族は西暦一六一六年に後金《こうきん》を建て、一六三六年に国号を清《しん》と改めた。一六四四年にはついに明が内乱で滅び、乗じて清が新たな王朝を建てようとしていた。この動乱で明の碩学である朱舜水《しゅしゅんすい》（一六〇〇～一六八二）が日本に亡命し、光圀に招聘された。家康が治世のイデオロギーとして採用した朱子学が、事物に内在する原理の追究を重んじる「格物致知《かくぶつちち》」であるのに対し、朱舜水は実践を重んじる「実学」の人であった。

祖国の明が滅亡の危機に瀕するなかで、朱舜水は救援を求め、来日していた。日本人の母をもつ鄭成功《ていせいこう》（一六二四〜一六六二）とともに、明救済の戦場に立った学者であった。鄭成功とは、近松門左衛門（一六五三〜一七二四）の浄瑠璃『国姓爺合戦《こくせんやかっせん》』（一七一五）の主人公、和藤内《わとうない》のモデルだが、朱舜水は浙江省の舟山《しゅうざん》を拠点に、援軍を求めて六度来日し、「日本乞師《きっし》」と呼ばれた。しかしあえなく明は滅び、復興も諦めた朱舜水は万治《まんじ》二年（一六五九）、七度目の来日で亡命を決意した。朱舜水が水戸藩に招かれたのは寛文《かんぶん》五年（一六六五）で、六十五歳になった儒学の泰斗が、三十七歳の光圀の前に現れたのである。

朱舜水が導入した実学は、正統の護持のためなら命も惜しまぬ実践哲学で、『大日本史』編纂の大義を探していた光圀にとっては、またとない出会いになった。そして明の危機に東奔西走した朱舜水の献身努力に、光圀は後醍醐天皇に忠義を尽くした楠木正成の姿を重ね合わせたのである。

湊川神社の「嗚呼忠臣楠子之墓」の墓碑

私は『大日本史』を通読する機会を得なかったが、その存在と意義については、人気のあった楠木正成、正行《まさつら》（一三二六〜一三四八）親子の物語とともに中学の授業で教えられた。後醍醐に殉じた楠木正成や新田義貞らに感銘を受けた光圀は、『大日本史』のなかで南朝を正統と主張し、幕府の副将軍とされながら、尊王思想の持ち主になった。とくに楠木正成については、討ち死にした兵庫の湊川に墓碑を建てるほどの信奉者となっていた。「嗚呼《ああ》忠臣楠子《なんし》之墓」と自ら揮毫した墓碑の裏面には、朱舜水の賛文が刻まれている。

『大日本史』は、初代の神武天皇より第百代の後小松《ごこまつ》天皇（一三七七～一四三三）に至る、万世一系の尊貴、恩寵を語っている。記紀が天皇と同列に扱った神功皇后を本紀から外し、十四代仲哀天皇の妃に改め、皇位継承の厳密さを求めた。また「壬申の乱」で自殺した大友皇子を本紀に入れ、天皇に改めた。『日本書紀』が無視した大友の皇位継承を、光圀は認めたのである。後年、『大日本史』に倣い、明治政府が大友を三十九代弘文天皇と追謚《ついし》している。

『大日本史』が北朝の後小松で終わるのは次の認識に基づく。すなわち南朝最後の天皇の後亀山が京都に還って、皇位継承の象徴たる「神器」を北朝の後小松に渡したことで分裂状態が終わり、両統が合体した。『大日本史』も『神皇正統記』と同様に、本物の「神器」は南朝が護持していたという立場である。この経緯から南朝の正統性が裏づけられると見た光圀の史観は、幕末の藩主、斉昭《なりあき》（一八〇〇～一八六〇）が藩校の弘道館を開く時に唱えた「尊王攘夷」の思想に結実し、討幕のイデオロギーを生んだ水戸学に変容した。歴史の皮肉である。

本居宣長と賀茂真淵

『大日本史』は漢文で記されたわけだが、一方でそのような漢意《からごころ》を捨て、古代日本の大和心《やまとごころ》に帰れと喚起したのが、伊勢松坂の医師で国学者の本居宣長（一七三〇～一八〇一）である。前述のとおり宣長は、漢文化に染まった『日本書紀』よりも『古事記』が発する古代大和の言葉への回帰を説いた。宣長は三十年余にわたって『古事記』に見出される古語、神話、習俗の研究、解釈に傾注し、国学の基礎を固める大著『古事記伝』四十四巻を完成させた。宣長にとって、大和言葉で語られてきた古代史の純度が、漢意で失われることは見過ごせなかった。ただ、この宣長も当初は漢学を学んでいた。京都で漢方医学の修業後、賀茂真淵の記紀や『万葉集』をめぐる論考に触発され、国学の世界に反転没入していったのである。

明和二年(一七六五)に成立し、文化三年(一八〇六)に刊行された『国意考《こくいこう》』で賀茂真淵は問うている。堯《ぎょう》、舜《しゅん》、禹《う》など古代中国の聖帝たちの神話的な伝説は、有徳の人を見出して国を譲るという儒学の土台を成してきた。殷の紂王を殺し、周を建国した武王を正義の人として孔子は称揚するが、ならばなぜ、武王は殷の後裔ではなく、自身の子に王位を継がせたのかと。中国史を振り返れば、儒学が説く道徳は、禅譲放伐による王権交代の言い訳に使われているだけで、そんな漢意には従えないと真淵は断じたのである(『増訂　賀茂真淵全集　巻十』吉川弘文館　一九三〇)。

「凡《およそ》世の中はあら山あらのらの有が、人の住よりおのづから道の出来るが如く、こゝもおのづから神代のみちのひろごりて、おのづからくにゝつけたる道のさもらはゞ、すめらみかどいよ〳〵さかえまさん物を、かへす〴〵も儒の事こそその国をみだす」

意訳すれば〈荒山、荒野だった世界に人が住みつき、自然と道ができたように、神代も現在に通じ、国の歩むべき方向も定まっている。どう考えても儒学の思想は、栄華を極める天皇の世を混乱に陥れるだけだ〉となるか。

さらに真淵は、古代日本の神々は儒学の教えと異なり、もっと豊かで魅力に溢れていると続け、荒ぶるスサノオの二面性に日本という国の真価を見出す。さんざんアマテラスを困惑させたスサノオが地上に降り立つと、武＝ますらおぶりを発揮して八岐大蛇を退治し、クシナダヒメを得、「八雲立つ　出雲八重垣　妻籠《つまご》みに」と、和歌の創始をもたらした。スサノオの二面性を許容する大らかな感性は、異国にはないと真淵は見たのである。

この真淵の論考を紹介し、復古神道の歩みを通観したのが、菅野覚明《かんのかくみょう》（一九五六〜）の『神道の逆襲』（講談社現代新書　二〇〇一）である。菅野は江戸時代の国学者らが再発見した『万葉集』を、王侯貴族から無名の防人や漁師にまで及ぶ、人が秘せない私情の発露だと捉えた。そのような私情に正邪を問わない「もののあわれ」の世界観は、漢意にはない調和のとれた情趣だと述べた。

また、前掲の『増訂　賀茂真淵全集　巻十』より、宝暦《ほうれき》十二年（一七六二）成立の『文意考』で真淵は記している。

「姫大御神といへども、こと有ときは、雄たけびをなして、厳《おごそか》なる御いづをもてをさめまし、常にはこのにぎびたる御ごゝろもて、大かたの事をば、見なほし聞直して治めますぞ、いともかしこき神の道の本《もと》にして、国も家もをさまる御をしへなる」

意訳すれば〈スサノオの雄叫びで高天ヶ原が鳴動した時、アマテラスといえども自身の荘厳なる威光を仕舞い、和《なご》んで鎮めた。そのアマテラスの畏れ多き配慮こそ神の道の大本で、国家安泰の教えである〉となるか。

真淵は『万葉集』に、儒学や仏法にはない、素朴な日本精神のダイナミズムを見ていた。いわゆる「高く直き心」と、男性的な大らかさを示す「ますらをぶり」を見出していた。古代日本人の自然な寛容性を肯定し、重んじていたのである。

儒学こそが国を乱すと断じた真淵の論考は、自己修養によって体制維持を図るために徳川政権が導入した朱子学に対する最初の反逆であった。

この真淵の「漢意」に対する批判は、本居宣長になると強い排外主義に変わった。安永七年（一七七八）成立の『馭戎概言《ぎょじゅうがいげん》』である（『本居宣長全集　第八巻』大野晋、大久保正編集校訂　筑摩書房　一九九〇）。「異国思想に支配される状況を憂う言説」の意であろうか。「馭」は制禦、乗りこなす。「戎」は異国。内容は中国、朝鮮との外交史を、日本中心の立場から分析、批判した論説である。大陸礼讃の風潮を排し、古神道の重要性を訴えた宣長は「からおさめのうれたみごと」と訓じたが、皮肉なことに自身が忌み嫌う「漢意」に充ちた題である。主題は、皇祖に守られてきた奇跡の神国、日本の讃仰である。

『馭戎概言』は天照大御神の御子、つまり天皇の国に、異国の朝貢使が来たことに関する史料の検討から始まる。宣長は異国を「任那」としており、その論拠はまぎれもなく『日本書紀』の「崇神天皇六十五年」の記述である。

「任那国、蘇那曷叱知《そなかしち》を遣《まだ》して、朝貢《みつきたてまつ》らしむ」

任那は筑紫より二千里以上も離れた北方の国で、唐《もろこし》の書物にも記載されていると。古代大和は異国の朝貢を迎えるほどの国だったと、誇っているかのような開巻である。任那来朝の記録は、宣長が範とした『古事記』にはない。宣長は『馭戎概言』執筆のために『三国志』の「魏志倭人伝」や『隋書』など中国の史書、また高麗の『三国史記』に記された倭の情報を引用している。

一方で宣長は、卑弥呼が漢字の国に朝貢した「魏志倭人伝」の記録は事実ではないと述べた。この立証に宣長は明代の『世法録』なる書物を引き、日本の属国は五十余あり、新羅、百済も含め、ことごとくを従えていたとの記述で補強した。それほどまでに強国の日本ゆえ、「魏志倭人伝」の朝貢記事は欺瞞だと断じたのである。

「然れども此時にかの国へ使をつかはしたるよししるせるは。皆まことの皇朝《すめらみかど》の御使にはあらず。筑紫の南のかたにていきほひある。熊襲などのたぐひなりしものの。女王の御名のもろ〳〵のからくにまで高くかゞやきませるをもて。その御使といつはりて。私につかはしたりし使也」

宣長は持論に引き寄せて述べている。〈魏に朝貢したのはいずれも天皇の使いなどではない。筑紫の南方で勢力を伸ばしていた熊襲の類が送ったものにすぎない。女王として燦然と輝く名を「からくにまで」馳せていた、神功皇后の使いだと詐称したのである〉と。そして「魏志倭人伝」の卑弥呼は帳《とばり》のなかにおり、人に顔を見せない。曰く、容貌を知ろうはずもないことにつけ込まれ、来朝者は告げられるがまま女王だと真に受けた。強引な「魏志倭人伝」の読み変えで宣長は、尊きアマテラスの御子の神国が、異国などに朝貢するような卑しい真似はしないと強調したのである。

宣長は、本来の古代大和に君臨していたのは神功皇后だと訴えた。『日本書紀』「神代下第九段」の「一書《あるふみ》」第七に見える「姫児玉依姫命《ひめごたまよりひめのみこと》」の「姫児」が半島の三韓などを介して誤って伝わり、「卑弥呼」になったと見て、宣長は邪馬台国大和説を展開した。

『馭戎慨言』の巻末は、宣長が生きた江戸幕府の治世を語っている。東照神御祖命《あずまてるかむみおやのみこと》＝徳川家康が天下を治めてからは、中国との通交を断ち、皇朝を尊崇した。すべてが古代に立ち返り、ゆえに野山の木草が春の日を浴びて育つが如く、栄えゆく治世になると絶賛して、宣長は言葉を結んだのである。江戸期における天皇観は、ねじれとも言える複雑さをもつ。

新たな大和魂の誕生

時は遡る。律令制が崩壊し、荒廃が忍び寄る伊勢神宮に一人の僧が現れた。西行（一一一八〜一一九〇）である。西行は高野山、熊野そして伊勢へと山岳密教の修行を積み、今、内宮の社前にいる。

何事のおはしますかは知らねどもかたじけなさに涙こぼるる

この歌は西行の作とされるが、長年、真贋が問われてきた。西行の自撰歌集と言われる編者、成立年とも未詳の『山家集《さんかしゅう》』には見当たらない。西行に関する数々の歌集にも見出せず、江戸時代の板本『西行上人集』（一六七四）に収められているのみである（「西行法師家集」『新編国歌大観　第三巻　私家集編Ⅰ』角川書店　一九八五）。和泉式部が詠んだという歌のいくつかが伝説を交えた偽作だったように、江戸時代になって歌人西行に事寄せ、伊勢参詣キャンペーンのために偽作されたものではないかと私は疑っている。

平安末期、内宮のアマテラスを大日如来の垂迹とする考え方は、密教修行を重ねてきた西行にも自覚されていたはずである。後白河法皇の院宣による藤原俊成（一一一四〜一二〇四）撰の『千載和歌集』（一一八八）には次の歌が残されている。西行が高野山から伊勢の二見浦《ふたみがうら》の山寺へ移った時に詠んだもので、内宮の南に広がる、原生林のただなかに聳える神路山こそ大日如来が垂迹した御山だと歌っている（『千載和歌集』久保田淳校注　岩波文庫　一九八六）。

深くいりて神路のおくをたづぬれば又うへもなき峰の松風

歴とした密教の修行僧である西行の俗名は佐藤義清《のりきよ》。平清盛と同時代人で、北面の武士として鳥羽上皇（一一〇三〜一一五六）に仕えたことはよく知られている。二十三歳の時に突然、家族を捨て出家、世上を驚かせた。宮廷の遥か高貴な女性に恋慕したためとされるが、西行は僧形になってからも恋の歌を作った。諸国を放浪し、高野聖となって修行を積む間、保元の乱（一一五六）に遭遇し、源平合戦の惨劇を目の当たりにした。その劇的な生涯から西行は伝説化し、数多の物語が作られ、流布していった。代表的なものに阿仏尼《あぶつに》（〜一二八三）の筆と伝えられ、鎌倉時代中期には成立していたという『西行物語』（静嘉堂文庫蔵）がある。同書に西行が伊勢に現れた時のことが記されている。日本文化史学の目崎徳衛《めざきとくえ》（一九二一〜二〇〇〇）が編纂した『思想読本　西行』（法蔵館一九八四）より、日本古典文学の村尾誠一（一九五五〜）による現代語訳を引用する。

「ある秋の日のこと、西行は伊勢大神宮へ参拝した。御裳濯川《みもすそがわ》〔五十鈴川〕のほとりの杉林の中に分け入って、一の鳥居の前にひざまずき、はるか向うの神殿を拝し申し上げた。

そもそも大神宮は、仏法僧の三宝の御名を忌むので、法師は神殿の近くまで推参しない習わしとなっている。なぜならば、古くから次のように伝えられているからである。

昔、この国がまだ生まれる前のこと、大海の底に大日如来の印文《いんもん》が沈んでいた。この印文の沈んだ大海を、天照大神《あまてらすおおみかみ》が、天《あめ》の逆鉾《さかほこ》でおさぐりになっていると、その鉾についた水のしずくが、露のように結ぼうとしていた。それを第六天に住む魔王がはるかに見て、もしこの水のしずくが国となったならば、その国には仏法が広まり、人間達が生死の境を超越してしまうにちがいないと恐れて、その水のしずくをぬぐってしまおうとした。その時、天照大神は、

『三宝の名を聞くこともすまい、三宝を我が身に近づける事もすまい。』

とお誓いになったのである」

伊勢神宮が仏教と習合し、古来神道の危機が囁かれるなか、『西行物語』は天照大神について、表面上は僧侶の姿を忌むが、しかし、内実では仏法を守護するものだと説いた。この天照大神が岩戸を押し開いて以来、民衆は日の光の恩徳に浴していると。そして『西行物語』は続ける。

「西行は、仏が我が国の神に姿をかえて、近々と自分達を救って下さる事を思うと、信仰の涙が墨染の衣の袖をしたたり落ちてくるのだった」

時に西行六十九歳。「何事のおはしますかは知らねどもかたじけなさに涙こぼるる」の歌は、『西行物語』に触発されたアルキの語り部の作ではなかったかと私は想像する。アルキとは放浪する芸能者のことである。あるいは発信地は外宮で、神仏習合に信仰の発展を見出した御師たちの原案ではなかったか。

それに引きかえ内宮のアマテラス祭祀は、皇女である斎王によってのみ奉仕されてきた。天武・持統朝がもたらした斎宮・斎王の制度は、親拝すなわち天皇自らの参拝すらタブーとしてきた

のではないだろうか。天皇の伊勢神宮参拝について言えば、持統天皇六年（六九二）の女帝による同地方への行幸はあるが親拝の記録は見られず、以後、明治二年（一八六九）まで千百七十年余もの間、まったくない。神仏習合の世俗化に取り残されて財政が逼迫しようが、皇祖アマテラスを祭祀する内宮にとって、この制度の由緒に叛くことは禁忌だったのである。しかし前述のとおり、巨費を要する斎宮の群行も、鎌倉時代に源頼朝の庇護で長い中断から復活した。爾来、伊勢神宮の祭祀は、時の権力者の庇護抜きでは維持できなかったのである。

神仏習合は東大寺の建立を機に勢いが増し、天平神護二年（七六六）には伊勢にも大神宮寺が造営されていた。徳川幕藩体制下の元禄期（一六八八〜一七〇四）になると、内宮と外宮の中間に位置する古市《ふるいち》には参拝客目当ての妓楼が軒を連ね、ついには江戸吉原、京島原と並ぶ歓楽街を形成するに至った。

伊勢参りのブームは全国に広がった。御師たちは伊勢暦《こよみ》を発行し、農民に四季の気象を教え、参拝の功徳を伝えた。江戸の町人や奉公人の間では、伊勢に参っているうちは身分制度が消失すると信じられた。彼らは思い立つままに家や店《たな》を抜け出し、伊勢を目指した。この「抜け参り」は、街道に住む人々が喜捨で参拝客の旅費を支えたことから「お蔭参り」とも呼ばれ、全国的に流行した。帰ってからも主人に罰せられることはなかったという。

伊勢に集めた参拝客を、御師たちは自邸を宿に改装して泊めた。宝永《ほうえい》二年（一七〇五）の四月上旬には、一日に二千人から三千人が松坂を通過したと本居宣長は『玉勝間《たまかつま》』に記している（『本居宣

歌川広重の浮世絵「伊勢参宮　宮川の渡し」（神奈川県立歴史博物館蔵）

長全集　第一巻』大野晋編　筑摩書房　一九六八）。その参拝客が中旬にはたちまち十万人を超え、増減しながら五月二十九日までの五十日間で三百六十二万人に達したという。『玉勝間』は宣長が寛政《かんせい》五年（一七九三）に起筆し、死ぬ享和《きょうわ》元年（一八〇一）まで書き継いだ随筆集である。宣長が生まれる前の、この宝永年間の「お蔭参り」の賑わいが与えた衝撃は、近現代の松阪の人々にまで語り継がれていたに違いない。

　徳川政権の安定ですでに五街道は整備されていた。関所の検問も緩和され、庶民の旅心は一気に盛り上がった。そして、着の身着のままでの伊勢参りが、最高潮に達したのが文政十三年（一八三〇）である。三月末から九月まで、宮川の渡しの通過数は、およそ四百八十六万人に上ったという（金森敦子『伊勢詣と江戸の旅』文春新書　二〇〇四）。

　寛政八年（一七九六）の五月には、古市の妓楼「油屋」で医者が刃傷《にんじょう》沙汰に及んだ殺人事件が起きている。事件から五十二日目の七月には歌舞伎化され、のちに医者の役が御師の福岡貢《ふくおかみつぎ》に変わり、お家騒動や金と恋のもつれも絡んで十人斬りに及ぶ世話物『伊勢音頭恋寝刃《こいのねたば》』となった。武士ではない御師が振るう刃の狂気と伊勢音頭の効果が評判になってヒットし、現在でも上演されている。劇中、御師の福岡貢は痛烈な罵詈《ばり》雑言《ぞうごん》を浴びせられる（『名作歌舞伎全集　第十四巻　上方世話狂言集』東京創元新社　一九七〇）。

「とりわけ御師のその中でも、薄っぺらの奴は、銭金《ぜにかね》を見るとひょこ〳〵するが、大方あれが伊勢《いせっ》乞食《こじき》というのであろう」

また、十返舎一九《じっぺんしゃいっく》（一七六五～一八三一）の滑稽本『東海道中膝栗毛《とうかいどうちゅうひざくりげ》』（一八〇二～一八〇九）も、弥次喜多コンビのお伊勢参りが主題であった。御師に向けられた世俗の辛辣な眼差しから、近世における伊勢参拝の情況も見えてくる。

近世になって、アマテラスを拝むことは、身分の障壁を不可視化するという意味をもった。ゆえに伊勢神宮は、お蔭参りという民間信仰で支えられた。式年遷宮も民衆の奉仕で支えられた。先の「何事のおはしますかは知らねどもかたじけなさに涙こぼるる」という歌も、実は無名の民衆のなかから生まれた、「詠み人知らず」の作なのかもしれない。

このアマテラス信仰に連動し、身分制度で秩序を維持しようとする徳川政権に代え、民衆が一体化し得る新たなシステムを求める改革の機運が高まったのではないだろうか。賀茂真淵、本居宣長らが唱道した古代の神話や『万葉集』に傾倒する人々のなかから、朱子学などで守られてきた幕府を権威と認めず、祖神アマテラスの皇統を至上と見る階層が各地に現れたのである。尊王思想に目覚めた彼らは、草莽《そうもう》と呼ばれた。

草莽とは本来、叢《くさむら》のことで、転じて辺境に在り、志を抱く無名の士を指すようになった。北畠親房をはじめ徳川光圀、賀茂真淵、本居宣長らの学統を継いだ平田篤胤《あつたね》（一七七六～一八四三）が登場すると、国史、国学への覚醒は、地方の草莽たる名主、豪農、豪商、下級武士に広がった。葬式仏教よりも古代精神を説く神道、徳川家よりも天朝にこそ国の起源、権威が存在するという歴史認識が浸透していったのである。否、歴史認識と言うより、天皇を現人神と見る「集合的無意識」が日本人のなかで覚醒したと言うべきか。

嘉永《かえい》六年（一八五三）六月三日。アメリカ合衆国の東インド艦隊が神奈川の浦賀沖に現れ、砲艦外交で開国を迫った。国難を目の当たりにした地方の下級武士のなかには、脱藩して国事に奔走する者が出てきた。その代表に吉田松陰（一八三〇～一八五九）や坂本龍馬（一八三五～一八六七）がいた。長州藩の松陰は国禁を犯して黒船での密航を企てたが失敗、萩の野山獄《のやまごく》で蟄居を命じられた。出獄後は家宅に松下村塾を開いて、高杉晋作（一八三九～一八六七）や久坂玄瑞（一八四〇～一八六四）ら若手を相手に「草莽崛起《くっき》」を提唱し、討幕のイデオローグとなった。安政六年（一八五九）、松陰は日米修好通商条約を結んだ老中の間部詮勝《まなべあきかつ》（一八〇二～一八八四）の暗殺を謀ったとして捕縛、江戸で斬首された。辞世の歌がある。

身はたとひ武蔵の野辺に朽ちぬとも留め置かまし大和魂

新たな「大和魂」の誕生である。このコトバから草莽崛起が現実化し、王政復古の大号令まで一《いっ》瀉千里《しゃせんり》となった。

第13章　仏から再び神へ

島崎藤村の『夜明け前』とコミュニスト尾崎秀實

慶応四年（一八六八）正月、鳥羽伏見で幕府軍を敗走させた薩摩、長州藩が中心の官軍は、十五代将軍徳川慶喜《よしのぶ》（一八三七〜一九一三）ら要人の官位をことごとく剝奪した。江戸城を包囲したその年の三月十三日には、太政官布告による「王政復古」の大号令に基づき、神祇官が置かれることとなった。

「此度、王政復古神武創業ノ始ニ被為基《もとづかせられ》、諸事御一新、祭政一致之御制度ニ御回復被遊候《あそばされそうろう》ニ付テハ、先《まず》第一、神祇官御再興御造立ノ上」

つまり〈今度の王政復古は神武天皇による国の創始に基づくもので、体制を一新する。祭政一致という本来の国体を回復させるに際し、第一に神祇官を再興する〉と。三月二十八日には神祇官事務局達《たつし》で、長年にわたり神仏の区別が曖昧になっているとして、俗に言う「神仏判然令」（神仏分離令）が出された。

「仏像ヲ以神体ト致候神社ハ、以来相改可申《あいあらためもうすべく》候事、附、本地杯ト唱へ、仏像ヲ社前ニ掛、或ハ鰐口、梵鐘、仏具等之類差置候分ハ早々取除キ可申事」

しかし、神仏分離を促したその通達に先駆け、廃仏毀釈の嵐は日本全土で吹き荒れていた。四月十日に太政官布告で仏像の破壊、掠奪といった「粗暴の振舞等」を戒めたが、もはや手遅れであった。徳川政権が崩壊すると知った民衆は、体制に追従してきた仏教への反感を暴力で示した。と同時に、新政府が「仏」を捨てて「神」を選んだと知るや、いち早く宗旨替えをした。時代の変化を嗅ぎ分け、生き残りを図った民衆の本能が、明治維新でも発揮されたのである。朝廷も仏事のいっさいを廃止した。九月には元号も明治に改められた。

廃仏毀釈の前兆は「お蔭参り」にあった。諸説あるが、前年の慶応三年（一八六七）、東海地方に端を発した「ええじゃないか」の掛け声であてもなく踊り狂う大群衆が、大政奉還間近の幕府を慌てさせていた。むろん討幕派も「ええじゃないか」を利用した。「ええじゃないか」は「お蔭参り」の伝統と民衆の不満が結びついた「デモ」とも見られているわけだが、神仏判然令が拍車をかけ、廃仏毀釈の気運は高まるばかりであった。奈良の興福寺も標的となり、破壊の限りが尽くされた。五重塔は、二十五円、二百五十円とも言われるが、五両で売りに出され、薪と化すところであった。

興福寺の僧は還俗を強要され、多くが春日大社の神職に転向した。天皇家の菩提を弔う京都山科の泉涌寺が、暴徒の侵入を恐れて仏殿を漆喰で塗り固め、歴代の位牌を守ったという伝承については第9章で述べた。いつの時代でも、どの国でも、宗教的な原理主義は不寛容である。現代でもイスラム原理主義の不寛容が、世界中に悲劇をもたらしている。

ハリウッドがアメリカにおける映画産業の拠点となった頃、D・W・グリフィス（一八七五〜一九四八）が『Intolerance』（一九一六）を監督している。バビロンの崩壊、イエスの磔刑など人間の暴力の歴史を、失業した労働者の弾圧と並べて描き、「イントレランス」つまり不寛容な社会を炙り出した。グリフィスが近代資本主義の不寛容を訴えてから二十年、チャールズ・チャップリン（一八八九〜一九七七）は『Modern Times』（一九三六）で機械文明の進化によるオートメーションを皮肉った。人間が機械の部品となるが如き工場の状況を喜劇化し、「現代《モダン・タイムス》」を謳歌する二十世紀初頭のアメリカ社会を鋭く衝いて見せた。むろん現代でも、社会の不寛容に挑む映画は作られているが、日々報じられる世界のニュースは悲劇ばかりである。グリフィスの『Intolerance』より百年過ぎたが、世界の不寛容に変わりはない。

「王政復古」に話を戻す。私の故郷岐阜県周辺のことを記しておきたい。中山道木曾路の馬籠《まごめ》はもともと長野県木曾郡山口村に属したが、平成十七年（二〇〇五）の越県合併により岐阜県中津川市に編入された旧宿場町で、島崎藤村（一八七二〜一九四三）の小説『夜明け前』（一九二九〜一九三五）の舞台である。この馬籠本陣の当主で、自治組織の長である問屋《といや》と庄屋を兼ねた青山半蔵を、藤村は描いた。鉄製かつ異形のアメリカ艦隊が出現して以来、馬籠宿にも王政復古の噂が波のように押し寄せていた。

青山半蔵は、本居宣長の国学を引き継ぐ平田篤胤、鋏胤《かねたね》（一七九九〜一八八〇）が説いた古神道の心酔者で、まさに「草莽」の人であった。半蔵が当主の本陣は、参勤交代などで大名や高位の武士に宿を提供した公認の旅館である。問屋は問屋場を設けて人馬の供給や物資の輸送を扱い、木曾街道の助郷《すけごう》の役目を担うこともあった。尾張藩主が江戸へ下ったさい、馬籠宿では千七百の伊那の助郷を出したこともあった。助郷とは宿場町の人馬が不足した時、補充の負担を課された村、またその夫役《ぶやく》を指す。さらに半蔵が兼務した庄屋は、税の徴収を請け負う自治行政の長である。この業務のすべてを負わされた半蔵は、旱魃や過酷な労役に苦しむ農民と向き合う日々を送っていた。

『夜明け前』の主人公、青山半蔵のモデルは藤村の父、島崎正樹《まさき》(一八三一〜一八八六)である。正樹は幕末から明治にかけての国学の徒であった。黒船の出現にともない、幕末の中山道も往来が激しくなっていた。日本を神国とする平田国学が旋風の如く飛来したのも中山道であった。降雨で川止めになる東海道よりも、常時通交でき、日程も確かな中山道は幹線道路と化していた。幕末の非常時に京都と江戸を結ぶ主要道になっていたのである。攘夷派の急先鋒だった水戸天狗党の敗残者の群れや、結成されたばかりの浪士組(のちの新撰組)、公武合体政策に翻弄された皇女和宮《かずのみや》(一八四六〜一八七七)降嫁の大行列も、馬籠本陣の前を通過した。そのたびに、地元民は苦役に駆り出されたのである。

徳川政権が倒壊して御維新=御一新となり、半蔵は「世直し」の希望を抱いて東京へ出、官員に採用される。しかし同郷の国学の有志たちは官僚化していた。半蔵が故郷で逼迫する農民の救済案を示しても、官僚制度の壁に押し返される。失望した半蔵はやむにやまれず、明治天皇の行列に扇子を投げ入れ、「世直し」を直訴するに至った。この事件で帰郷を余儀なくされた半蔵は地元の神社の神主となり、ひたすら祈禱の日々に明け暮れる。その半蔵に狂気が生じ、菩提寺に火を放った。

半蔵は座敷牢に幽閉され、生涯を終えた。

藤村の父、島崎正樹は開国反対の趣意を書き連ねた扇子を、実際に明治天皇の車駕へ差し出している。正樹に平田国学を教えたのは、木曽路を美濃平野へ下った中津川宿の草莽たちである。中津川宿の本陣、庄屋、問屋、富農、富商、医師らの知識人は当時、先端の学問だった平田国学の勉強会をつくり、馬籠で逼塞する正樹の好奇心を刺激せずにはおかなかった。この平田国学を最初に中津川にもたらしたのは、美濃国苗木《なえぎ》藩の青山景道《かげみち》（一八一九～一八九一）である。

東白川村役場前の「四つ割の南無阿弥陀佛碑」

中津川宿を管轄する苗木藩の下級武士だった青山景道は、江戸藩邸に出仕中、平田篤胤の養子で学統を継いだ平田鉄胤の門を叩き、すぐに頭角を現した。苗木藩主の遠山友禄《ともよし》（一八一九～一八九四）が神道に宗旨変えをし、中山道を討幕軍が東進していると知るや、岐阜まで出迎え、御一新に従うことを願い出た。苗木藩はもともと譜代大名だが、禄高は一万石の小藩である。新政府の下で生き残るため、藩主自らが転向工作にあたったのである。それを唱道した景道の才能を知り、新政府は復活させたばかりの神祇官に取り立てた。藩主は藩政を担う大参事として景道の長男の直道《なおみち》（一八四六～一九〇六）を抜擢し、領内の十五の廃寺を断行した。岐阜県加茂郡東白川村役場前には「四つ割の南無阿弥陀佛碑」が残されている。

私の従姉で岐阜県立中津川高校の国文教師だった加藤フユは、苗木の青山本家に嫁ぎ、当地で生涯を終えた。ちなみに景道は青山の分家である。私が列席した青山フユの葬儀は神式で、廃仏毀釈の影響をあらためて思い知らされた。隣にいた会葬者に「お宅もやはり神道ですか」と聞くと、頷きながら「でも神道では成仏できないので別の日に仏式で行います。二度葬式をします」と言った。『夜明け前』は小説だが、幕末から新政府樹立後、明治十九年（一八八六）までの日本の近代を主題にしており、文学だけではなく史学の眼も引きつけてきた。小説では史実の重さが特性と見なされ、史学では明治維新における草莽の視点が評価された。見落とされていた草莽の立場で維新が誠実に語られたことを、史学は評価したのである。

近現代史の成田龍一（一九五一〜）は『〈歴史〉はいかに語られるか　1930年代「国民の物語」批判』（NHKブックス　二〇〇一）で、『夜明け前』から歴史の本質を見出す方法を解析している。歴史は人間の知・情・意によって生起する。藤村は、馬籠という木曾山中の辺境に維新の目撃者として半蔵を配置した。江戸、京都で発生した「うわさ」が目の前の街道を「出来事」として通過し、さまざまな証言や思考が加えられ、目撃者の半蔵は認識の修正を余儀なくされた。そして、客体化された半蔵自身が「歴史」となった。この時間の累積が小説『夜明け前』を形成していると成田は見た。青山半蔵を描く島崎藤村の言葉は、実際の目撃者の知・情・意を解釈したものであり、予め決定されたものではない。歴史は叙述されることで初めて姿を現し、その像に対する判断と責任が著者の藤村には問われた。「うわさ」を起点に解釈され、実際に目撃されて作られた歴史像は、辺境にあった草莽の覚醒を生んだ。草莽の覚醒は名もなき人々に伝播し、共有され、未知の領域に足を踏み入れることになったと成田は解釈したのである。

昭和六年（一九三一）九月十八日に関東軍の暗躍で勃発した満州事変を機に、日本に脅威を覚えたソ連は、ドイツ人コミュニストのリヒアルト・ゾルゲ（一八九五～一九四四）をスパイとして東京に潜入させた。これに協力したのが、朝日新聞記者の尾崎秀實《ほつみ》（一九〇一～一九四四）であった。いわゆるゾルゲ事件である。事件を題材に、私は映画『スパイ・ゾルゲ』（二〇〇三）を製作、監督した。秀實の父、尾崎秀太郎の出身が中津川市とは峠一つで繋がる岐阜県加茂郡白川町河岐《かわまた》で、当地もやはり苗木藩が推進した廃仏毀釈の激しい波に襲われている。白川町は合掌造りの白川郷とは別である。秀太郎は、日本の上古が神代文字で記されているという史書『秀真伝《ほつまつたえ》』を信奉する秀真神道に没入し、自身の名も「秀真《ほつま》」と改めた。「秀」の字は子の全員の名につけられており、秀波《ほなみ》、秀實、秀束、秀樹《ほつき》（一九二八～一九九九）らの兄弟がいる。末弟の尾崎秀樹は文芸評論家として名を残した。なお『秀真伝』は偽書とされている。

尾崎秀實の名には、父秀真が信奉する古代神道に依拠した皇国史観も投影されている。その父の期待を裏切り、秀實は大日本帝国で最も危険視された共産主義の信奉者になってしまう。朝日新聞の記者として上海通信部にいた秀實は昭和五年（一九三〇）、知己のアメリカ人作家アグネス・スメドレー女史（一八九二～一九五〇）らを介し、ソ連赤軍諜報員のゾルゲと出会った。秀實はゾルゲとの交流で得た情報などから卓抜した政治論文を発表し、中国通のジャーナリストとして注目を受け、第一次近衛文麿内閣（一九三七～一九三九）嘱託に招請された。

尾崎秀實の父秀真も、明治五年（一八七二）創刊の報知新聞の記者であった。明治三十四年（一九〇一）、秀真は漢学の素養があるということで、台湾総督府の民政長官だった後藤新平（一八五七〜一九二九）に呼ばれて台湾日日新報に転身、生まれたばかりの秀實ら家族とともに台北へ移り住んだ。反日ゲリラこそ制圧し、治安は確保されていたが、後藤新平にとって、日本初の植民地である台湾の民衆との融和共存を推進するためには、和漢の古典に通じたジャーナリスト尾崎秀真が必要であった（太田尚樹『尾崎秀実とゾルゲ事件　近衛文麿の影で暗躍した男』吉川弘文館　二〇一六）。

植民地台湾での少年期の体験について、尾崎秀實は後年、ゾルゲ事件で逮捕、起訴された時の「上申書」で語っている。普段は温厚な父秀真が一夜、人力車で帰宅したさい、賃金を支払ったにもかかわらずチップを求める台湾人の車夫を、ステッキで追い払った。それを目撃した中学生の秀實は父に烈しく食ってかかったという（尾崎秀実『ゾルゲ事件　上申書』岩波現代文庫　二〇〇三）。

「私の少年期を通じて、ただ一つ一般の人達と異った経験は〔中略〕統治者と被統治者との種々なる関係が日常生活の上で具体的な形で直接に感得されたことであります。この点は、私の従来の民族問題に対する異常なる関心を呼び起す原因となり、また支那問題に対する理解の契機となったように感ぜられます」

揺らいだ国体

慶応四年（一八六八）、江戸は東京と改称、改元も行われた。翌年の明治二年（一八六九）、天皇は京都から東京へ向かった。百二十二代明治天皇はその行幸の途次、伊勢神宮に参拝した。前述のとおり四十一代の持統天皇六年（六九二）の行幸以来、千百七十年余の時を経た、史上初とされる親拝であった。この長大な空白から、天皇すら拝むことが許されなかったのではないかと、あらためて疑念も湧いてくる。四十五代聖武天皇も東大寺建立を前に伊勢地方を行幸し、幣帛《へいはく》を大神宮に奉納したが、親拝の記録は残さなかった。中世の皇室は七十七代天皇だった後白河法皇を筆頭に、熊野御幸に執着した。天皇以外の奉幣を禁じた内宮の『皇大神宮儀式帳』は確かに存在するが、しかし親拝の記録はない。律令、格式にも定められていないとすれば、誰が天皇の参拝をタブー化したのか。

『日本書紀』が記さなかった天皇の参拝は行われていたと見る建築史の武澤秀一（一九四七〜）は、『伊勢神宮と天皇の謎』（文春新書　二〇一三）で、西暦六九二年の持統の伊勢行幸について、女帝自らが「アマテラスとして振る舞うこと」を報告し、かつ「その許しを得るため」のものだったと述べた。アマテラスが女神であることに着目した持統は、生きながら皇祖として君臨するという「野望」を抱いていたと。この「野望」を貫くために持統以外の天皇が伊勢に入ることを禁じたタブーは、律令制に基づくものではなく、口伝による秘事だったと武澤は類推したのである。

夫だった第四十代天武天皇亡きあとの政情不安を引き継いだ持統は、直系である子の草壁皇太子、孫の珂瑠皇子の即位を実現させなければならなかった。ゆえに夫の天武を凌駕する権威の確立を必要とした。天孫ニニギの降臨の如く、女帝の皇孫以外の血統に皇位を譲るなど認められることではなかった。持統女帝によるその禁忌は、アマテラスの神格を極限にまで高め、万世一系の理念の起動になったと武澤は見たのである。

奈良時代後期に入ると仏教信仰が過熱し、伊勢にも神宮の名をもつ仏閣、大神宮寺が出現した。しかし四十九代光仁天皇の宝亀《ほうき》三年（七七二）八月、尋常ならざる風雨は伊勢月読命《つくよみのみこと》の祟りだと占われ、大神宮寺を度会《わたらい》郡から飯高《いいたか》郡の山中へ移転したことが『続日本紀』巻第三十二に記録されている（『新日本古典文学大系　続日本紀　四』青木和夫、稲岡耕二、笹山晴生、白藤禮幸校注　岩波書店　一九九五）。そして、第五十代桓武天皇の延暦二十三年（八〇四）には『皇大神宮儀式帳』が発表され、伊勢神宮が古来伝承してきた祭祀儀礼を確認し、仏式用語を忌詞《いみことば》として禁じた。伊勢神宮は皇祖アマテラス祭祀の原点に立ち戻ったのである。廃仏毀釈の最初は伊勢神宮であった。

一方、伊勢神宮以外の神社は神仏習合の波に呑まれ、列島各地に神宮寺が出現することになった。宇佐八幡宮の境内にも弥勒寺が請来された。平安末期に武士が勢力を伸ばすと合戦が生じ、多くの命が奪われた。戦火で寺社が炎上し、東大寺の大仏も崩れ落ちた。南宋で修行してきた僧の重源《ちょうげん》（一一二一～一二〇六）が東大寺再建の大勧進となり、衆徒多数を率いて三度も伊勢神宮に参詣した。重源は大般若経を転読し、東大寺再建を祈願したというが、あれほど厳格に神道にこだわり、仏式用語を忌詞として禁ずる伊勢神宮が、読経を許したのはなぜか。重源は関係の深い後白河法皇の庇護下にあったとされるが、何よりも無視できなかったのは、源頼朝の後援を受けていたことではないだろうか。

伊勢神宮は密教と習合し、外宮の境内には再び神宮寺が建立された。古代ヤマトに築かれた数多の前方後円墳はとうに廃れ、天皇陵の正確な所在も忘れ去られた。橿原の畝傍山に埋葬されたという初代神武天皇の陵も荒廃し、幕末には判別できなくなっていた。宇都宮藩の建議により幕府が文久《ぶんきゅう》二年（一八六二）から始めたいわゆる「文久の修陵」で、『古事記』の「御陵在畝火山之北方白檮尾上《かしのお》」および『日本書紀』の「葬畝傍山東北陵」を手がかりに改修されたにすぎなかった。

百二十二代明治天皇が伊勢へ行幸する前、すでに廃仏毀釈が猛威を振るっていた。外宮に密集していた百余の仏寺は破壊され、五十鈴川の神域に入植していた民家も取り潰された。御師や檀家の活動も禁じられ、伊勢神宮は古代の静けさに戻っていた。各々の思惑はどうあれ、建前としてはこの静寂への回帰こそ維新のイデオロギーたる王政復古であり、天皇はアマテラスの皇統を継ぐ現人神でなければならなかった。とはいえ、明治初年の日本人の多くに、まだ「臣民」の自覚はなかった。徳川将軍家が退場し、代わりに誰が国王となったのか、定かではなかったのである。

明治天皇の伊勢神宮参拝は革命の一つだったと言える。それは王政復古の具体化として祭政の一致を内外へ示し、国法に定める端緒となった。絶対化された皇祖アマテラスの威光を全身に浴び、現人神となった天皇がすべての頂点に立つ。この十九世紀末の天皇親政による祭政一致を構想したのは、岩倉具視《ともみ》（一八二五～一八八三）だったと言われている。鳥羽伏見の戦いで双方に薩長こそが官軍だと示すため、錦の御旗を用いることを発案したのも岩倉であった。

維新の英雄となった薩摩の西郷隆盛は「敬天愛人」を標榜していた。西郷が思い描いた「天」についてはさまざまな議論があるが、維新後は新政府内で疎外感を抱き、鹿児島に下野していた。廃刀令や俸禄を失ったことに不満を覚える士族の怒りも募りつつあった。

明治十年（一八七七）二月、不平士族に擁された西郷は、明治政府の施政に異議を唱え挙兵、鹿児島から北上し、陸軍鎮台がある熊本城を攻囲した。西南戦争である。しかし武力、組織力に勝る政府軍に圧倒され、西郷軍は敗走、南へ逃れた。九月二十四日、追い詰められた西郷は故郷鹿児島を見下ろす城山の山中で自刃した。武士が日本史から退場する光景であった。後年、西郷の反逆の汚名は雪《すす》がれたが、靖国神社に祀られることはなかった。

翌明治十一年（一八七八）八月二十三日。東京竹橋に本部がある近衛砲兵隊の兵士の間では不満が募っていた。西南戦争で財政が逼迫した政府は、兵士への行賞を制限していた。命懸けで戦ったのに、士官には恩賞が厚く、反して自分たちは減給までされている。兵士たちの怒りは収まらず、叛乱騒ぎとなった。西南戦争に出征した者の多くは貧しい農家の次男三男で、明治政府最初の徴兵による入隊であった。長男は総領として兵役免除の特典が付与されていた。貧しい農家の次男三男は国のために命を捧げるという精神論より、戦場の働きに応じて得られる恩賞を信じた。彼らの不満は一部の将校も巻き込んで二百六十余名が結束し、明治天皇に直訴するため、赤坂の仮皇居まで進軍を始めた。謀叛を察知した陸軍近衛歩兵連隊は鎮圧に乗り出し、翌日のうちに事態を収拾した。この竹橋事件で銃殺された兵士は五十五名に及んだ。

西南戦争に続き竹橋事件で動揺した陸軍卿の山縣有朋《やまがたありとも》（一八三八〜一九二二）は奏上し、明治十五年（一八八二）一月四日、「陸海軍人に賜はりたる勅諭」の発布許可を願い出た。「軍人勅諭」である。勅語の体裁ながら、平仮名が使われ、軍人に対する説諭という異例の内容であった。冒頭は次のコトバで始まる。

「我国の軍隊は世々天皇の統率し給ふ所にぞある。昔神武天皇躬《み》つから大伴物部の兵《つわもの》ともを率ゐ、中国《なかつくに》のまつろはぬものともを討ち平け給ひ、高御座《たかみくら》に即《つ》かせられ」

しかし鎌倉幕府の成立で兵馬の権が武士に奪われ、異常な政体が七百年も続いたと「軍人勅諭」は嘆く。その武家政権もようやく失墜し、天皇は再び兵馬の権を取り戻した。ゆえに軍人が遵守すべき五箇条の諭《さとし》を示すと。

一、軍人は忠節を尽くすを本分とすべし
一、軍人は礼儀を正しくすべし
一、軍人は武勇を尚《とうと》ぶべし
一、軍人は信義を重んずべし
一、軍人は質素を旨とすべし

日本の軍隊は人民のものではなく、天皇のものになったのである。

「歩兵操典《そうてん》」という小冊子があった。昭和十九年（一九四四）、岐阜で中学二年になったばかりの私たちは、学校に配属されていた陸軍の退役将校から軍事教練を受けた。三八式小銃を抱え、匍匐前進や射撃操作を学んだ。演習の前後には「歩兵操典」掲載の「軍人勅諭」を朗誦させられた。「歩兵操典」を忘れると配属将校の鉄拳が飛んだ。私は難を逃れるため、教室の自分の机のなかに残し、下校していた。

ある時、登校すると、十数人の級友とともに配属将校の召集を受けた。私たちは三八銃で軍装して運動場に駆けつけ、整列した。配属将校は「畏れ多くも天皇陛下の御言葉が書かれた御本を放置したことは不敬の極みである」と説諭した。そして「陛下への御詫びとともに忠義を誓うため、宮城に向かって整列、捧《ささ》げ銃《つつ》！」と私たちに命令した。明治三十八年（一九〇五）の日露戦争時に開発された三八銃の重さが、両腕にのしかかった。銃身には菊の紋章が刻まれていた。そして昭和二十年（一九四五）の春が来た。

数万に及ぶ日本兵の戦死が噂されたガダルカナル島の撤退以後、太平洋戦争は敗色が濃厚になっていた。すでにサイパン島は陥落し、硫黄島でも玉砕していた。大都市の住民には疎開が勧告された。本土防衛のための「決戦教育非常措置要綱」が閣議決定され、中学生にも「学徒勤労動員令」が下った。一年間、授業が停止され、私たちは軍需工場で働くことになった。

序章で触れたとおり、三年生は配属将校に切腹の作法を叩き込まれた。四年生以上はすでに動員されていた。もし戦場で勝利は望めぬと知れば潔く切腹しろ。米軍の捕虜となる不名誉に決して甘んじてはならぬ。天子様の赤子たる日本人は、生きて虜囚《りょしゅう》の辱《はずかし》めを受けず……。陸相東条英機の名で示達された『戦陣訓』が頭にあったから、私たちは何の疑いもなく、用意しておいた扇子を小刀に見立て、切腹の真似事をした。

私の動員先は岐阜市の東郊、各務原《かかみがはら》の陸軍の飛行場であった。滑走路に沿って三菱重工や川崎航空機などの軍需工場が並び、巨大な格納庫があった。航空母艦での発着が可能な零式艦上戦闘機「ゼロ戦」が初めて試験飛行をしたのも、この地であった。私たちの仕事は、工場間の物資の輸送など荷役労働であった。

六月になると、級友たちが口ずさむ軍歌や流行歌が、聴いたことも歌ったこともない沖縄民謡に変わった。のちに「安里屋《あさどや》ユンタ」と知った。「安里屋ユンタ」は沖縄県南西部の八重山諸島の民謡である。安里屋という屋号の農家の娘をめぐる、赴任してきた島役人と土着の男らの恋の争いを歌った古謡である。歌詞や節回しは八重山諸島内でも異なるが、昭和九年（一九三四）、琉球方言を標準語に改めた星克《ほしかつ》（一九〇五～一九七七）による歌詞と宮良長包《みやらちょうほう》（一八八三～一九三九）による編曲でレコード化され、本土にも普及、ヒットした。

サー　君は野中の茨の花か　サーユイユイ
暮れて帰れば　やれほにひきとめる
マタハーリヌ　チンダラカヌシャマヨ

片仮名部分の囃子の合いの手のリズムから、労働歌の名残とされる。琉球方言の「マタハーリヌチンダラカヌシャマヨ」は「また逢いましょう　美しき人よ」の意味だという。堅苦しい軍歌に飽きていた私たちは恋歌とも知らず、異国的なリフレインを気持ちよく口ずさんだ。今思えば、アメリカ軍が上陸した沖縄で敗走を余儀なくされた日本兵の一部が、各務原に避難していたのではなかったか。タンポポの冠毛が風に漂うように、「安里屋ユンタ」が濃尾平野に舞い降りたのである。

まもなく一トン爆弾が滑走路や工場群に降り注ぐようになり、動員学徒も退避壕へ飛び込む日が続いた。六月二十二日の大空襲では、工員や学生が避難した壕が軍事施設と間違われて被弾、飛行場全体で百六十九人の死者が出た。

八月六日の広島に続いて長崎に原爆が投下された八月九日の深夜、皇居では御前会議が開かれた。本土決戦を選ぶか、ポツダム宣言を受諾して降伏するかをめぐり、深刻な議論が交わされた。結論は出ず、会議は翌日の午前二時まで及んだ。鈴木貫太郎内閣と大本営には、事態収拾の能力が失われていた。

昭和天皇は戦争の継続を不可と判断していた。参謀総長は犬吠岬と九十九里海岸の防備は未完成だと言うし、陸軍大臣からは関東地方の決戦師団の武装完備には九月までかかるとの報告を受けていた。そのような状態で本土決戦に及べば、帝都を守ることなどできない。

「第一に、このまゝでは日本民族が亡んで終ふ、私は赤子《せきし》〔国民〕を保護する事が出来ない。第二には国体護持の事で木戸〔幸一内大臣〕も同意見であつたが、敵が伊勢湾附近に上陸すれば、伊勢熱田両神宮は直ちに敵の制圧下に入り、神器の移動の余裕はなく、その確保の見込が立たない、これでは国体護持は難しい」（『昭和天皇独白録』文藝春秋　一九九五）

昭和天皇は「日本民族」とともに、皇位の印たる「神器」つまり八咫鏡、草薙劔を守り抜くため、降伏という歴史的決断を下した。日本の現代史もまた、アマテラス神話抜きには語れないのである。

第14章　神から人間へ

神聖死

敗戦の翌年、昭和二十一年（一九四六）一月一日の新聞に、「朕」という自称が最後となる百二十四代昭和天皇の「新日本建設ニ関スル詔書」が掲載された。いわゆる「人間宣言」である。日本は封建的で、言論の自由もない後進国だというアメリカの認識に反発するかの如く、昭和天皇は「人間宣言」の冒頭に、慶応四年（一八六八）三月十四日に祖父の百二十二代明治天皇が新政府の基本政策として宣布した「五箇条ノ御誓文《ごせいもん》」を掲げた。その第一条は言う。

「広ク会議ヲ興《おこ》シ　万機公論《ばんきこうろん》ニ決スヘシ」

アメリカに指図されるまでもなく、すでに日本は明治の初めから民主主義《デモクラシー》を実践していたと昭和天皇は訴えたわけだが、当時の私は、次の一文に胸を貫かれた。

「朕ト爾等《なんじら》国民トノ間ノ紐帯ハ、終始相互ノ信頼ト敬愛トニ依リテ結バレ、単ナル神話ト伝説トニ依リテ生ゼルモノニ非ズ。天皇ヲ以テ現御神《あきつみかみ》トシ、且《かつ》日本国民ヲ以テ他ノ民族ニ優越セル民族ニシテ、延《ひい》テ世界ヲ支配スベキ運命ヲ有ストノ架空ナル観念ニ基クモノニモ非ズ」

天皇は現人神だと信じてきた皇国少年にとって、この時までに学んだ歴史が根底から覆される文言であった。それを天皇自らが証言したのである。

敗戦の混乱で休校していた中学が再開した。登校すると、歴史の教師は私たちに深く頭を下げ、謝罪した。「申し訳のない授業をしてきた。許してくれ」と。歴史の授業の内容はアメリカ建国史に変わり、教科書は廃棄処分になった。以後、日本の歴史と天皇の関係をめぐる疑問が、次々と私に湧いていった。

なぜ、天皇は現人神だと、私は、日本人は、信じたのであろうか。なぜ、日本の兵士たちは、家族との絆を断ち切ってまでも、天皇のために身命を捧げることができたのであろうか。答えを見出せぬまま、私は中学、高校のモラトリアムを陸上競技に没頭することで埋めていた。『夜明け前』の青山半蔵に出会ったのもこの頃である。

岐阜で暮らしていた私が初めて歌舞伎を観たのは、焼け跡に急造された名古屋の劇場でのことであった。近松門左衛門作の『心中天網島』の紙屋治兵衛を、二世中村雁治郎（一九〇二〜一九八三）が演じていた。おさんという健気な女房がいながら、治兵衛は女郎小春の色香と誠実さに惚れてしまった。追い詰められた治兵衛と小春の、心中の道行《みちゆき》を描く世話物であった。

私の思い違いかもしれないが、普段着で廓から抜け出した二人の衣装が、花道に現れると紋付き羽織に変化していた。紋付き羽織は正装である。その刹那、私は神風特攻隊を思った。特攻隊員は白いマフラーを死出の衣装としていた。愛欲で心中するにせよ、愛国で戦死するにせよ、日本人は正装して「死」を受け容れた。日本人は醜い俗世での「生」よりも、「神聖」なるものに捧げる「死」を、最高の美徳にしていると私は感じた。今思えば、あの戦争での三百万人余の死を受忍し得たのは、絶対神聖たる天皇を守るために、命を捧げることを美化した日本人の「集合的無意識」が働いたからではなかったか。

大東亜戦争は、現人神を信仰した日本人による宗教戦争の側面もあったと、あらためて私は思う。二十一世紀の現在も、中東ではアッラーのための「聖戦《ジハード》」が毎日のように殉教者を出している。あの敗戦以前も「聖戦」という字が、新聞をはじめ至るところに躍っていた。七十余年前の日本でも、アマテラスが守護する神国のために、人々は命を捧げていた。神聖なる天皇陛下のために死ぬことは、最高の美徳とされていたのである。

総理大臣、内務大臣、陸軍大臣を兼ねた対米英開戦時の最高責任者である東条英機は、極東国際軍事裁判で戦争責任を問われた時、「日本国の臣民が陛下のご意思に反して、かれこれするということはあり得ぬことであります」と発言、内外の関係者を狼狽させた。小林正樹（一九一六～一九九六）監督のドキュメンタリー映画『東京裁判』（一九八三）にも記録されている。日本の占領を円滑に行うために、ＧＨＱは天皇に向けられた国民の尊崇の念を利用することを政策の眼目としていた。すでに最高司令官のマッカーサーは、昭和天皇の戦争責任を問わない姿勢を内外に示していた。一方、スターリン（一八七九～一九五三）のソビエト連邦、蔣介石（一八八七～一九七五）の中華民国の他、オーストラリア、オランダなどの連合国は、昭和天皇を戦争犯罪者として扱うよう要求していた。東条の発言は、昭和天皇の戦争責任を問おうとする勢力に口実を与え得ると、皇室創始以来の危機感が生じたのである。アメリカのジョセフ・キーナン主席検事（一八八八〜一九五四）が獄中の前内大臣、木戸幸一（一八八九〜一九七七）に東条を説得させた。軍事法廷で東条は前言を翻し、「私の内閣において戦争を決意しました」と供述、他のA級戦犯六人とともに絞首刑に処された。

敗戦以前の昭和がどんな時代だったか、当期の首相経験者十六人中、七人の末路からも窺えよう。

昭和五年（一九三〇）、浜口雄幸《おさち》が東京駅で右翼テロに遭い、翌年死亡。

昭和七年（一九三二）、犬養毅《いぬかいつよし》が五・一五事件で暗殺される。

昭和十一年（一九三六）、高橋是清《これきよ》と斎藤実《まこと》が二・二六事件で暗殺される。

昭和二十年（一九四五）、近衛文麿が東京裁判への出廷を拒み、服毒自殺。

昭和二十三年（一九四八）、東条英機と広田弘毅《こうき》が戦犯として絞首刑に処される。

三島由紀夫が告発した「虚無」

昭和四十五年（一九七〇）十一月二十五日。作家の三島由紀夫（一九二五〜一九七〇）が私兵組織「楯の会」の四人とともに、市ヶ谷の陸上自衛隊東部方面総監部を占拠した。総監部のバルコニーで、三島は自衛隊員千人を前に演説を始めた。皇軍になろう、君らは武士ではないかと、自衛隊が憲法違反の立場から脱することを訴え、クーデターを促した。そして怒号が渦巻くなか、三島は「天皇陛下万歳」と叫び、総監室で割腹自殺を遂げた。

私は友人の電話で知り、慌ててテレビのスイッチを入れた。三島はマイクを持っておらず、何を叫んでいるのかわからなかった。まるで真珠湾への奇襲がラジオで報じられた時のような驚天動地であった。衝撃の大きさに私はしばらくの間、放心状態となり、事件の全貌を知るのに時を要した。市ヶ谷の自衛隊駐屯地の大講堂は、極東国際軍事裁判の法廷が開かれた場所である。しかし三島は、絞首刑に処された戦犯の跡を追ったのではなかった。そもそも三島自身が、クーデターによる変革など信じていなかった。

すでに小説『英霊の声』（一九六六）で、三島は昭和天皇の「人間宣言」に対する激烈な呪詛を繰り返していた。天皇が人間だったとは何事かと。作中、三島の分身と思われる「私」が、「帰神《かむがかり》の会」に参加している。そして「私」は、二・二六事件で昭和天皇の側近を殺害し、処刑された若き将校らの怨霊が、盲目の青年に憑依する光景を見た。盲目の青年の口から、英霊の声が発せられた。

「そのとき陛下はおん年三十五におはしました。陛下は老臣の皺多き理性と、つつましき狡智に取り巻かれていらせられた。かつて若きもののふが玉体を護つて流す鮮烈な血潮を見そなはしたことはなかつた」（『三島由紀夫全集20』新潮社　二〇〇二）

事件の標的とされた重臣たちと同じ「皺だらけの自由と理性の持主」に、「人間宣言」当時の首相、幣原《しではら》喜重郎《きじゅうろう》（一八七二～一九五一）がいた。ＧＨＱが宮内省に「もし天皇が神でない、といふやうな表明をなされたら、天皇のお立場はよくなるのではないか」と示唆した。幣原はこのＧＨＱの示唆を受け、昭和天皇が自らの意思で「人間宣言」を発することを勧めたと三島は捉えた。「人間宣言」成立への三島の憎悪は続く。「日本よりむしろ外国の人達に印象を与へたいといふ気持が強かつたものだから、まづ英文で起草」したと幣原の非を責めた。さらに三島は、幣原の進言を聞き入れた昭和天皇の側にも、「実は朕は人間である」という長年の思いが、降り積もる雪のように重みを加えていたと推察した。

天皇の人間回帰で、二・二六事件と神風特攻隊の英霊たちが裏切られたと三島は断じた。盲目の青年に憑いて慟哭する英霊たちの声が変調し、場面は月光に輝く海上となる。新たな神霊の一団が現れ、彼らが身に着けた飛行服、日本刀、白いマフラーは血に染まっていた。意味のとれぬ声が彼らのなかから上がり、怒号の嵐となって室内の置物を震動させた。その嵐のなかから、神霊の一人が語った。

「もしすぎし世が架空であり、今の世が現実であるならば、死したる者のため、何ゆゑ陛下ただ御《ご》一人《いちにん》は、辛《つら》く苦しき架空を護らせ玉はざりしか」

この神霊の声を聞き、英霊たちが口々に上げた怨嗟の声は、いつしか大合唱となって次のコトバを繰り返した。

などてすめろぎは人間《ひと》となりたまひし
などてすめろぎは人間となりたまひし

市ヶ谷の陸上自衛隊東部方面総監部のバルコニーで、皇軍への回帰のために決起すべしと絶叫した三島由紀夫の頭には、「七生報国」の鉢巻が締められていた。「七生」は、楠木正成が後醍醐天皇の楯となり、湊川で自決した時、弟の正季《まさすえ》（〜一三三六）と交わしたコトバである。『太平記』巻第十六は記す（『日本古典文學大系　太平記　二』後藤丹治、釜田喜三郎校注　岩波書店　一九八二）。

「七生マデ只同ジ人間ニ生レテ、朝敵ヲ滅サバヤトコソ存候ヘ」

三島自決の八ヶ月余前、昭和四十五年三月には大阪万博が開催され、アポロ12号が運んできた「月の石」に人々は殺到した。国全体が高度経済成長に浮かれる一方で、日本の繁栄に背を向け、共産主義革命に突き進んだ学生らは、既成左翼の社会党や共産党の合法活動に飽き足らず、武装による権力の打倒を標榜していた。暴力革命を志向した彼らは新左翼と呼ばれ、前年の昭和四十四年（一九六九）初頭には東大安田講堂を占拠し、機動隊と派手な攻防戦を繰り広げていた。しかし世間の注目を浴びた新左翼は、武装革命の方法論をめぐっていくつにも分裂した。なかでも過激なテロを繰り返した赤軍派は、ついに日航機よど号ハイジャック事件を起こす。また革マル派、中核派は、成田空港建設に反対する農民とともに、三里塚闘争を激化させていた。そのような社会状況のなかで炸裂した三島のテロは、同道の学生が四人いたものの、誰一人殺さず、まぎれもなく自決のための行動であった。二・二六事件が目指したような権力転覆の痕跡は、どこにもなかった。そして三島の生の声は、自衛隊員の怒号にかき消された。三島の末期の叫びである「天皇陛下万歳」にも、世人の多くは当惑した。

『英霊の声』を再読すると、靖国神社の祭祀をめぐる歴史認識の可否よりもっと本質的な、戦後日本が曖昧に放置してきた国民の無関心、現実逃避を衝いていることがわかる。天皇が人間となって、民は命を捧げる動機を失い、これに代わる守るべき国の姿も見えなくなった。沖縄などが負うアメリカ軍の駐留に依存してきた戦後日本の「虚無」を、三島の『英霊の声』は告発したのである。

アマテラス神話を「歴史」として教えられてきた私は、『三国志』の「魏志倭人伝」に「卑弥呼」

を発見した時の驚愕を、どう語ればいいのかわからなかった。「卑弥呼」という女王の存在を知ったことで、ようやく皇国史観から解放され、確かに日本起源の真相を実感し得た。私は映画『卑弥呼』を準備していた。そんな時に、私は三島の割腹自殺に遭遇した。三島事件を知った当初は、戦後になってさえも「神話」が息づいているのかという疑念に襲われた。しかし私は、三島の昭和天皇に対する呪詛が、皇国史観復活の遺志だとは思えなかった。むしろ「人間宣言」で現実逃避した象徴天皇と、アメリカから借用した民主主義で表面を繕った戦後日本の平和は、「虚無」でしかないことを三島は告発しているのだと感じたのである。

事件前年の昭和四十四年五月十三日、東大安田講堂陥落の四ヶ月後。東大全共闘と討論した三島は、ある一つのコトバを共有することに行動の実効性を見ていた（『討論　三島由紀夫vs.東大全共闘《美と共同体と東大闘争》』新潮社　一九六九）。

「安田講堂で全学連の諸君がたてこもった時に、天皇という言葉を一言彼らが言えば、私は喜んで一緒にとじこもったであろう」

これに続く三島の「天皇観」は、次のようなものであった。

「天皇というものはそれほど堂々たるブルジョアではないんだ。もし天皇がたらふく喰っているような堂々たるブルジョアであったら、革命というものはもっと容易であった〔中略〕それは日本の民衆の底辺にあるものなんだよ。それを天皇と呼んでいいかどうかわからない。たまたまぼくは天皇という名前をそこに与えるわけだ。それをキャッチしなければ諸君も成功しないし、ぼくも成功しない。諸君にとっては、ぼくの行動は全くみっともない。自衛隊なんか入って、何かミリタリー・ルックきたりなんかして、みっともないというだろうが、私に言わせれば、あんな覆面かぶって、大掃除の手伝いみたいなのもみっともない。（笑）これは私に言わせればそうなんであって、行動の無効性ということについちゃあ、五十歩百歩だと私はいまのところ信じている」

三島は革命を夢見る学生運動も「楯の会」も、「民衆の底辺にあるもの」としての「天皇」を支柱にしなければ「成功」はないと言っている。つまり私の解釈では、「天皇」をしっかり摑んでいなければ、民衆の「集合的無意識」を前に、虚空の彼方へ吹き飛ばされてしまうということになる。三島は「行動の無効性」と言っているが、思うに深刻な絶望を自覚していた。

三島の絶望は、昨日今日の歴史体験で生まれたものではあるまい。アメリカ軍に従属する自衛隊の実体を目の当たりにし、三島の心底に蹲《うずくま》る無意識が、『死者の書』で折口信夫が「した　した　した」と描いた如く、絶望を覚醒させた。切腹を結末に置き、絶望を表現した三島由紀夫は、周到な自死のプロットを準備していたに違いない。

太平洋のアッツ島、ガダルカナル島、サイパン島、ペリリュー島、そして硫黄島、沖縄諸島で「聖戦」の殉教者と死闘を重ね、多大な犠牲を払わされたアメリカは一九四五年（昭和二十）、二度と「カミカゼ」は吹かせまいと決意した。ヒロシマ・ナガサキへの原爆投下も、玉砕を厭わない日本軍や国民の戦意を粉砕し、彼我の犠牲をこれ以上増大させないための処置だったと正当化した。原爆投下は戦争を早期終結に導く正しい判断だったと捉えていたのである。

「現人神」であることを自らのコトバで否定した天皇は、昭和二十一年（一九四六）十一月三日に公布され、翌昭和二十二年（一九四七）五月三日より施行された日本国憲法で「象徴」となった。記紀が記した神聖なる天皇は、国政に関する権能をもたない、国および国民統合のシンボルとなったのである。

今、私は思う。二十世紀の現人神を支えた日本国民には、巫女王卑弥呼を共立した三世紀の倭国にも通底する「集合的無意識」が働いていたのではなかったかと。倭国を分断した諸王の覇権争いを止め、共立を実現させるほどの霊威が、卑弥呼にはあった。卑弥呼の鬼道には、女神アマテラスを祭祀する天皇制の始原が窺える。二十世紀の現人神の「神聖」は、三世紀の卑弥呼の「呪性」に通底すると、私は考えるのである。

『三国志』の「魏志倭人伝」によれば、その正始八年（二四七）、卑弥呼の邪馬台国は長く不和の続く狗奴国と一触即発の状態にあった。卑弥呼が世俗的な戦争に関わる政治性を窺わせた光景である。倭国の内戦を放置すれば、いつまた魏は呉の孫権に侵入されるかわからない。朝鮮半島の帯方郡が奪われた公孫淵の叛乱の影にも、孫権の存在があった。魏に対する韓民族の抵抗も、激しいものであった。

卑弥呼の死は謎のままである。しかしながら、邪馬台国と狗奴国の緊張状態を招いた張本人の排除を、魏が命じたことは疑いようもない。内戦の原因だった卑弥呼の死で事態は収束したというが、巫女王を失った倭国は再び分裂し、動乱の時代に戻った。この動乱を収束させたのもやはり巫女で、十三歳の宗女台与だったというが、男性を遠ざけた老いたる卑弥呼に娘などいるはずがない。第4章でも述べたとおり、卑弥呼の宗女とされる台与は、その巫女集団より選ばれたと私は考える。

台与は百余人の殉葬を求めた卑弥呼の「絶対神聖」を継承し、倭国の「象徴」となった。現在の天皇が「象徴」であり続けているのも、憲法の規定と言うより、継承される祖神アマテラスの血統の「絶対神聖」を、主権者国民の「集合的無意識」が支えているからであろう。

昭和四十九年（一九七四）製作の映画『卑弥呼』で、私は幼い巫女が即位する場面を設定した。念頭にはアメリカの占領政策があった。アメリカは昭和天皇に対し、政治権力の行使は許さなかったが、権威は認知しても戦争責任のいっさいを負わせなかった。アメリカはさまざまな分野から人材を集め、日本の歴史や伝統、習俗を徹底的に研究させていた。この情報を分析して得た理論に基づき、アメリカは占領政策を実践した。結果、天皇の「絶対神聖」の呪縛から解放され得ない日本人の精神文化を、知悉するに至った。

一九四四年（昭和十九）六月。コロンビア大学の准教授だったルース・ベネディクト（一八八七～一九四八）は、多くの学者とともに、日本人の生活と心理を研究、報告する職務を、アメリカ国務省戦時情報局の海外戦意分析課に任じられた。滞日経験のない女性文化人類学者ベネディクトは、アメリカの諜報活動の拠点である情報局のデータと、強制収容所にいた日系人への取材で報告書をまとめ、戦争の早期終結、戦後処理、占領政策の立案に寄与した。戦後、その報告書を基にベネディクトが出版したのが『The Chrysanthemum《クリサンセマム》 and the Sword《ソード》〔菊と刀〕』（一九四六）である。日本では昭和二十三年（一九四八）に長谷川松治《まつじ》（一九一一～一九九八）の訳で刊行されている（社会思想研究会出版部）。ベネディクトはこの『菊と刀』で、日本人特有の精神構造を「恥の文化」と定義した。以下、『日本教養全集18』（角川書店　一九七四）に収録された長谷川の訳を参照し、書き進める。

ベネディクトの資料研究は夏目漱石（一八六七～一九一六）の『坊ちゃん』（一九〇六）にも及んだ。主人公の坊ちゃんが同僚の山嵐に、一銭五厘の氷水をおごられただけで「恩」を感じることに、ベネディクトは関心を示した。日本人の「恩」にはさまざまな局面がある。「恩を着る」ことで何か報いなければならない義務＝義理《ギリ》が生ずる。ギリというものには法則がない。「皇恩《コーオン》」という天皇の慈恵を受けるや無限のギリを感じ、戦場で玉砕するまでに至る日本人の心理を、ベネディクトは分析してみせた。日本人にとってギリを果たさない者は、ただただ「恥ずかしい」存在になると。

『菊と刀』の最終章は「降伏後の日本人」と題されている。平和教育、民主主義の徹底を前提としても、日本に自治権を与える政策には、アメリカ人の多くが不安を感じたという。日本人は「虎視眈々と復讐の機会」を狙っているので、戦争放棄を誓った「平和的計画をサボタージュするかもしれない、と恐れるアメリカ人が多かった」。しかしすべてが杞憂に過ぎなかったとベネディクトは述べ、八月十五日の玉音放送が、日本人に完全なる敗北を認知させたと結論づけた。

「一九四五年八月十四日〔アメリカ時間〕に、日本の最高至上の声として認められている天皇が、彼らに敗戦を告げた。彼らは敗戦の事実が意味する一切の事柄を受け容れた。それはアメリカ軍の進駐を意味した。そこで彼らはアメリカ軍を歓迎した。それは彼らの侵略企図の失敗を意味した。そこで彼らは進んで、戦争を放棄する憲法の立案に取りかかった」

さらにベネディクトは記した。

「天皇制の保存は非常に重大な意義があった。それは巧みに処理された。最初に天皇の方からマク・アーサー元帥を訪問

アメリカ大使館で撮影された
マッカーサー元帥と昭和天皇

したのであって、マク・アーサー元帥が天皇を訪問したのではない。そしてこのことは、日本人にとっては、西欧人には理解しがたい大きな効果を収めた実物教育であった」

歴史上、異国の干渉で日本の王権に変化が加えられたのは、二例しかない。あえて西暦を用いれば、二四七年の魏による卑弥呼処分と、一九四五年以後のアメリカによる占領政策である。卑弥呼処分を執行した司馬懿《い》の役は、連合国軍最高司令官のマッカーサーが担った。偶然にも二人は、朝鮮半島で戦局を逆転させた経歴をもつ。

＊

本稿を閉じるにあたって、あらためて「卑弥呼」の存在から受けた衝撃の大きさに驚くばかりである。最初は「卑弥呼」という異様な表記に目を奪われた。そして、祭祀を司ったシャーマンでありながら、諸王に共立され、女王となったその史上への登場ぶりに目を見張った。巫女王の共立は鉄器文明が盛行した弥生末期の三世紀、三十ヶ国の諸王がせめぎ合った混乱のさなかの出来事である。「魏志倭人伝」の「共立一女子為王」という記述は、シャーマンに留まらない「卑弥呼」の姿を示している。傀儡の王では鉄器を用いたクニグニの戦争など収束できまい。つまり「魏志倭人伝」は「卑弥呼」を世俗の王権と認定しているのである。この「魏志倭人伝」の記述に合致させ得る事象を、記紀など日本の「正史」に見出せず、私は違和感を覚えるようになった。以来七十年余、私は「卑弥呼」に惑わされてきた。

古代より日本人は生活の変化に応じ、共同体を形成してきた。共同体はムラからクニへと文明化した。その歴史のなかに「卑弥呼」の存在を関連づけ、理解するには、多様な視座が必要となる。時代が明治となり、徳川幕府の本拠だった江戸城に遷都するまで、日本の天皇は城壁のない宮殿のなかで君臨してきた。この間、帝位を脅かす危機が何度となくあったにもかかわず。

では、千六百年に及ぶ権威の世襲を可能にしたものは何か。それはアマテラスの血統を継承する天皇家を絶対化した神話への、民衆の揺るぎない信仰である。皇統を「絶対神聖」とする信仰の底辺に流れる「集合的無意識」が「卑弥呼」の共立にも作用したのではないかと、私は考えてきた。日本は原始神話と現代社会が通底する世界でも稀なクニだと私は思うのである。

平成三十一年（二〇一九）四月三十日を以て、百二十五代の今上天皇は退位し、皇太子の徳仁《なるひと》（一九六〇〜）が登極《とうきょく》することになっている。二十一世紀中に、奈良盆地に聳える三輪山の麓に築かれた箸墓古墳の本格的な発掘が、歴史学、考古学研究のために認められるのか。卑弥呼の墓とも言われる箸墓を発掘し、調査することが、日本国天皇の象徴性を傷つける畏れは皆無だと私は信じる。倭が大和になり、日本になった歴史を学び、考え、発言する自由が国是ならば、不可能なことではあるまい。

あとがき

平成二十八年（二〇一六）夏、本書執筆のさなか、今上天皇が退位を決意したとの報に接し、私は微妙な感覚に襲われた。

平成のうちに仕上げられるのか。新元号が判明してからの刊行になるのか。この『卑弥呼、衆を惑わす』が平成のうちに出たならば、私は時代遅れの証言者とされ得る。ならば平成のうちに出すのも悪くはないと思った。時代遅れの私が体験したあの昭和の敗戦は、それまで禁忌とされてきた古代史への開扉という機会を与えてくれたのだから。

目の前で、たった二千字足らずの「魏志倭人伝」の記述が、「正史」とされてきた『古事記』『日本書紀』の正当性を曇らせた。史書としての記紀の権威に、私は疑いを抱くに至った。

また近年、記紀は古代文学としても見直され、作家による現代語訳が出版されるまでになった。天馬空を行く神話はもちろんのこと、意外なほどの天皇家をめぐるスキャンダルの記述の率直さ、そしてこの志向に反するが如き史実の改ざん、隠ぺいの巧みな史家の存在をも、私は認知できた。

しかしながら今、私は思う。日々、「史実」は動いている。記紀の史家が作り上げた記述の数々もまた、「史実」と言えるのではないのかと。のちに「史実」とされるであろう虚実交えた情報、事件は、今も止むことなく生起し続けている。

手強い、分不相応な難題に挑んでしまった私の誤読、曲解の都度、編集者の田口博氏は労を厭わず、考訂を果たしてくださった。五年の歳月を経てすべてを脱稿した今、あらためて感謝と敬意を表したい。また、綿密な校正、校閲に多大な時間を費やしてくださった望月正俊氏にも、心からお礼を申し上げたい。

平成三十一年（二〇一九）一月

篠田正浩

篠田正浩　しのだ　まさひろ

昭和六年（一九三一）、岐阜県生まれ。二十四年、早稲田大学第一文学部入学、中世・近世演劇を専攻。二十五年、箱根駅伝出場、二区を走る。二十八年、早大卒業、松竹撮影所入社。三十五年、『恋の片道切符』で映画監督となり、大島渚、吉田喜重らとともに「松竹ヌーベルバーグ」と称される。四十一年、松竹退社、翌年、独立プロダクション表現社を妻岩下志麻と設立。四十九年には『卑弥呼』を監督した。六十一年、『鑓の権三』で第三十六回ベルリン国際映画祭銀熊賞受賞（一九八六）。平成十五年（二〇〇三）、『スパイ・ゾルゲ』で監督引退。主な映画作品に『乾いた花』『心中天網島』『沈黙』『はなれ瞽女おりん』『瀬戸内少年野球団』『少年時代』『写楽』『梟の城』など。二十二年、日本の芸能史を再構築した著書『河原者ノススメ　死穢と修羅の記憶』で第三十八回泉鏡花文学賞受賞。ほか著書に『闇の中の安息』『駈けぬける風景』『エイゼンシュテイン』『日本語の語法で撮りたい』『監督、撮らずに観る』『私が生きたふたつの「日本」』『路上の義経』など。本書『卑弥呼、衆を惑わす』は小社刊『河原者ノススメ　死穢と修羅の記憶』『路上の義経』に続く三部作完結編である。

卑弥呼《ひみこ》、衆《しゅう》を惑《まど》わす

平成三十一年（二〇一九）三月九日　第一刷発行

著者　篠田正浩

発行者　田尻　勉
発行所　幻戯書房
郵便番号一〇一‐〇〇五二
東京都千代田区神田小川町三‐十二
電話　〇三‐五二八三‐三九三四
FAX　〇三‐五二八三‐三九三五
URL　http://www.genki-shobou.co.jp/
印刷・製本　美研プリンティング

落丁本・乱丁本はお取り替えいたします。
本書の無断複写・複製・転載を禁じます。
定価はカバーの裏側に表示してあります。

©Masahiro Shinoda 2019, Printed in Japan
ISBN978-4-86488-166-1　C0095

河原者ノススメ　死穢と修羅の記憶　篠田正浩

構想50年。日本映画界の旗手が、白拍子から能、狂言、歌舞伎まで、自らの経験をもとに、漂流し、乞食から神にまで変身する芸能者たちの運命を追跡。この国の芸能史が時系列で記される単純化に抗った、渾身の書き下ろし。いま再構築される、日本の芸能史。図版多数。泉鏡花文学賞受賞　3,600円

路上の義経　篠田正浩

日本列島の隅々にまで伝播した“判官びいき”という鳴動——被差別芸能者の禁足地（アジール）に重なる流離の足跡を追って、日本演劇史の劇的な光景、鎌倉・南北朝・室町という激動の時代を生きた民衆の共同幻想、そして、死後に誕生したとも言える源義経の“実像”を浮き彫りにする、渾身の書き下ろし。図版多数。　2,900円

骨踊り　向井豊昭小説選

あらゆる小説ジャンルを呑み込んだ強靱な文体。アイヌに対する「ヤマト」の差別への苛烈な批判精神——縄文から現代まで、この国を覆う欺瞞の体系を「昭和最後の日」に象徴させた表題作ほか、おそるべきゲリラ作家の入手困難な代表作を精選したメガ・コレクション。巻末資料、解説も充実。没10年記念出版。　4,900円

日本国憲法と本土決戦　神山睦美評論集

3.11のなかで顕わになった日本人のエートス——苦難に遭えば遭うほど、さらに苦しむ人々へ手をのべずにはいられなくなるというエートスは、どこへいってしまったのだろう。災害後の社会を覆う「ニッポン・イデオロギー」を撃つ、神山思想の現在形。巻末に遠藤周作『沈黙』をめぐる若松英輔氏との対談を収録。　3,000円

もうすぐやってくる尊皇攘夷思想のために　加藤典洋

「明治150年」を経て続く、天皇退位、TOKYO2020。新たな時代の予感と政治経済の後退期のはざまで今、考えるべきこととは何か。『敗戦後論』などで日本の戦後論をリードしてきた著者が、失われた革命思想の可能性と未来像を探る。後期丸山眞男の「停滞」の意味を論じた表題論考ほか14篇収録の批評集。　2,600円

ナショナリズムの昭和　保阪正康

「ナショナリズム」という言葉を、その意味を、左翼的偏見や右翼的独善から解放する——1945年8月15日以前と以後の国家像を検証し、後世に受け継ぐべき思想を探る1500枚。昭和史研究の第一人者が、天皇制と社会および国民の関係性を追究し、日本の近現代史を客観的に総括する、集大成にして決定版。　4,200円

幻戯書房の好評既刊（税別）